パーフェクトレッスンブック

超常識！

プレーが変わる
体の鍛え方

# 自分でつくる
# テニス筋力

監修●
緑ヶ丘テニスガーデン
滝田英作

実業之日本社

PERFECT LESSON BOOK

# はじめに

トレーニングと聞くと「筋肉を鍛える」ことを思い浮かべる人が多いと思います。

私は長年、トレーナーとしてアスリートや一般の方の身体作りに関わってきましたが、その経験の中で常に意識していたのは、筋肉を増やしてパワーアップすることよりも、しなやかで動きやすい身体を作ることでした。

そうです。けっして筋肉の増強だけがトレーニングではないということです。

また、トレーニングに取り組む際には、何のためのトレーニングなのかを明確にする必要があります。それが明確ではないと、トレーニング自体がただただ「きつい」「つらい」ものになってしまうからです。

本書では、テニス技術に直結したトレーニングを詳しく解説しています。

どれも重いものを持って行なうトレーニングではありません。ジュニア選手から一般の方まで、幅広いレベルの方に取り組んでいただける内容です。

本書を参考にして、自分の身体を見つめ直し、テニスのパフォーマンスアップを目指しましょう。

**上手くなるために！**
**そして勝つために！**

# CONTENTS

CONTENTS

# CONTENTS

# CONTENTS



## CHAPTER 6 試合前に行なうと効果的なウォーミングアップ 177

CHAPTER 7

## 試合の次の日に疲れを残さないクールダウン

191

**【参考文献】**


・『運動療法学』市橋則明 編集（文光堂書店）

・『ムーブメント』 Gray Cook 著 中丸宏二、小山貴之、相澤純也、新田收 監訳（NAP Limited）

・『筋骨格系のキネシオロジー』Donald A.Neumann 著 嶋田智明、平田総一郎 監訳（医師薬出版）

・『アナトミー・トレイン 徒手運動療法のため筋膜経線』Thomas W.Myers 著 松下松雄 訳（医学書院）

・『運動機能障害症候群のマネジメント ~ 理学療法評価・MSI アプローチ ADL 指導 ~』Shirley A.Sahrmann 著 竹井仁、鈴木勝 訳（医師薬出版）

・『リカバリーの科学』Christphe Hausswirth、Inigo Mujika 編集 長谷川博、山本利春 他訳（NAP Limited）

・『運動機能疾患のなぜ？がわかる評価戦略』工藤慎太郎 著（医学書院）



**編集協力** 揚力株式会社

**撮影** 眞嶋和隆

**カバー筋肉イラスト、巻頭筋肉図** 庄司 猛

**プレイ・モデル** 杉末洋史

**装丁** 柿沼みさと

**本文デザイン・DTP** 若松 隆

CHAPTER

# 1

# テニスに必要なコンディショニング

正しい呼吸について

正しい姿勢について

# 筋肉強化の前に必要なこと

**テニスをプレーする上で必要なのは、筋肉だけではありません。ここでは、テニスのパフォーマンスをアップさせる大切な要素を紹介したいと思います。**

## ●テニスというスポーツを考える

テニスは片方の手でラケットを握ってプレーする、左右非対称なスポーツです。そのため、プレーを続けていると筋肉や骨格など、どうしても身体的な左右差が生まれてきます。そのまま日常生活を送っていると、左右差は解消されないどころか、増幅されてしまいます。こうした左右差は怪我にもつながるので注意が必要です。

テニスを続ける上で大切なのは、試合や練習を終えたら、その日のうちに左右差をリセットすることです。ストレッチやトレーニングによって左右差をできるだけ解消し、次の日のプレーに備えることが怪我の防止やパフォーマンスのアップにつながります。

またテニスの場合、試合中はコーチの指示を仰ぐことはできません（WTAのトーナメントには例外あり）。試合の流れ、戦略、気持ちの切り替えなど、すべて自分で判断する必要があります。

このゲームの特殊性は、緊張を生み出します。緊張は呼吸を浅くし、脳への十分な酸素供給の妨げとなります。脳へ酸素が供給されないと、思考力が低下してしまいます。考える時間は、ポイント間で20秒、第3ゲーム以降の奇数ゲーム終了後で90秒。一所懸命にボールを追い、息が上がった中で、さらに頭をフル回転させるためには、正しい呼吸が非常に重要です。

呼吸には、努力時の呼吸と、安静時の呼吸があります。テニスをプレイしているときは、常に努力している状態です。安静時の深く長い呼吸に対し、浅く短いのが特徴です。努力時の呼吸の方が、強い力を発揮することができますが、首周りや肩周り、さらに背中など、普段呼吸には使わない筋肉を使うので、長い時間はもちません。ポイント間、ゲーム間は呼吸を深く長くして、整える作業が必要です。

## 姿勢を整える

猫背、反り腰といった姿勢は、トレーニングに入る前に矯正しておく必要があります。自分の正しい姿勢を鏡などで、常にチェックするようにします。脳が間違えて認識した姿勢は、なかなか修正が効かないからです。

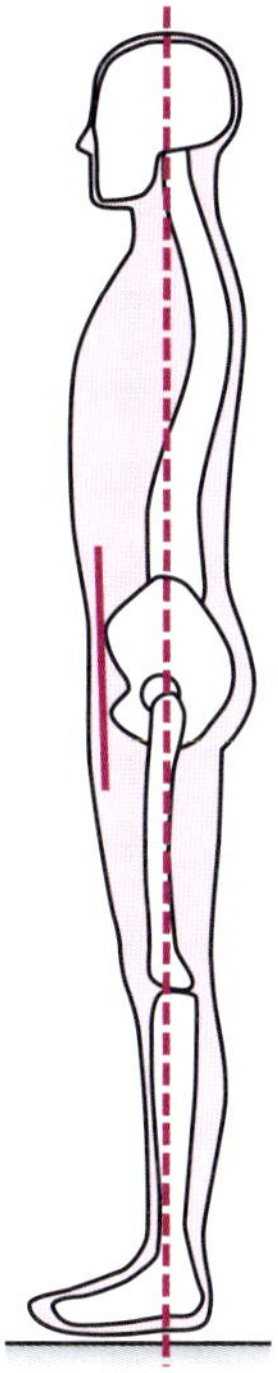

## 呼吸の重要性を知る

普段はあまり意識していない呼吸ですが、テニスのパフォーマンスに重要な要素の一つです。まず、自分の呼吸をチェックするところから始め、正しい呼吸、効率的な呼吸法を身につけることが大切です。

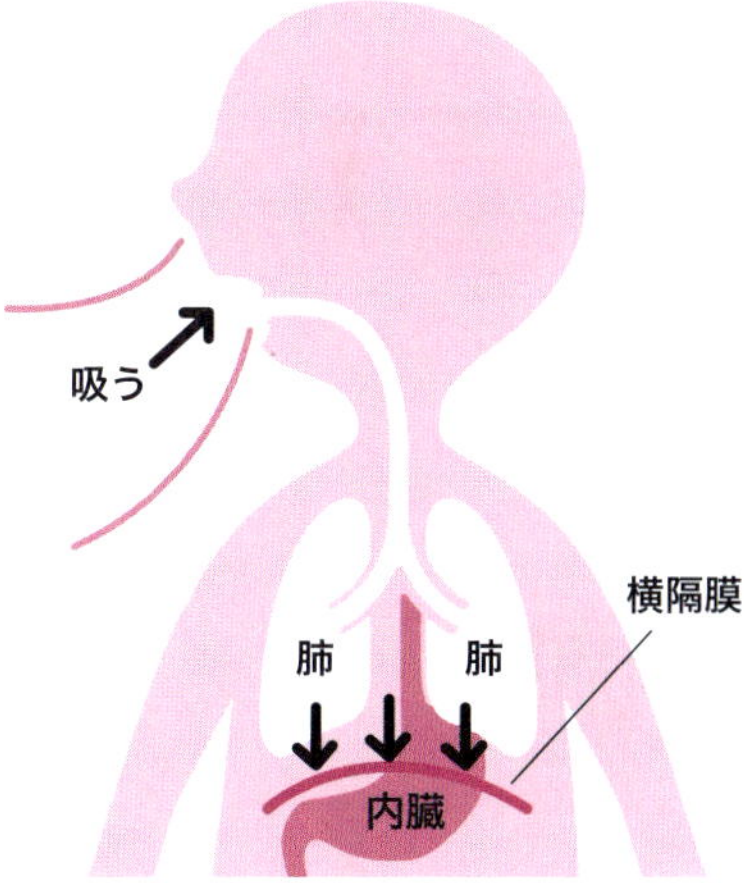


日頃から意識しておきたいこと　その①

## 正しい姿勢

いすに座ってテレビを見ているとき、多くの人は猫背になっています。この姿勢を脳が記憶してしまうと、立ったときにも同じ姿勢があらわれます。この姿勢を放っておくと、当然テニスのプレーにも影響がでてきます。トレーニングを行なう前に、悪い姿勢は矯正しておかなければいけません。そのまま筋力トレーニングを行なうと、その姿勢をさらに悪くすることにつながるからです。

骨盤の傾きを意識するだけでも、姿勢は矯正できます。うしろに傾いている骨盤を、いすの座面に対して垂直になるように起こしてみると背筋が伸びるのを感じるはずです。このように、日頃から正しい姿勢を意識することで、脳が正しい姿勢を認識するようになります。

## パフォーマンスピラミッドという考え方

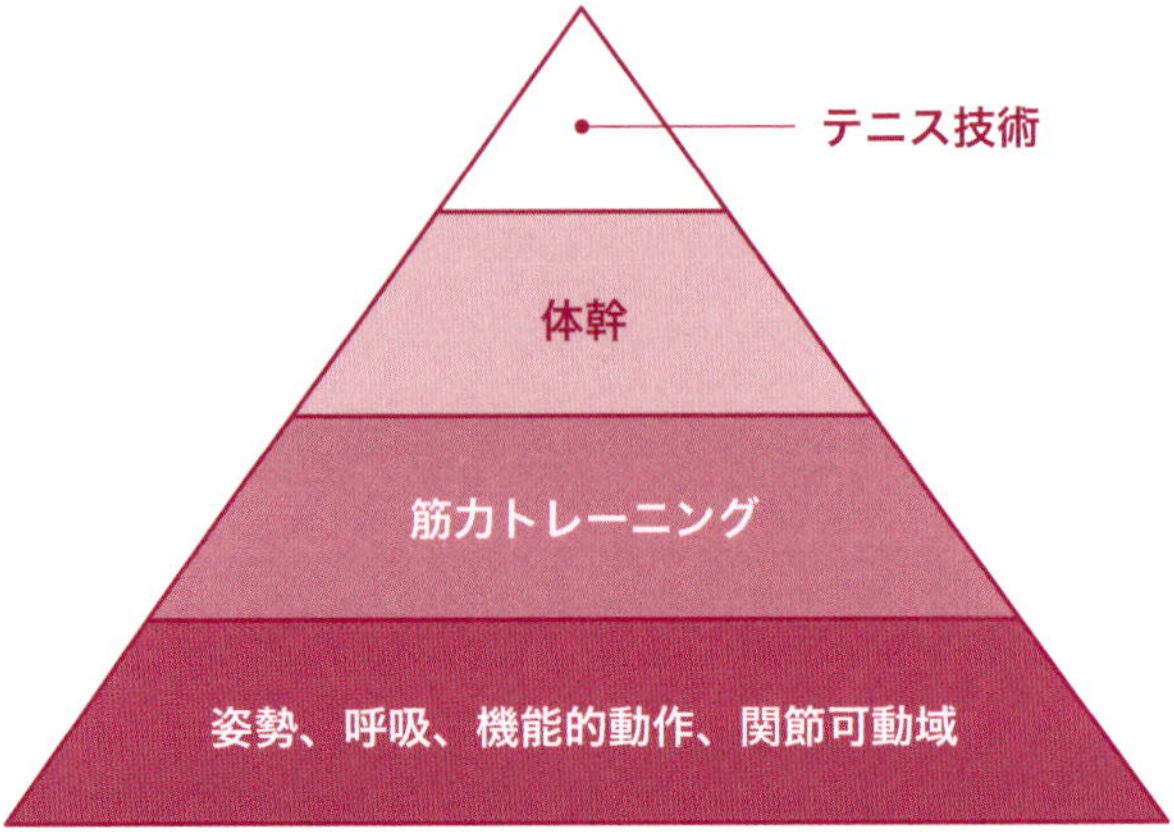


これは他のスポーツにも共通した考え方です。まずは、ピラミッドの土台をしっかり築くことが大切です。姿勢、呼吸といった基本的な部分を調整してから、次の段階へと進んでいきます。土台が固まっていないのに上が積み重なるとバランスは崩れ、パフォーマンスが発揮できないだけでなく、怪我にもつながるので注意が必要です。筋力トレーニングだけも、バランスはとれません。トレーニングすることで筋肉は大きくなりますが、関節の可動域が追いつかなければ、そのパワーは無駄になってしまうからです。最初のうちは、どうしてもプレイ技術に目がいきがちです。その前の筋トレや体幹トレーニング、さらには姿勢や呼吸まで、しっかり意識しておきましょう。

日頃から意識しておきたいこと　その②

## 水分補給

意識して水分を補給することも大切です。筋肉の3分の2は水分でできていますから、身体の中に水分が枯渇していると筋肉自体が硬くなってしまいます。これでは、トレーニングの効果を十分に引き出すことはできません。

具体的には、身体の7割が水分だといわれていますから、体重が50kgの人であれば、体重×0.3で、1.5ℓが1日の水分補給の目安です。テニスのプレイや、トレーニングをスムーズに進めるためには、プラス1.5ℓ、合計3ℓを目安にしましょう。

# トレーニングの心得

**トレーニングを始める前に、より効果的に行なうためのポイントを整理しておきます。**

POINT 1

## なんとなくやらない

トレーニングは、自分の身体、動きに集中して行なうようにします。人と話しながらや、テレビを見ながらではいけません。たとえばスクワットであれば、どこに力がかかっているか、どの筋肉を使っているか、どのようなポジションで行なっているかなど、しっかり確認しながら行ないます。しっかりと自分の身体と向きあうことが大切です。

POINT 2

## 無理をしない

トレーニングは、無理をしてはいけません。自分の身体と相談して、曲げる角度や回数、時間などを調整しながら行ないます。また、呼吸を止めるのも禁物です。呼吸を止めると血圧が上がるだけでなく、過度の力が筋肉にかかり、怪我の原因にもなるからです。ゆっくりと呼吸をしながら行ないましょう。

POINT 3

## 毎日コツコツ

腹筋好きだから、腹筋ばかり鍛えるというのはNGです。今日上半身をメインにしたら、明日は下半身というように、できるだけ部位が偏らないようにトレーニングしましょう。1日15分から30分、毎日コツコツ行なうのが効果的です。寝る前は身体に刺激が入りすぎるので避けてください。プレイの前、練習の前に行ないます。

# 呼吸について考えよう

**日常生活においても呼吸は重要ですが、自分はどのように呼吸しているのか、意識している人は少ないはずです。よりよいプレーのための呼吸とはどのようなものか、考えていきます。**

## ●呼吸のメカニズム

人間は、毎日２００００から２３０００回、呼吸しています。呼吸をしなければ死んでしまいますから、意識することなく自然に行なわれています。生きていくために欠かせない呼吸ですが、テニスのプレーでも、呼吸が重要な役割を果たしています。

通常は、呼吸を意識することはありません。しかし、緊張したときや、息苦しく感じたときには深呼吸をするように、必要であれば意識して呼吸することができます。心臓の収縮をコントロールすることはできませんから、意識的に調整できるという点は呼吸の大きな特徴といえます。

大きく息を吸うと胸が動き、肺が膨らむのを感じます。そのことから、呼吸することで肺が膨らんだりしぼんだりすると考えがちですが、肺そのものが自動的に動くわけではありません。肺が収まっている胸郭の容積が変わることで、膨らんだり、しぼんだりしているのです。胸郭が広がると肺が膨らみ、空気が自然に肺に入ってきます。そして、胸郭が狭まると肺はしぼみ、空気は自然にでていきます。

この胸郭の容積を変化させるには、胸周りの筋肉（外肋間筋）を使う方法と、横隔膜を使う方法のふた通りがあります。これが、胸式呼吸と腹式呼吸と呼ばれるものです。

テニスを含め、スポーツには腹式呼吸が適していると考えられています。それは、息を吸ったときに横隔膜が下がり、腹圧が上がって体幹が安定するからです。

## 呼吸のしくみ

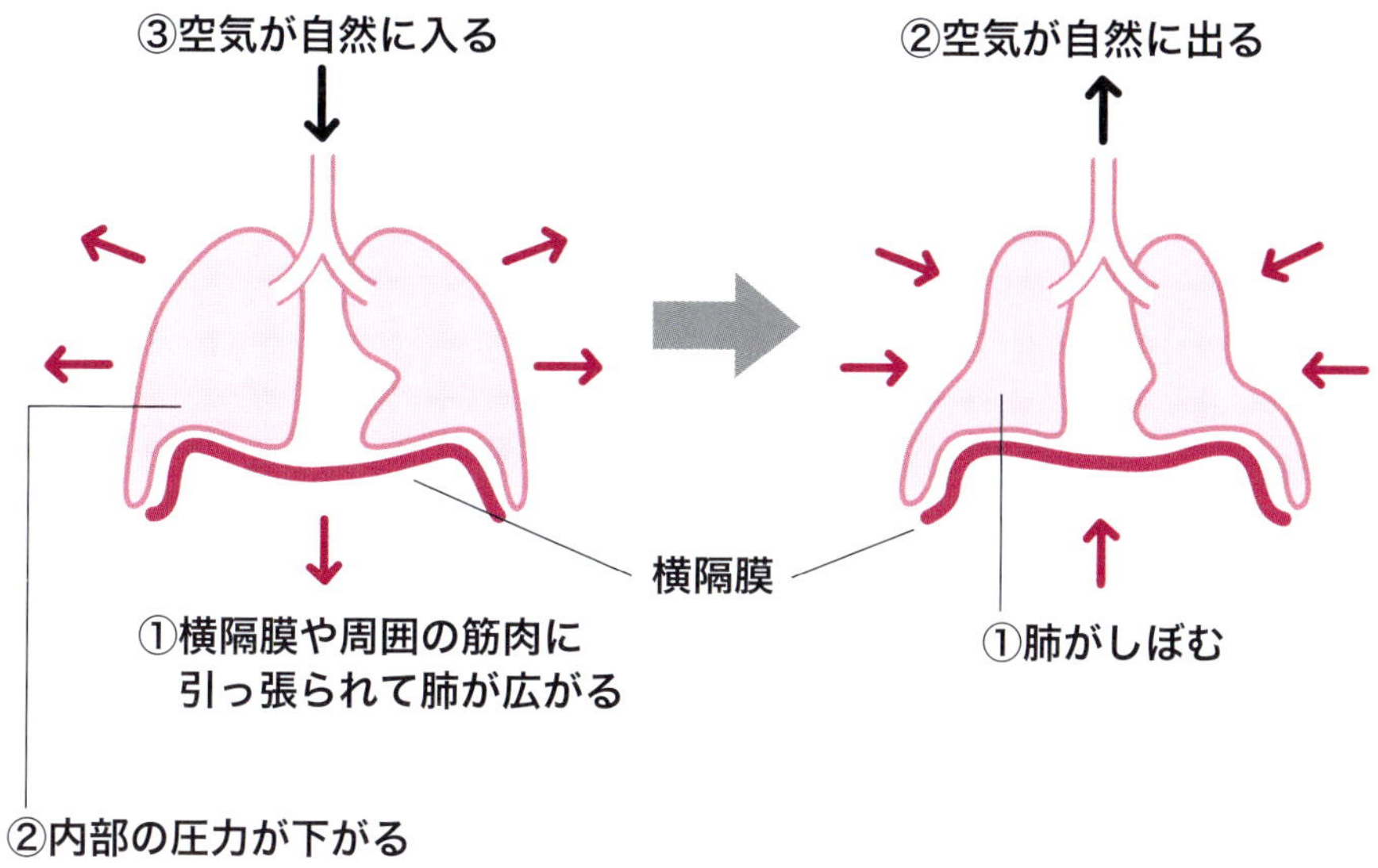


### 腹式呼吸で体幹は安定する

肺に空気が入り、胸郭が広がって横隔膜が下に押されると、腹圧が高まります。この腹圧の高まりが、体幹を安定させてくれるのです。テニスは体幹を中心に手足を動かすスポーツですから、ストロークやサーブなど、どんな場面でも体幹の安定は欠かせません。

レディポジションなどで、息を吸ったとき、横隔膜が押し上げられることで重心が下がります。この呼吸がストロークの安定したテイクバックにつながります。また、スプリットステップでも腹式呼吸によって重心を下げることができれば、最初の一歩の踏み出しを早くすることができます。

# 胸式呼吸と腹式呼吸

呼吸法には、胸式呼吸と、腹式呼吸があることはご理解いただけたと思います。これは、どちらが正しいというものではありません。人間にとってはどちらも必要な呼吸法です。

## 胸式呼吸

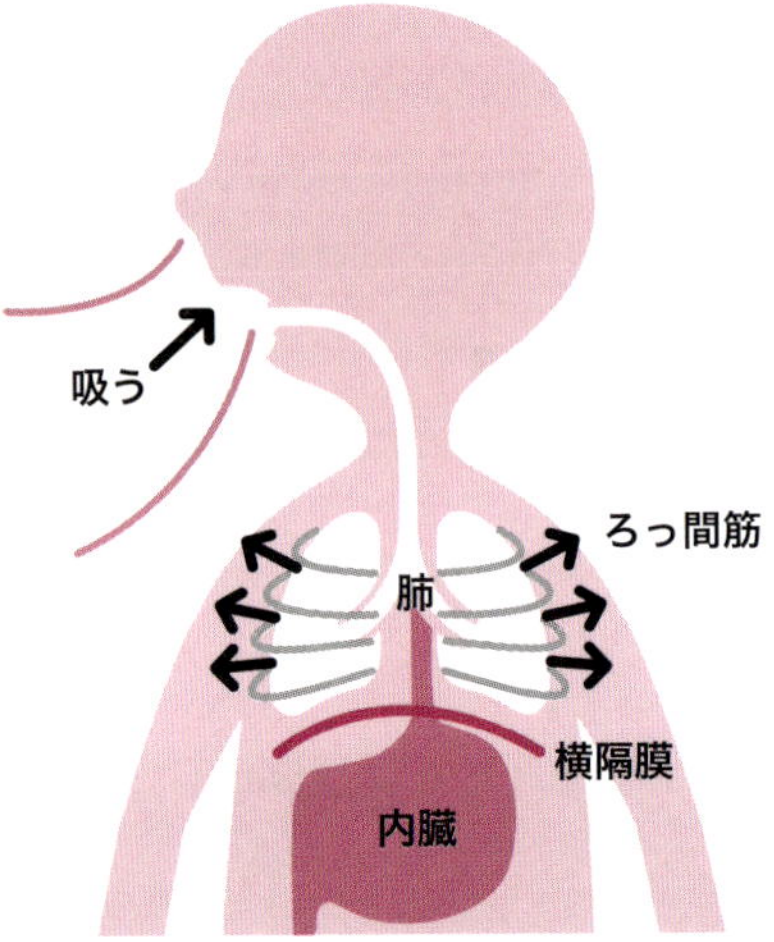


胸式呼吸は、吸うと肺が膨らんで胸郭が広がる、胸のあたりで行なう呼吸法です。肋間筋を動かすことで、肋骨が体の上方に動き、空気を取り込みやすい状態を作ります。このため、胸式呼吸は息を吸い込みやすい呼吸法といえます。深く長い、深呼吸に適しています。

### 正しい胸式呼吸

胸式呼吸で息を吸うと、胸骨の下の胸郭が広がります。胸の上部の鎖骨まわりは、厚みが出るように上がるのが正しい状態です。胸郭の中には横隔膜がついています。胸式呼吸でしっかり息を吸って胸郭が動くと、横隔膜も下方向に動きます。

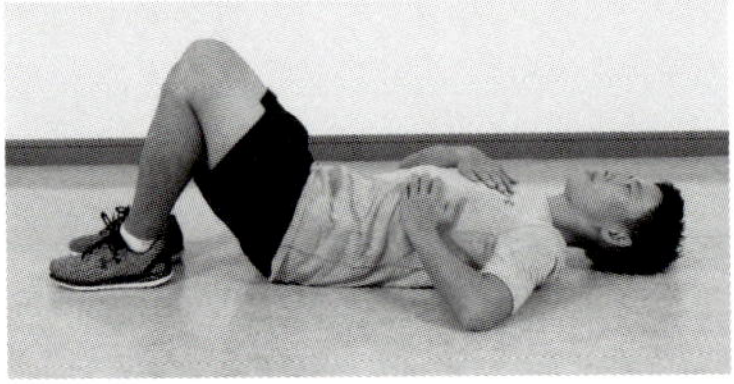

仰向けになり、手を胸まわりに当てます。鼻から5秒息を吸い、ゆっくりと吐き出します。この間に胸郭が広がり、胸の上下動が感じられればOKです。

## 腹式呼吸

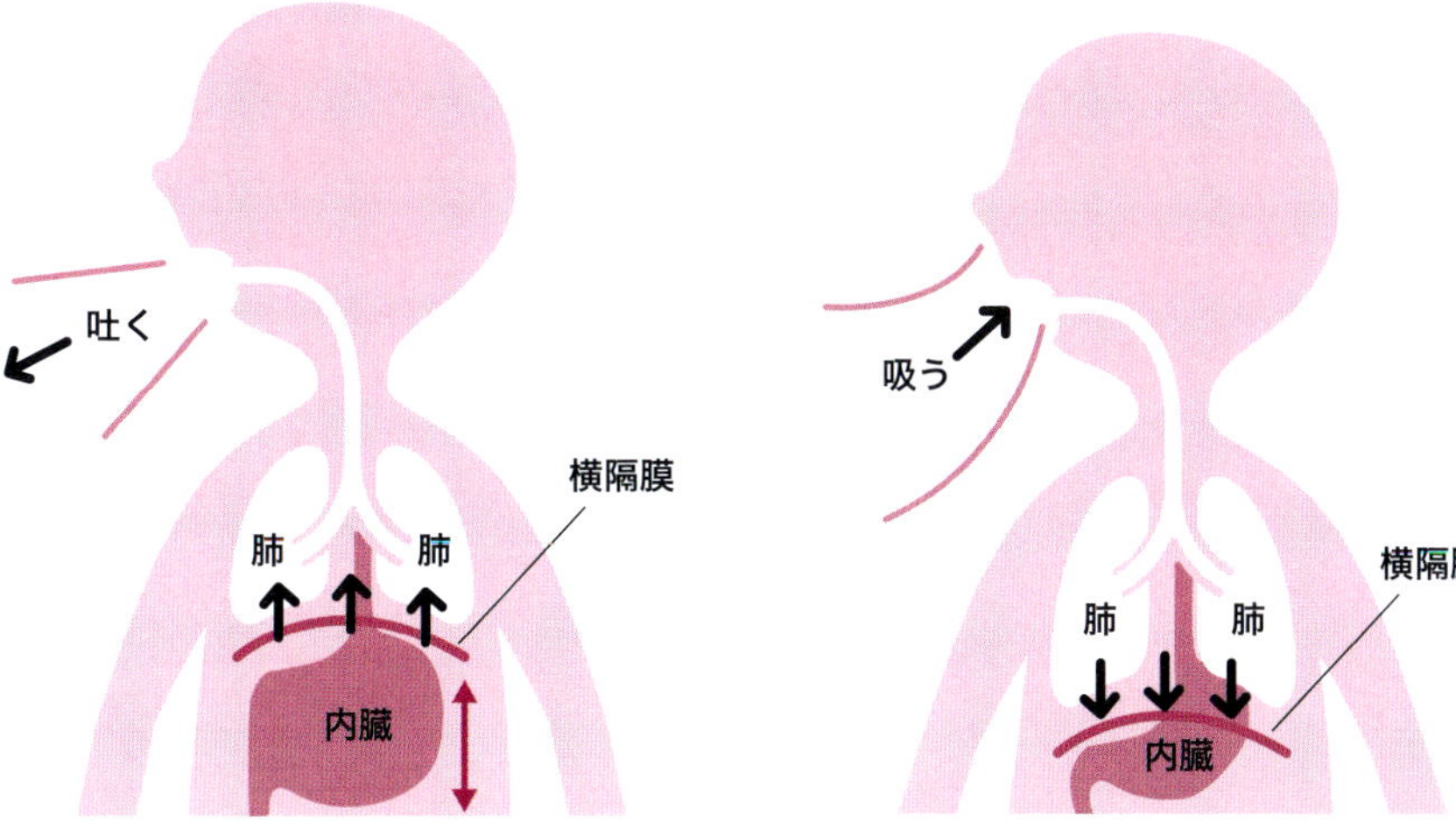


腹式呼吸と聞くと、お腹に息を入れる、もしくはお腹まわりの筋肉を使ってする呼吸だと思う人が多いようですが、これは間違っています。腹式呼吸とは、肺の底にあるドーム型の筋膜、横隔膜を使った呼吸法です。息を吸い込んで肺が膨らみ、横隔膜を押し下げ、お腹まわりが膨らむのが腹式呼吸です。横隔膜が下がることで腹圧が高まり、体幹が安定する呼吸法です。

### 正しい腹式呼吸

腹式呼吸では、お腹の動きがポイントです。息を吸い込んだとき、お腹の前だけでなく、お腹まわり全体が膨らめばOKです。逆に息を吸ったとき、肩が一緒に上がってしまうのは、腹式呼吸とはいえません。

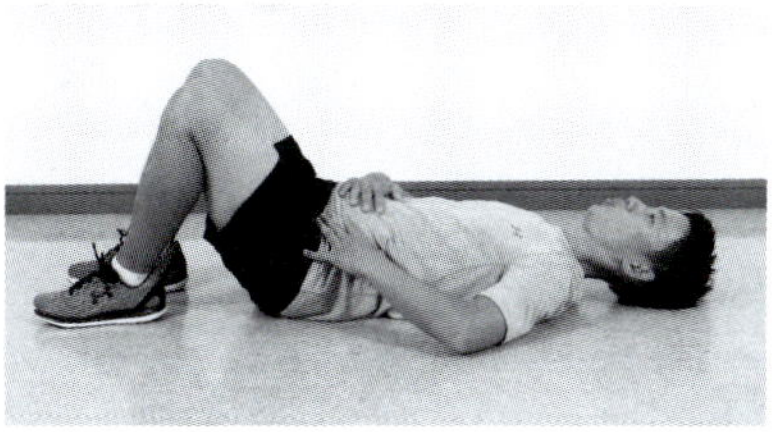

仰向けになり、手をお腹の上と横に当てます。鼻から5秒吸い、ゆっくりと吐き出します。お腹の上だけでなく、横、うしろが広がる感覚があればOKです。

FOR BREATHING

お腹まわりの力を抜く

# ダンゴムシ呼吸

猫背になっていたり、身体が反っていたり、姿勢が崩れていると、息を吸ってもお腹は適切に膨らんでくれません。そこで大切なのが、正しい呼吸法です。ここでは、ダンゴムシのように丸まった状態で呼吸を行ない、体幹部をリラックスさせていきます。

**1** 両ヒザと両ヒジを床につけてリラックスします。このとき、背中がまっすぐになっていると、息が吸えないので、少しみぞおちを引き上げるようにして、息の入るスペースを作ります。

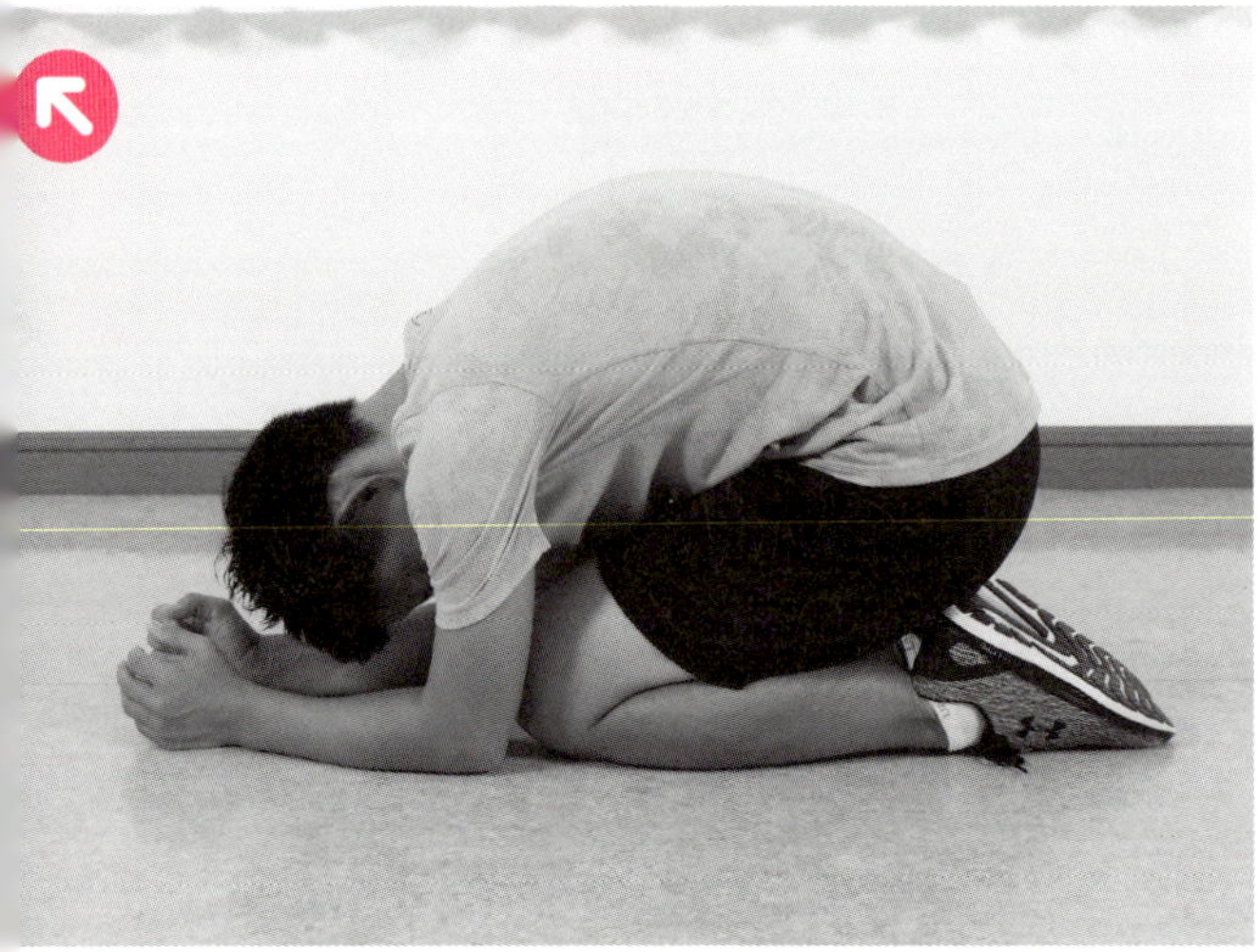

**2** 1の状態から頭を下げ、ヒジで床を押すようにして背中をさらに丸めます。

**リラックスして筋肉が動き始めると、自然に息が吐けるようになります。**

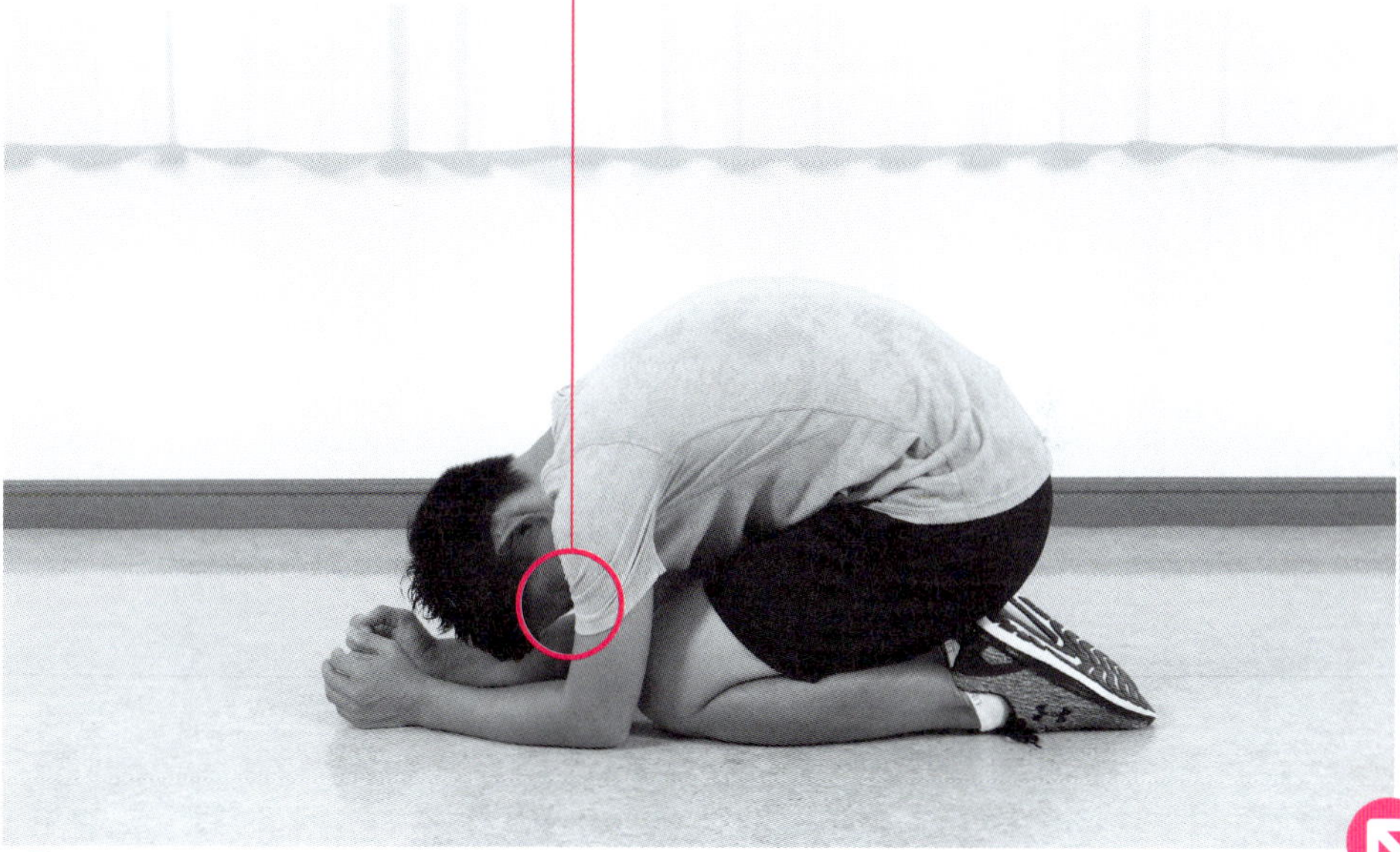

**3** **2**の状態で鼻から息を吸い、口から吐きます。口から吸ってしまうと口の中が乾燥してしまうので、深く吸うことができません。鼻毛のある鼻から、しっかりと息を吸うようにします。

**Point!**

### 空気はお腹に入らない

息を吸ってお腹が膨らむのは、お腹に空気が入っているわけではありません。肺に吸った空気が入り、横隔膜が下がることで圧が高まり、お腹が膨らむのです。腹式呼吸では、お腹まわり全体、360度膨らむのが理想です。体幹をリラックスさせて、お腹全体を膨らませるイメージを持ちましょう。

# 正しい呼吸のチェック

前述したように、腹式呼吸は、お腹全体、背骨から全体が膨らむのが理想です。ダンゴムシ呼吸にトライしたあとは、正しく呼吸ができているかをチェックしてみましょう。肋骨の部分に手を当てて、息を吸ったときアコーデオンのように胸のあたりが膨らむかをチェックします。

## 仰向けに寝て

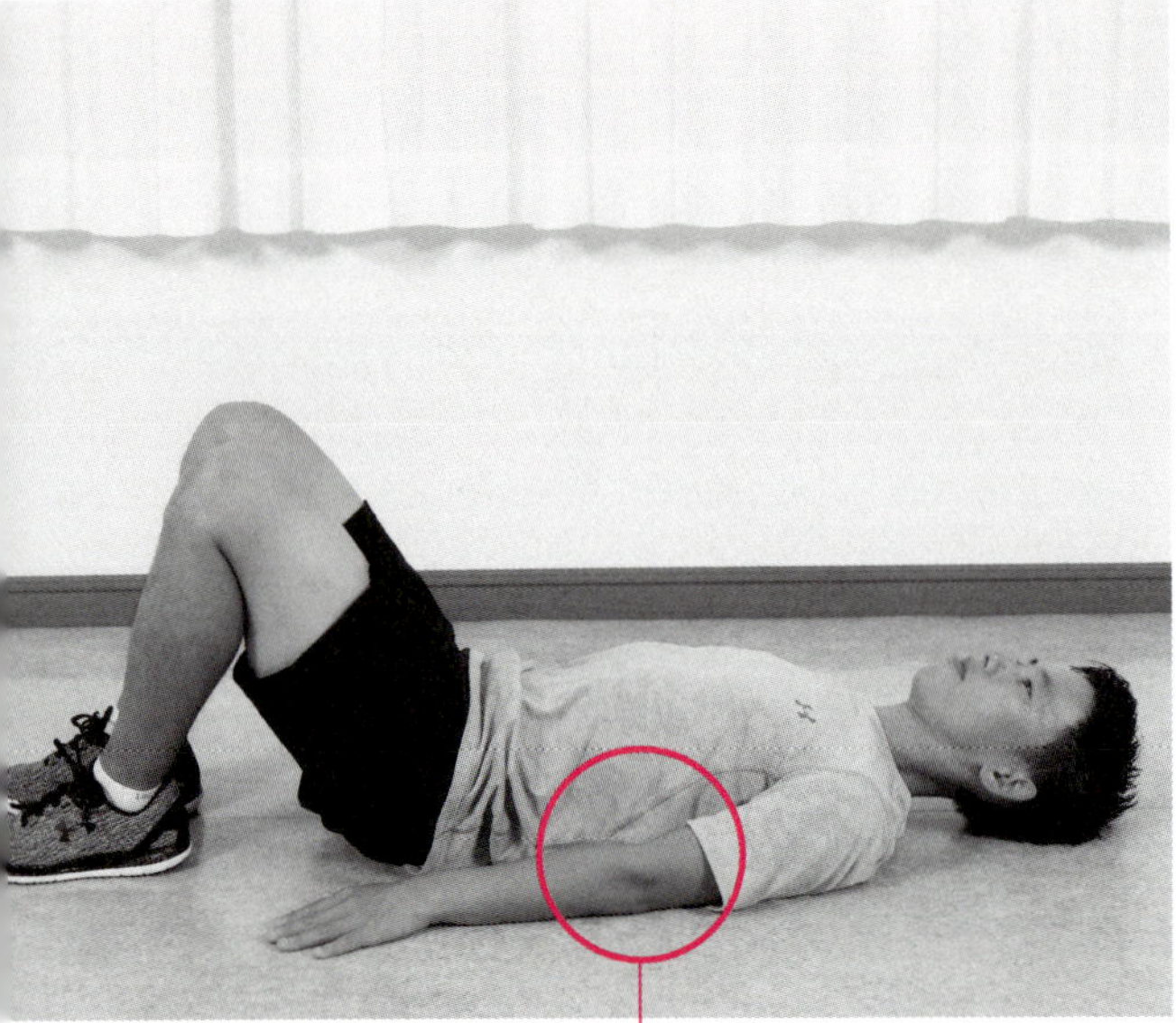

背中のすき間に注意

仰向けに寝てヒザを曲げ、手をリラックスさせます。この状態で鼻から5秒吸って、口から吐きます。このとき、背中と床の間にすき間ができないように注意してください。呼吸によって身体が反ってしまうと、胸や首の部分しか動くことができず、常に背筋を使っている状態になり、呼吸で疲れてしまうのです。

**Point!**

**身体が反らないように**

呼吸によって身体が反ってしまうと、胸や首の部分しか動かすことができず、常に背筋を使っている状態になり、呼吸で疲れてしまいます。背中が硬く感じる人は、まずダンゴムシ呼吸で背中を柔らかくしてからトライしてください。

## 手を当てて

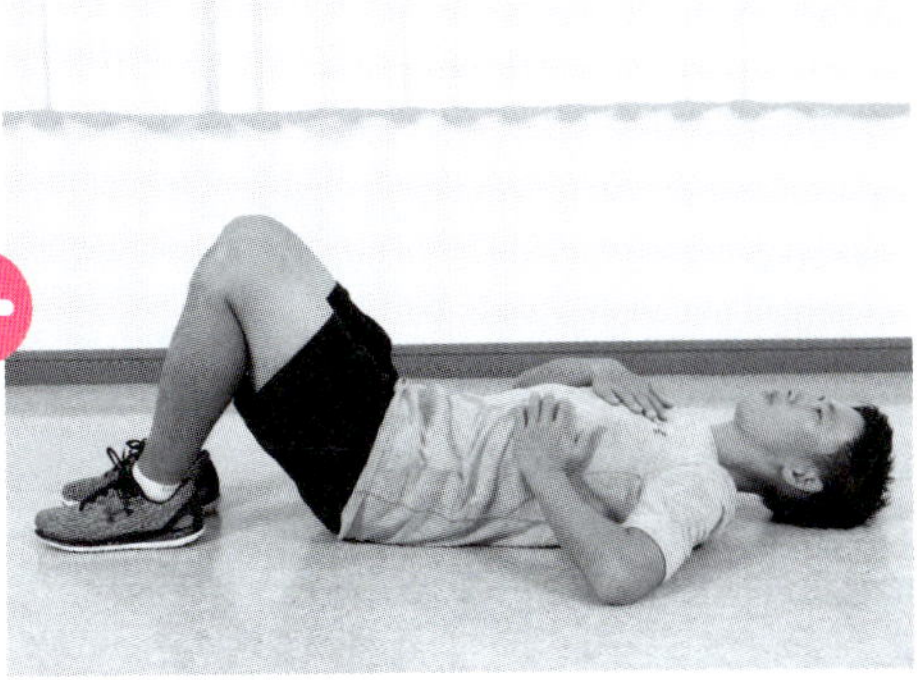

# 1

次に肋骨と、胸に手を当てて、息を吸います。このとき、少し肋骨が横に広がっているか、胸は上に動くかなど、片方ずつチェックします。

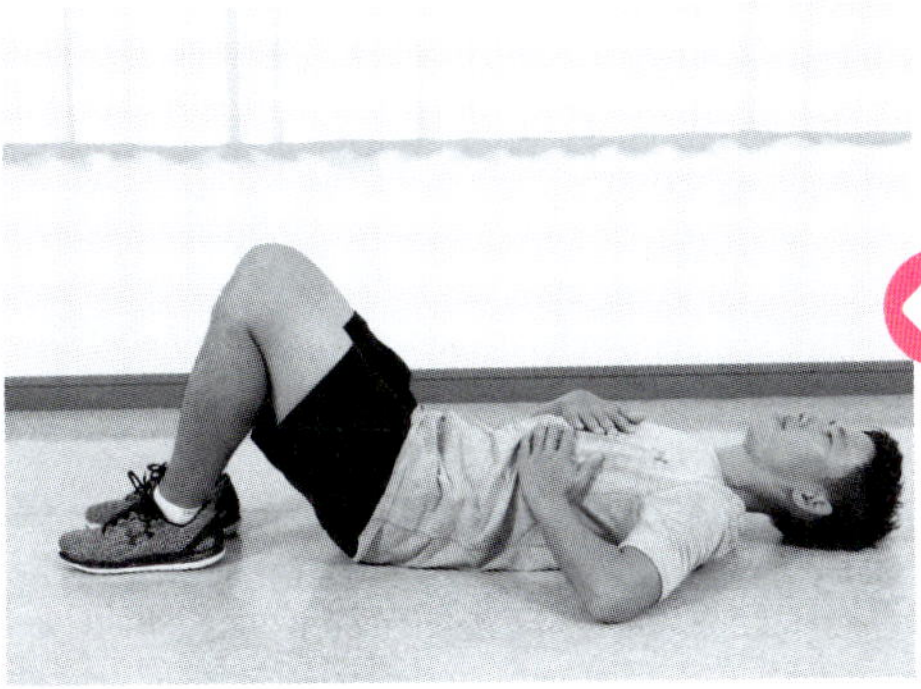

# 2

静かに息を吐きます。ここでも、背中と床にすき間ができないように注意してください。

## タオルを巻いて

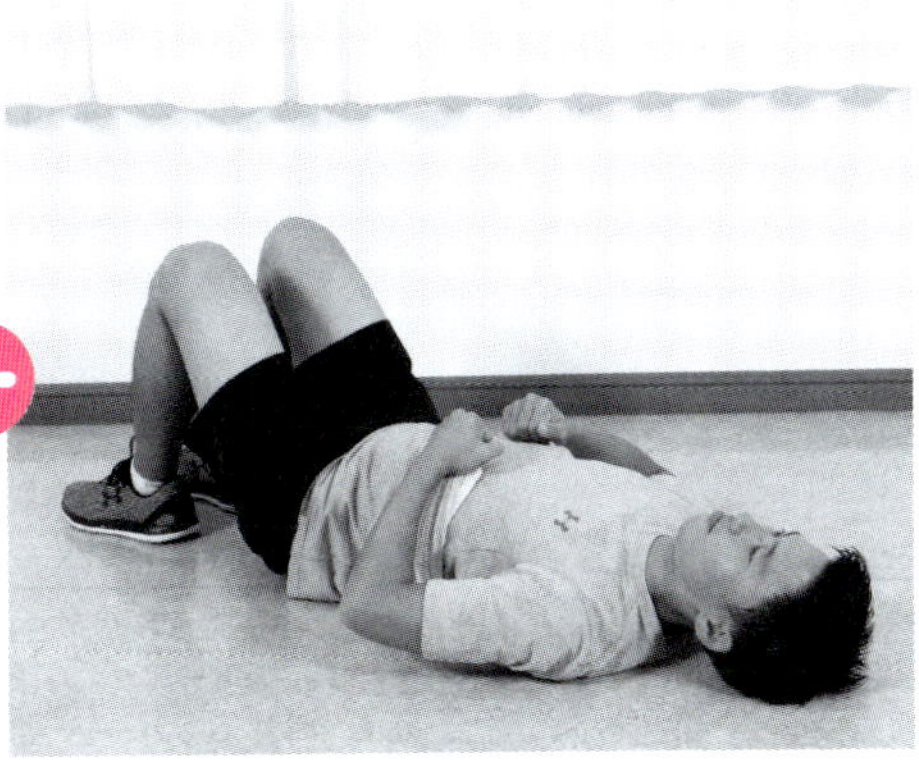

# 1

タオルなどを胸のあたりに巻いて、肋骨の動きを確認します。チューブで行なえば、肋骨の動きをチューブが押し返してくれるので、さらに腹式呼吸の感覚を掴みやすくなります。

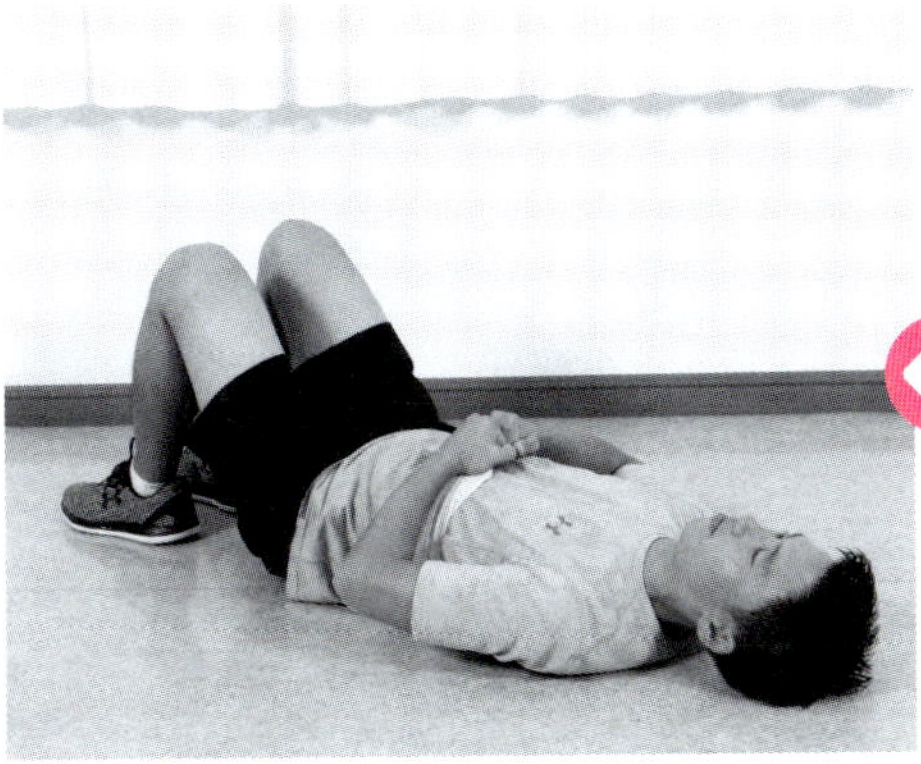

# 2

息を吐くとお腹がへこみ、タオルの端を握った手が近づくのがわかります。

FOR BREATHING

横隔膜を動かす

# スリーマンスポジションでの呼吸

横隔膜をしっかり動かして呼吸するために、３ヶ月くらいの赤ちゃんに見られる、スリーマンスポジションでトレーニングを行ないます。全身のリラックスを心がけ、ゆっくりお腹を膨らませるような呼吸を繰り返します。

**1** 仰向けになりヒザを立て、手をリラックスさせます。

**2** 1の状態から両手と両足を上げます。両手は丸太を抱えるようなイメージです。このとき、背中と床の間にすき間ができないように注意します。ゆっくりと鼻から息を吸い、口から吐きます。

## Point!

### お腹を膨らませる

お腹を膨らませて、横隔膜を動かして呼吸することを意識します。肩がすくんでしまうと腰の周りが安定しません。尾骶骨が少し浮いてもいいので、背中をしっかり床につけるようにします。

## MORE EASY

### 足を支えて

足を上げるために、腹筋が必要です。腹筋をうまく使うことができないと、全身に力が入って硬くなってしまいます。そんなときは、いすやバランスボールを使って足を安定させ、腹筋に力が入りすぎないようにしましょう。

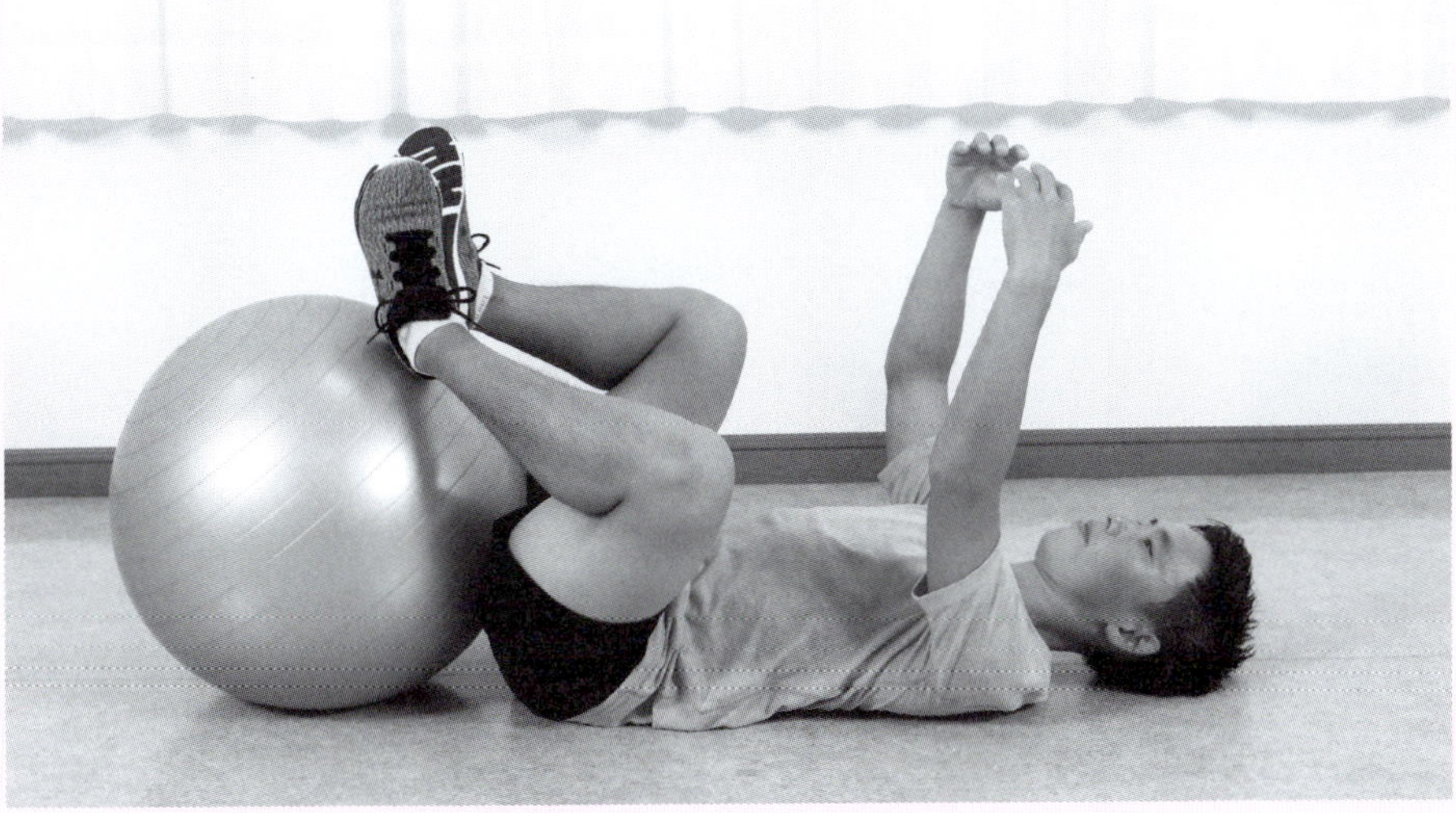

# 風船膨らまし呼吸

テニス選手の呼吸には、いろいろな意味があります。リラックスするために、長く息を吐くこともありますが、短く強く息を吐いて、体幹を安定させる効果もあります。ここでは、長く息を吐いたときと、短く強く吐いたときの違いを確認して、腹部の強い圧を身につけるトレーニングを行ないます。

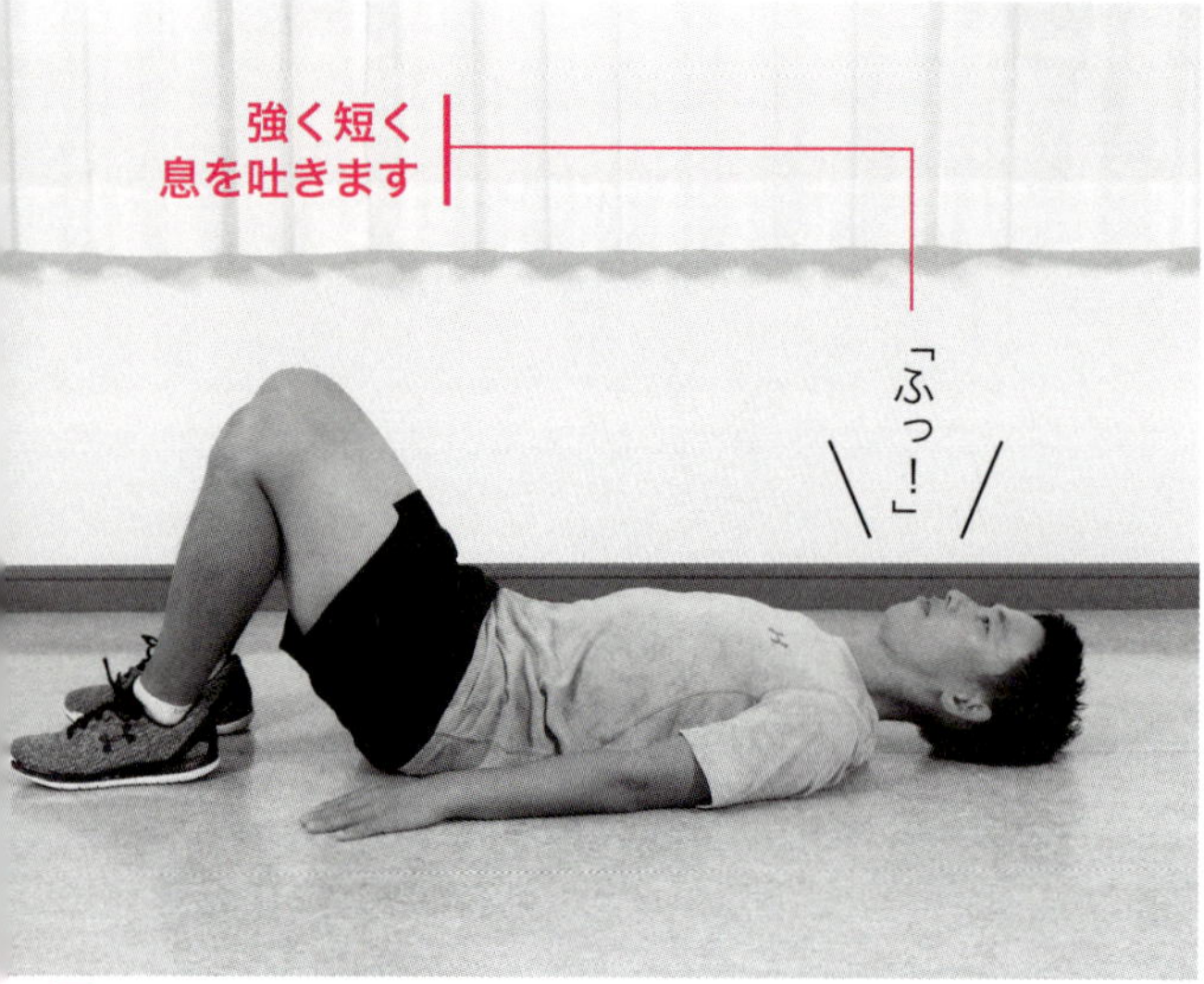


**1** 仰向けの状態で床に背中をしっかりつけて鼻から息を吸い、風船を膨らませるときのように、短く強く息を吐き出します。長く吐こうとすると、お腹に力が入らないので注意が必要です。

**2** お腹に手を当てることで、腹圧を感じることができます。腹式呼吸で鼻から息を吸うとお腹が膨らむのがわかります。

強く短く
息を吐きます

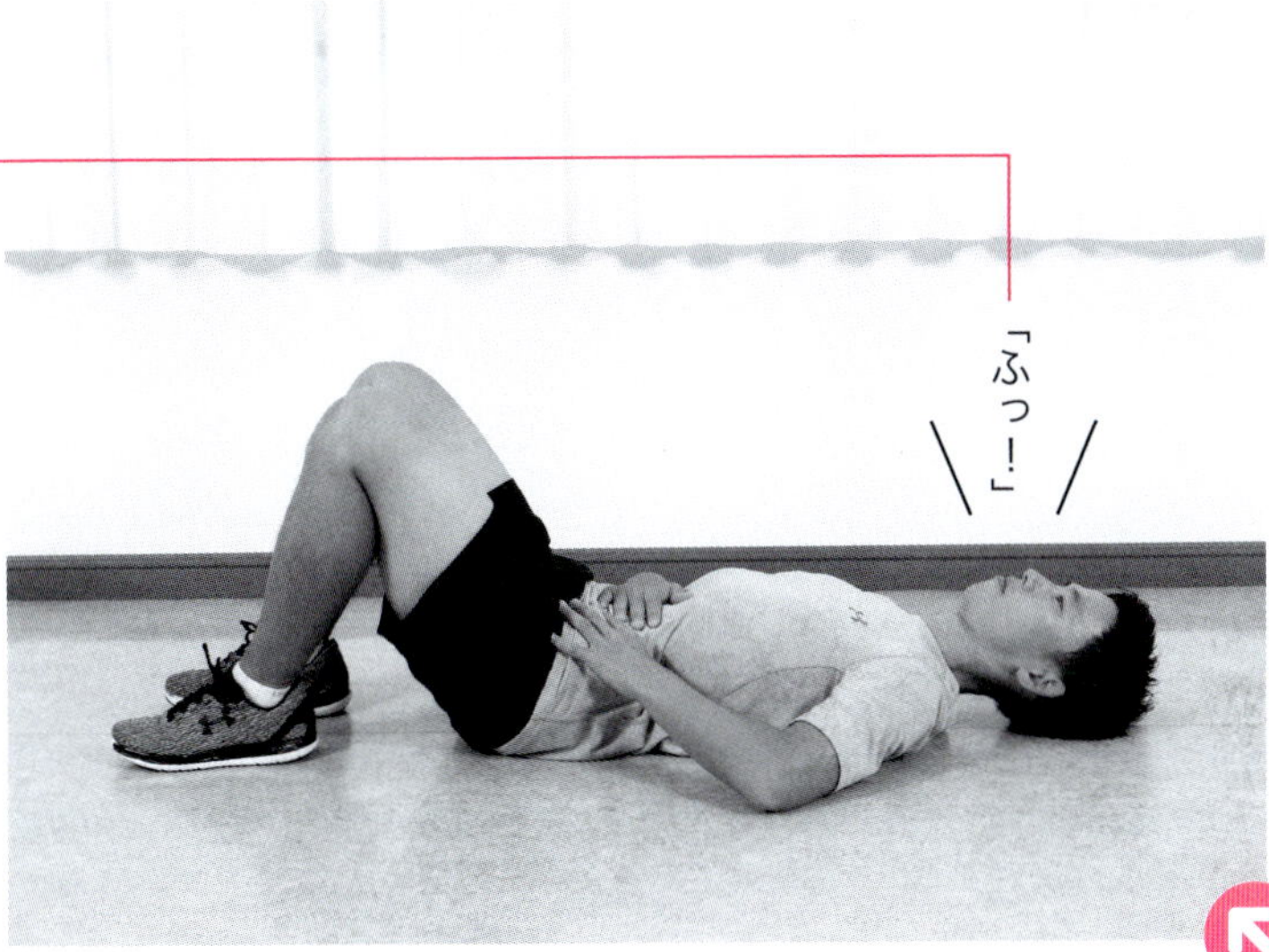


## 3

瞬間的に息を吐き出します。この呼吸法は、体幹を安定させる効果が期待できます。これは、呼吸によって恥骨の上部が閉まるからです。

## MORE HARD

### 足を上げて

足を上げて行なうと、腹筋に刺激が入りよりハードなトレーニングになります。この場合も、床と背中にすき間ができないように注意します。

## Point!

### 呼吸によって動きも変わる

呼吸の仕方を変えることで、力の入り具合も変わってきます。ボールがラケット面に乗っている時間の長いスライスでは、息を長めに吐きますが、トップスピンなどでは、一瞬で息を吐き出すことでパワーが出るといった具合です。

# 姿勢について考えよう

**日常生活においても、正しい姿勢は大切です。同様に、テニスのプレーも正しい姿勢がとれていないと、十分なパフォーマンスを発揮できないだけでなく、怪我のリスクも高くなります。**

## 正しい姿勢

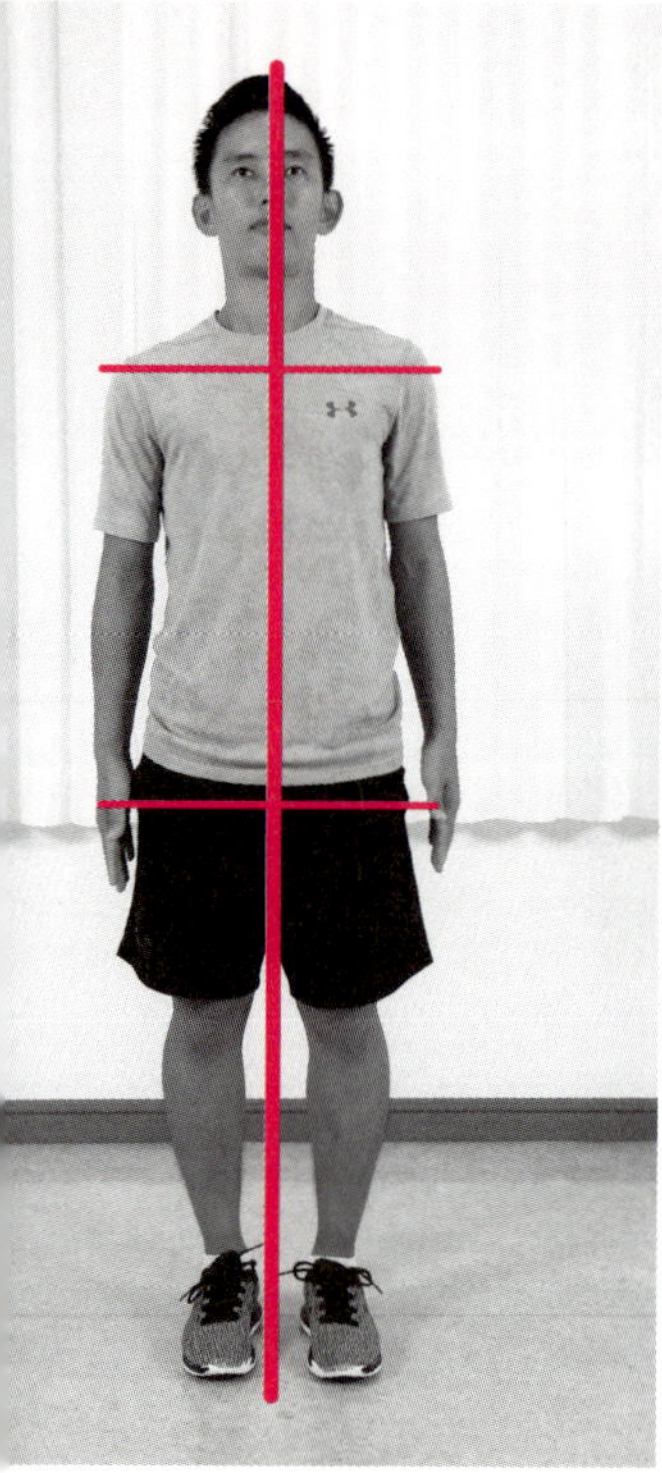

**ここで、正しい姿勢を正面と横からチェックしてみましょう。**

### 正面（右）

眉間、アゴ、鎖骨の付け根、おへそ、恥骨を結んだ線が、まっすぐ両足の真ん中に降りていればOKです。このとき、膝、つま先は正面を向くようにします。顔が曲がったり、肩の線、骨盤の線が傾いていないかもチェックしましょう。左右の足に均等に重さが乗っていることも大切です。

### 横（左）

耳、肩、腰、ヒザ、くるぶしが一直線で、カカト寄りに重心が乗っていればOKです。頭が前にで過ぎていないか、背骨が自然なS字カーブを描き、猫背や反り腰になっていないかをチェックします。

### なぜ姿勢が大事なのか

テニスのプレーでは、正しい基準となる姿勢が必要です。それは、ダッシュ&ストップが繰り返される、激しいテニスの動きを支える姿勢です。トッププロの姿勢に注目してみてください。背筋は伸び、ボールに対して構えたときに、大きく見えるはずです。このように、背骨がまっすぐで胸郭が広がった状態であれば、ストロークに必要なテイクバックや、インパクトに向けたダイナミックなスウィングが可能となります。正しい姿勢をキープすることで、プレーのパフォーマンスは大きく向上するのです。

　また、姿勢は相手のサーブやストロークに反応するためのレディポジションにも影響します。レディポジションをとったとき、骨盤がうしろに傾いた猫背の姿勢では、ボールに素早く反応することはできません。これは、猫背によって十分な呼吸ができないことと、骨盤がうしろに傾き、重心もカカト寄りに乗っていることが原因です。

　正しい姿勢をとるためには、姿勢をキープするための筋肉を常に働かせておく必要があります。体幹を司る腹筋群、背筋群、骨盤底筋などの筋肉をしっかり働かせることで正しい姿勢をとることができるのです。

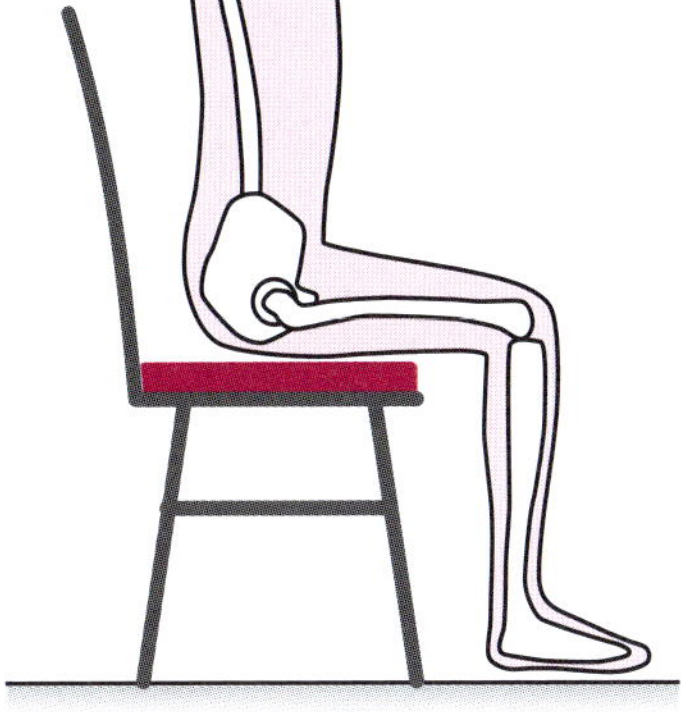

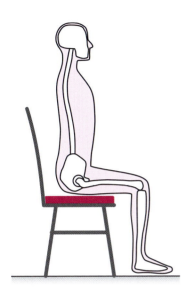

## 座っているとき

イスなどに座っているときの姿勢もチェックが必要です。このとき、骨盤が寝ていたり、猫背になっていると、立った姿勢にも影響が出ます。図のように骨盤が立ち、背骨がきれいなS字を描いているのが理想の形です。

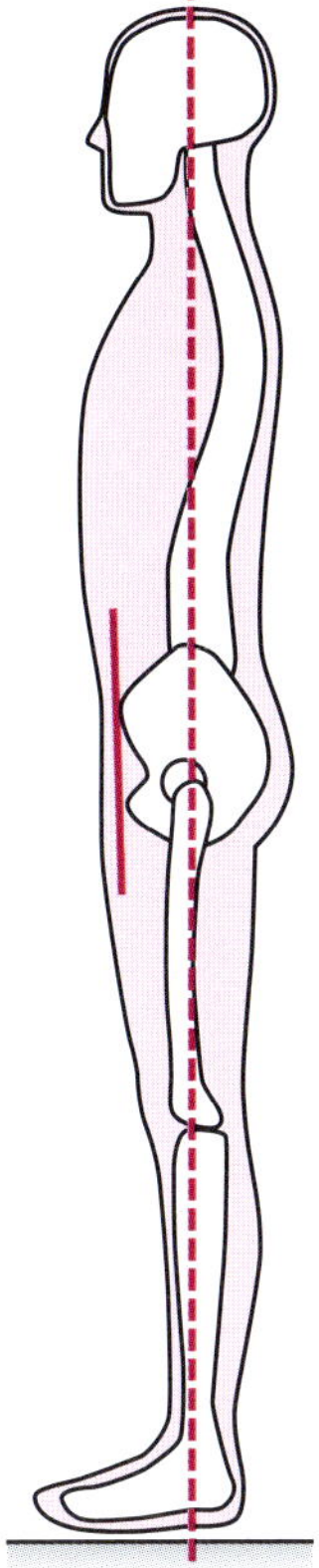

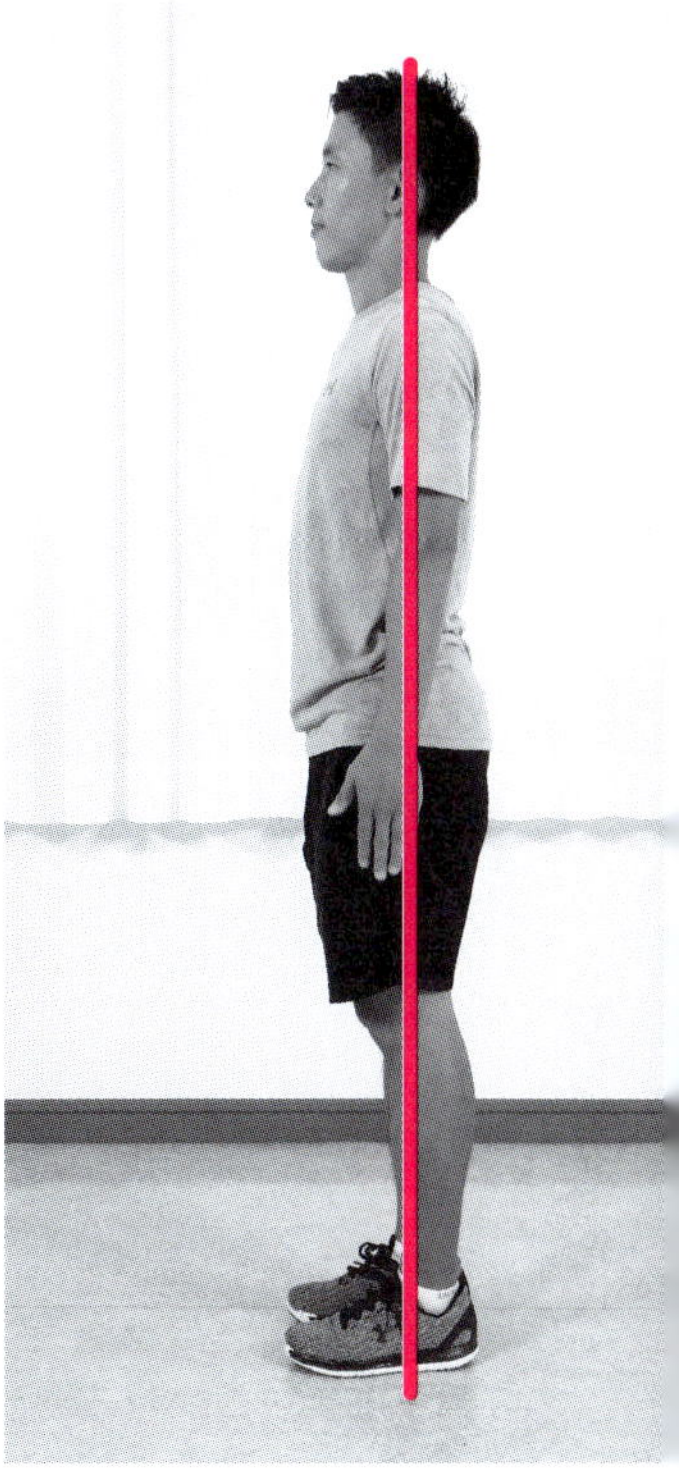

# 悪い姿勢

悪い姿勢には、日本人に多い猫背、ヒールを履いている女性に見られる反り腰、バランスの取りづらいフラットバックなどがあります。ここでは、それぞれの特徴を挙げてみます。

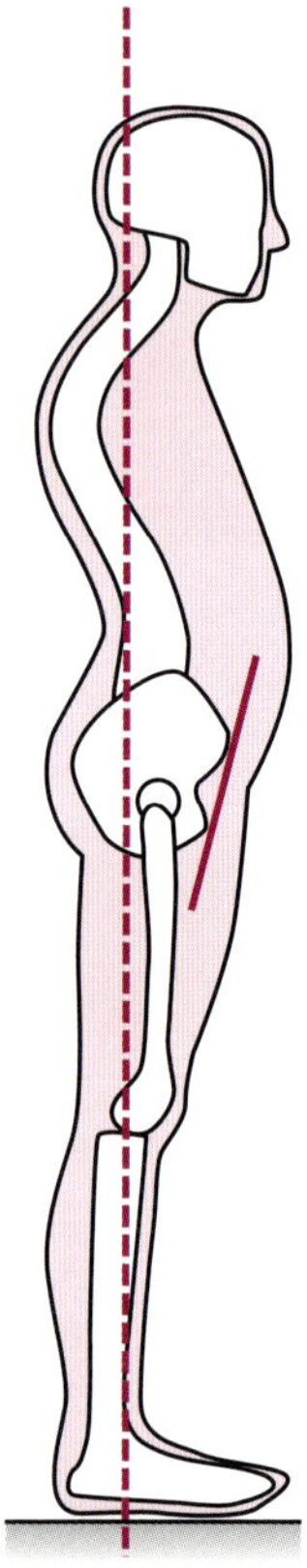

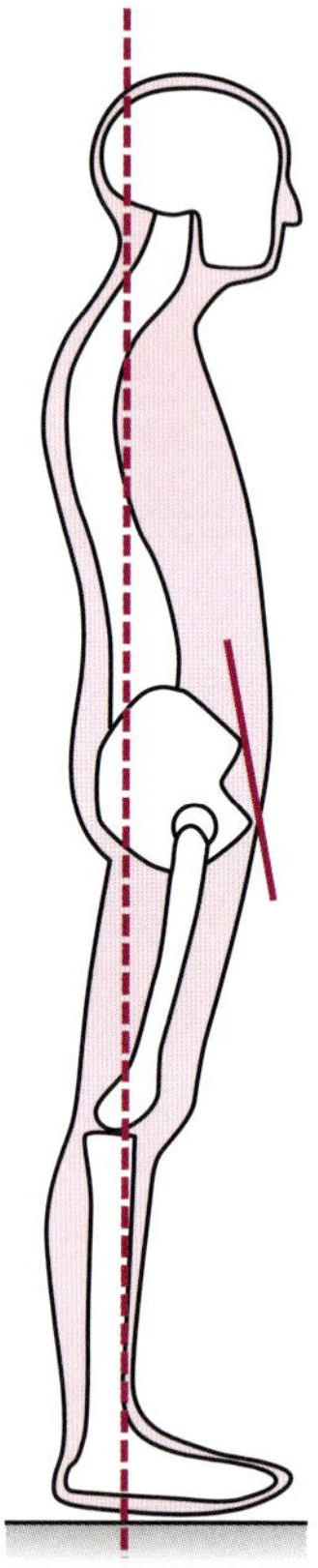

## 反り腰の特徴

骨盤が前に傾き、重心がつま先寄りになっています。背中が反ることで胸が前に出て、そのバランスを取るために頭はさらに前に出ています。ヒールを履いている女性に多く見られる姿勢です。やはり腰に負担がかかり、腰痛を起こしやすい姿勢といえます。

## 猫背の特徴

骨盤が寝て、胸郭が前に丸まっています。そのため頭が前に出て、非常にバランスの悪い姿勢になっています。本来であれば、上体の重さは骨盤で支えるのですが、背骨が曲がっているために腰にテンションがかかっています。頭が前に出ることで、首にも負担がかかる姿勢です。

## 座っているとき

骨盤が寝て、背筋が丸まっています。頭も前に出て、腰に負担がかかっているのがわかります。テレビを見たり、パソコンに向かったときなどに見られる猫背の姿勢です。座っているときの姿勢は、立ったときにもあらわれます。

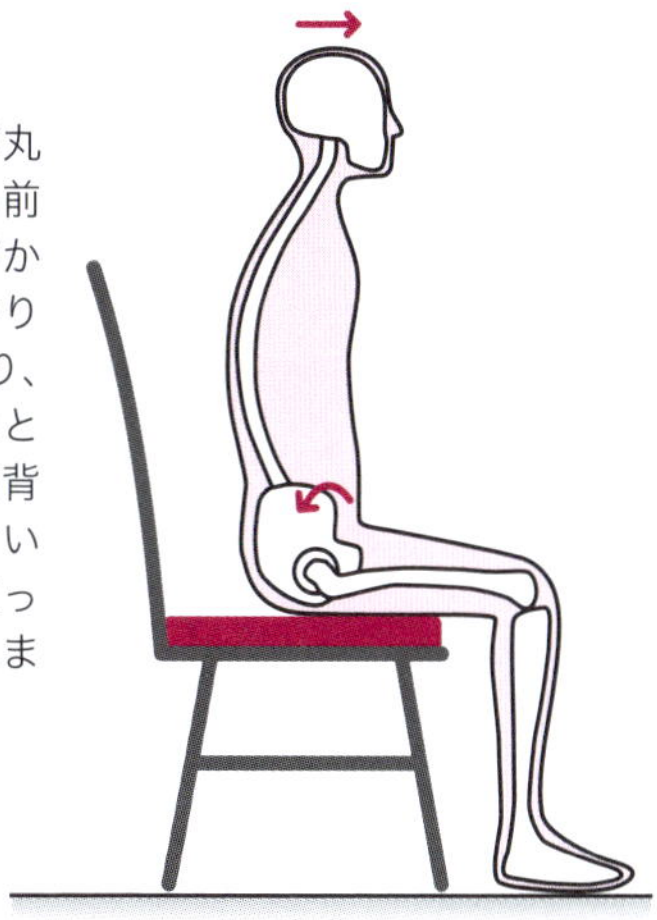

## 悪い姿勢は怪我につながる

悪い姿勢は怪我のリスクが高まります。猫背だと、胸のまわりの筋肉が縮んでいるので、これを無理に広げようとすると肩まわりを痛めてしまいます。反り腰は、単純にサーブなどで腰への負担が大きくなります。フラットバックは、衝撃が直に身体に伝わるため、フットワークで足首や膝、腰を痛めやすいといえます。

悪い姿勢には原因があります。猫背の原因は、首をすくめてスマートフォンに見入ることや、デスクワークでパソコンに向かうことであらわれます。反り腰は、ヒールを履いた女性に多く見られます。また、姿勢を気にして胸を張っている男性にも反り腰が見られます。こうした悪い姿勢は、なかなか矯正することができません。それは、長い間同じ姿勢を続けることで、その姿勢を脳が正しいと認めてしまっているからです。

姿勢に関する脳の勘違いは、座った姿勢だと２時間くらいであらわれてしまいます。ですから、同じ姿勢が続いたら、意識的に姿勢を変えるようにしましょう。組んだ足を入れ替えたり、ついている肘を入れ替えたり、片方に偏った姿勢をとっているときは、脳が認識してしまう前に、ときどき、それを変えることが大切です。

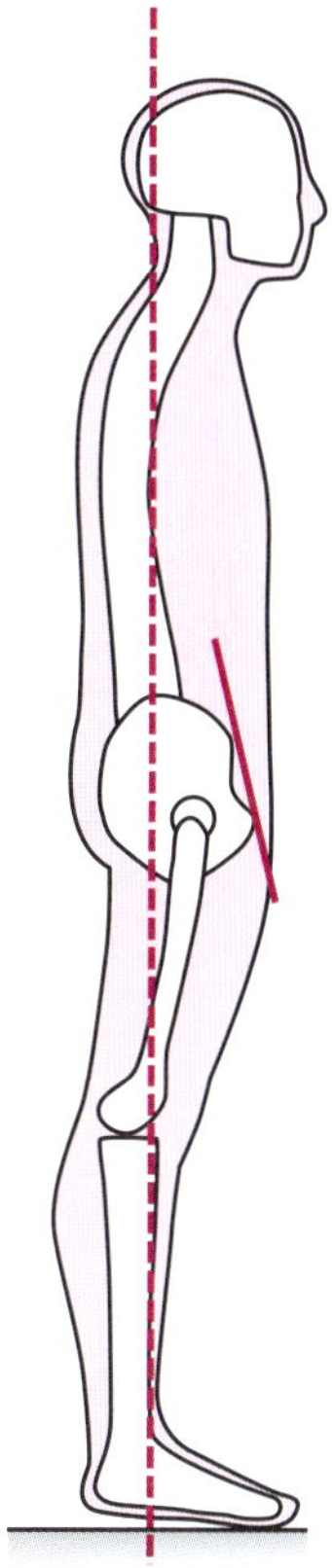

## フラットバックの特徴

背骨が一直線になっています。本来の形であり、背骨のS字の湾曲がないため、身体全体のクッションが効きません。正しい姿勢を意識しすぎて、背骨を伸ばしすぎると起こる姿勢です。全身体のバランスが悪く、歩行などの際、地面からの衝撃を吸収することができません。怪我につながりやすい姿勢です。

# 悪い姿勢がショットに与える影響

悪い姿勢は、テニスのプレーの質を下げてしまいます。ここでは、呼吸にも影響を与える悪い姿勢について、それぞれのショットでどのような問題を起こすのかを考えていきます。

## 猫背の場合

### ストローク

猫背では、背骨がアーチを描いているため、上体と下肢のひねり動作に対応することができません。つまり、ストロークでスムーズなテイクバックがとれないということです。肩を引くことができないので、腕だけを無理やり引いてテイクバックをとることになり、手打ちになりやすい姿勢でもあります。

### サーブ

猫背の状態だと、まずトスアップの際に腕がスムーズに上がりません。無理に上げようとすると腰を反ることになり、背中にも大きな負担がかかります。ラケットを握った腕の肘も十分には下がらず、強いインパクトを迎えることはできません。

### ネットプレー

猫背では、どうしても重心がカカト寄りになってしまいます。呼吸も浅く腹圧が低いため、重心を低くキープすることができません。最初の踏み出しも弱く、ボールへの反応も遅れてしまいます。

## 反り腰の場合

### ストローク

骨盤が起きて胸が開いているため、身体の圧が全部前に抜けてしまいます。力を出そうとすると、余計に腰が反ってしまい、怪我のリスクが高くなります。

### サーブ

腕を上げようとして、反った腰をさらに反ろうとするため、腰に負担がかかります。また、腹筋など身体の前面が伸びている状態なので、強いボールを打つことはできません。

### ネットプレー

骨盤が起きた状態で構えるため、やはり重心はカカト寄りになります。上体の前傾がキープできず、ボールに対する反応も遅れがちです。

## フラットバックの場合

背骨のS字が伸びてしまっているため、ストロークやボレーの踏み込み、サーブの着地など、衝撃をうまく吸収することができません。スムーズなフットワークを妨げるだけでなく、怪我のリスクも高くなります。

世界のトップ選手を見ても、姿勢が悪い人はいません。骨格が人種によっても違うので、外人プレーヤーのそれを真似れば良いというわけではありませんが、構えたときに大きく見える、正しい姿勢は参考にするべきです。

　それでは、次に姿勢を整えるエクササイズを紹介しましょう。

FOR POSTURE
身体の前面の筋肉で背骨を整える

# ロールアップロールダウン

猫背などの悪い姿勢を矯正するトレーニングです。猫背やフラットバックなどの姿勢は、一度クセになると背骨がその形に固まってしまい、なかなか自分では矯正することはできません。そこで、背骨の一つひとつを意識して動かす、ロールアップロールダウンのトレーニングにトライしてみましょう。

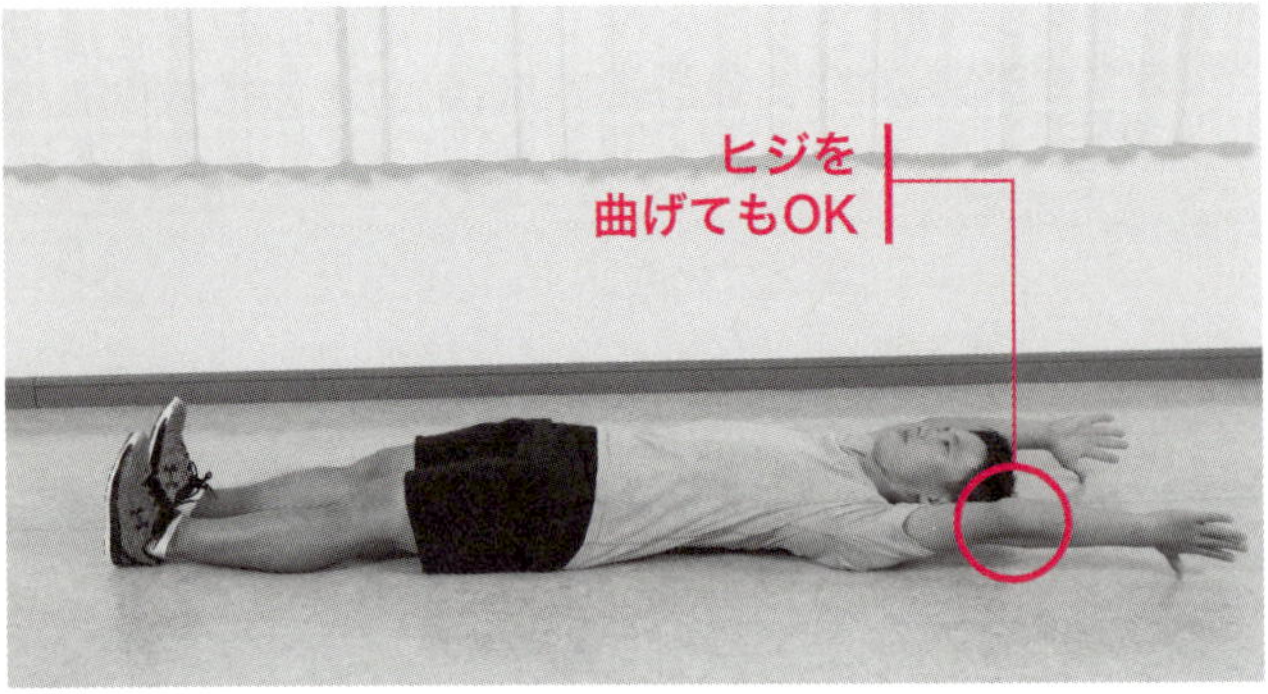


**1** 仰向けに床に寝て、両手を上に伸ばします。このとき、床と背中の間にすき間ができてしまう人は、ややヒジを曲げて行なってください。それでもすき間ができてしまう場合は、頭の下にタオルなどを敷くとすき間を埋めることができます。

**2** 準備ができたら、手を上げ、足先を見るようにして頭から起こしていきます。

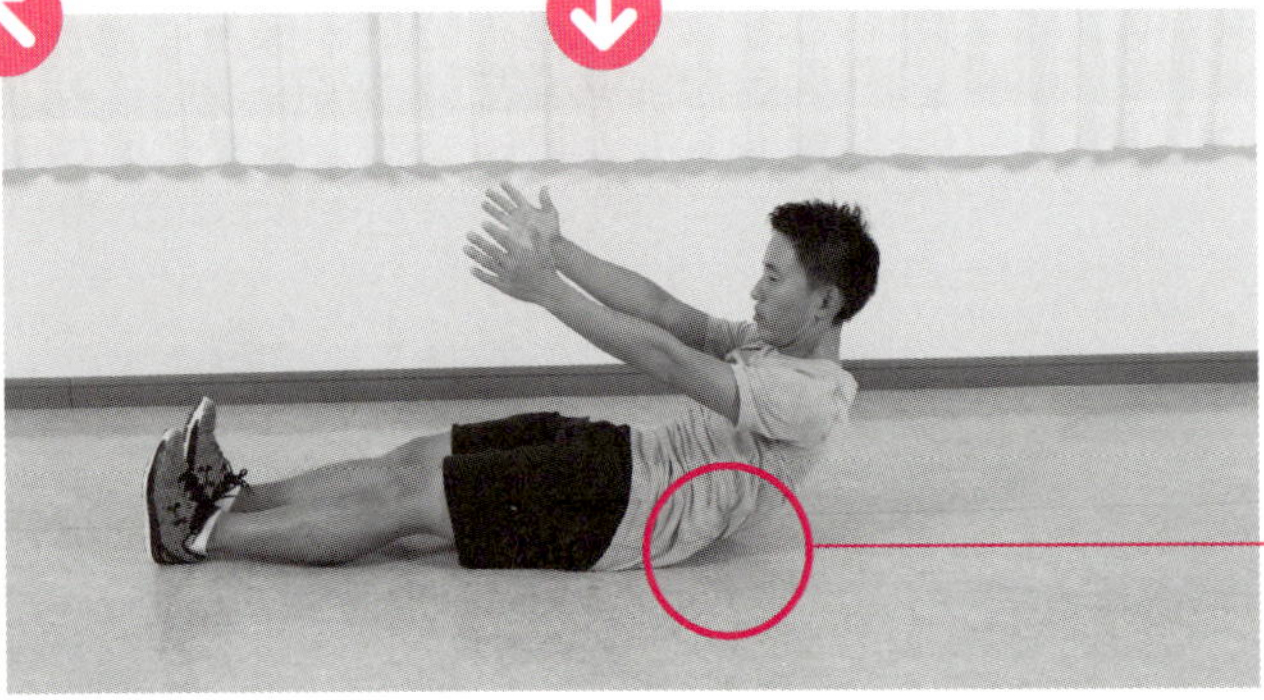

**3** 頭から胸、そして腰を少しずつ起こしていきます。

一つひとつ
背骨を床から
剥がすイメージ

**4** 上体が起きて座った状態になったら、骨盤から上体をやや前に倒して、モモの裏にテンションを感じるようにします。このとき、足首はしっかりと起こしておきます。

**5** 上体が起きたところから、今度は少しずつ床に背骨をつけていきます。

足首は
起こしておく

**6** 最後は後頭部までしっかりつけます。

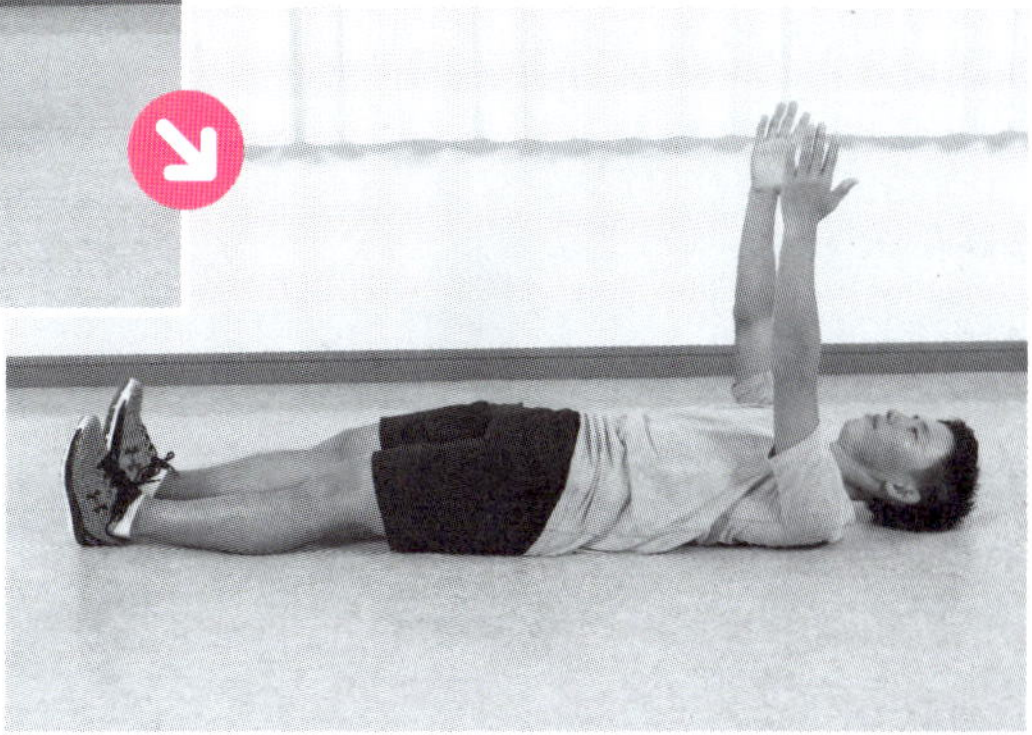

背骨を一つひとつ
床につけていく
イメージ

**7** 手を上に伸ばします。

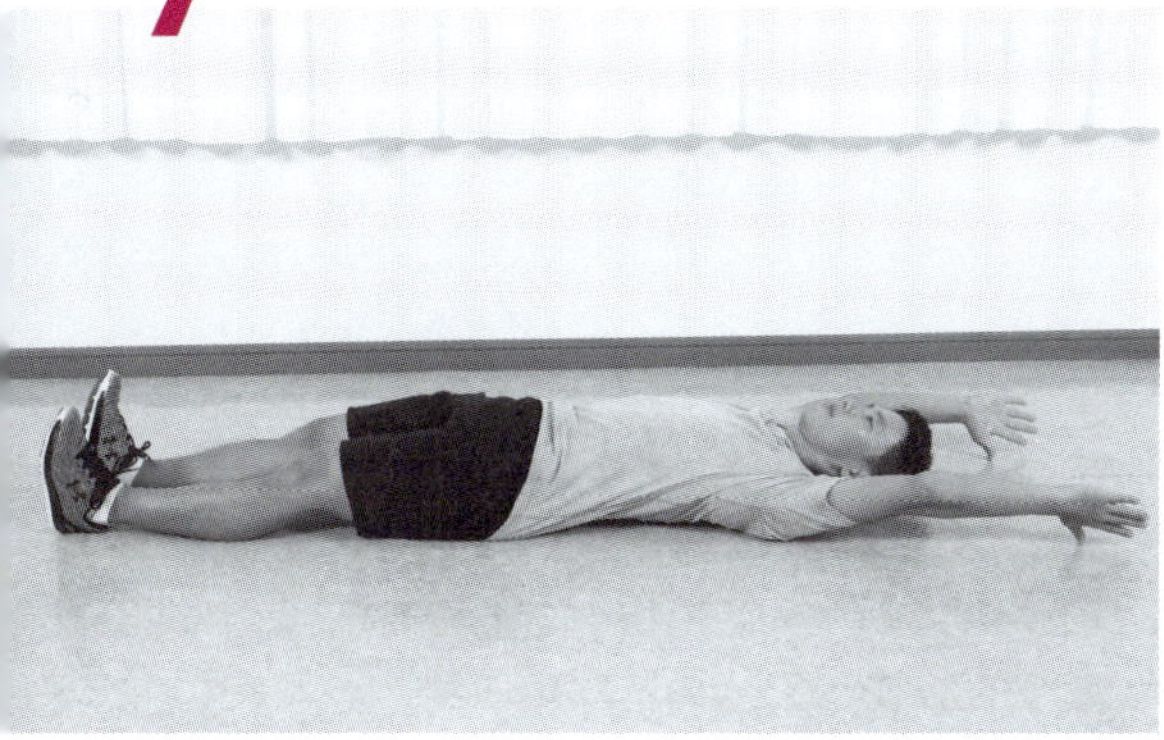

## Point!

### 背中の柔軟性も高める

トレーニングとしては、かなり難しいトレーニングです。どちらかといえば、背中を床につけていくほうが、重力を使えるので楽だといえます。ロールアップが難しい場合はヒザを抱えるようにして、少しスウィングしながら起き上がってもOKです。背中の柔軟性も高めることのできるトレーニングです。

FOR POSTURE

身体の背面の筋肉で背骨を整える

# ヒップリフト

ロールアップロールダウンでは、身体の前面の筋肉を使って背骨をコントロールしましたが、ここでは、身体の背面の筋肉を使って、背骨を整えていきます。背骨の一つひとつを意識して、ていねいな、ゆっくりとした動きでトライします。

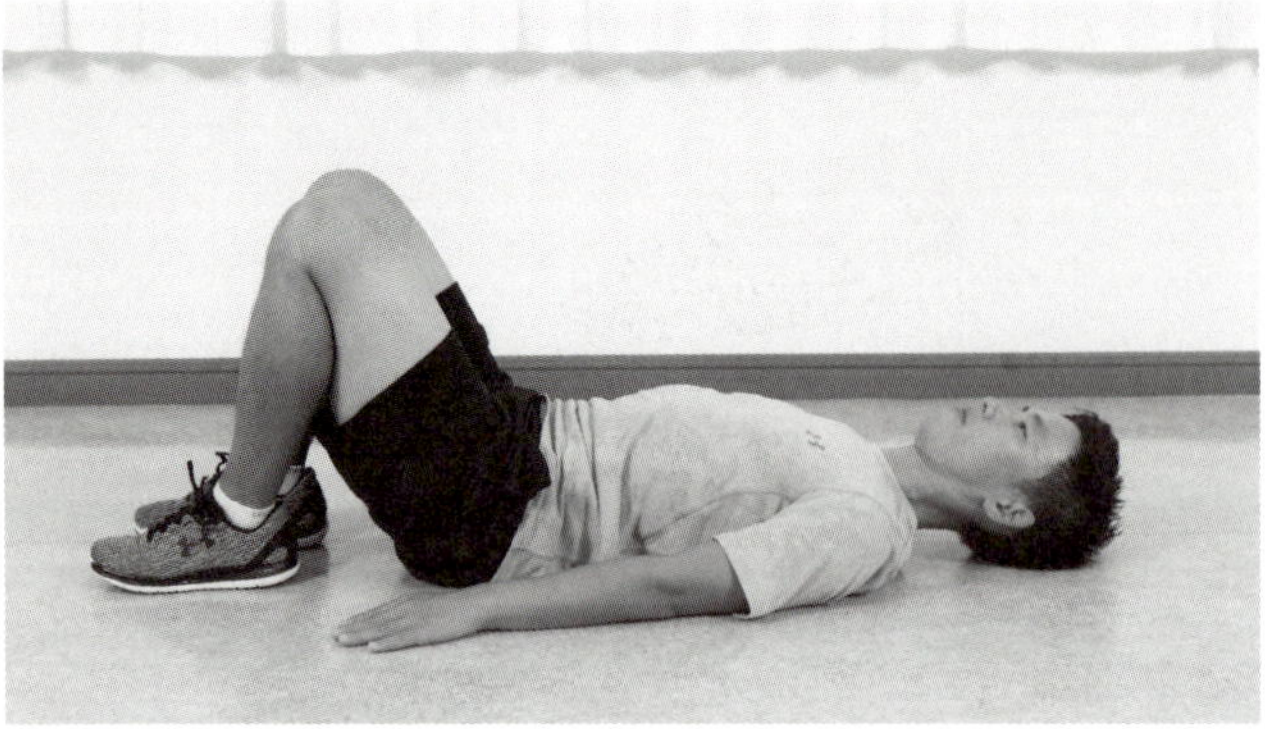

**1** 仰向けに寝てヒザを立て、両足はやや広げて準備します。頭もまっすぐに保ちます。頭をまっすぐに保つのが難しい場合は、タオルなどで、すき間を埋めるようにします。

**2** ゆっくりと背骨を一つひとつ持ち上げるイメージで、背中のすき間を埋めていきます。

背骨を
まっすぐに

**3** おへその位置に対して、恥骨をやや上に上げていく感覚です。そのまま尾骶骨を上げていきます。

**4** 3の状態から、今度は背骨を上から一つひとつ下に押していきます。あわてずゆっくりと下ろしていきます。

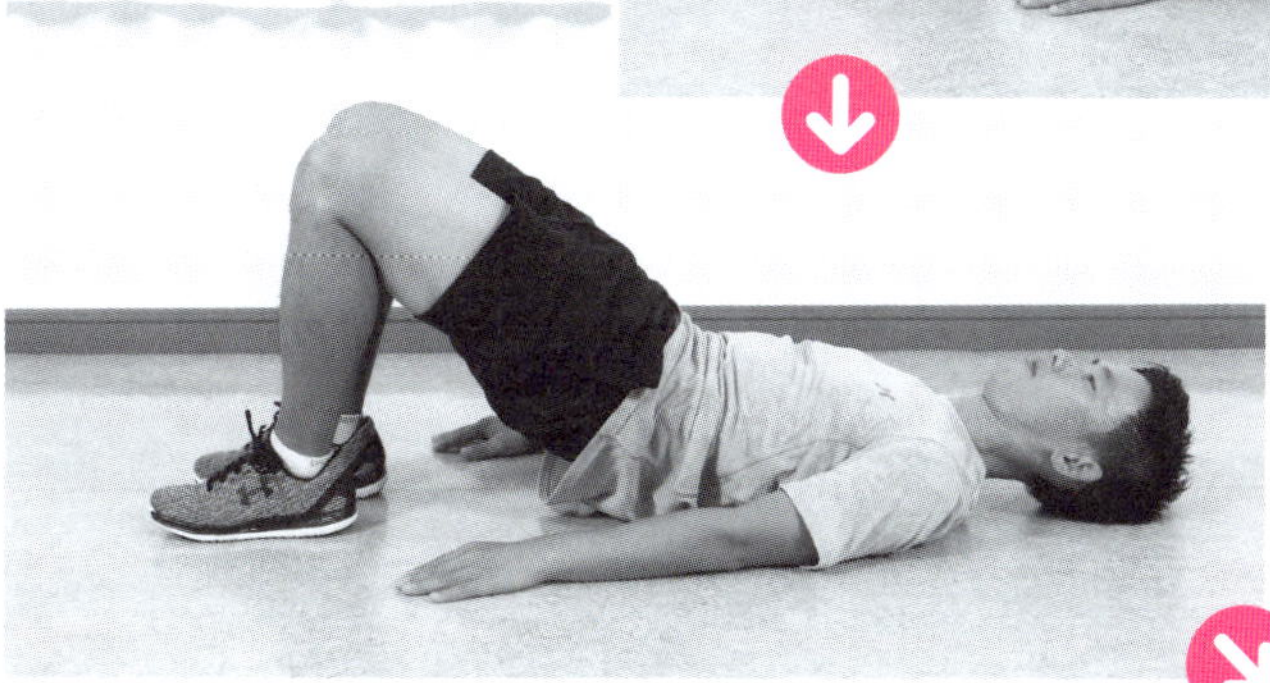

**5** 最後に、床と背中のすき間を、骨盤を元に戻して埋めます。

**Point!**

**一直線をキープ**

ヒザと腰と肩を一直線にキープすることがポイントです。おしりを緊張させて、まっすぐな姿勢を支えるようにします。

×

**背中が反ってしまう**

無理に腰を上げすぎて、背中が反ってしまうのはよくありません。背骨を痛める原因にもなるので注意が必要です。

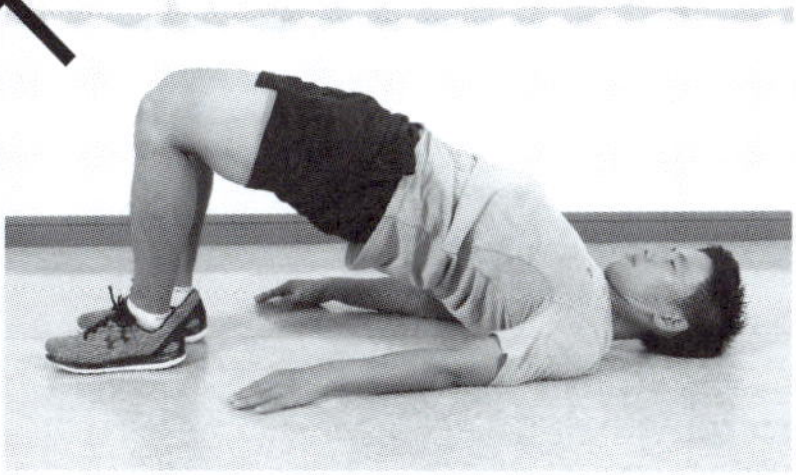

FOR POSTURE
背骨を安定させる

# デッドバグ

サーブやストロークを打つときなど、姿勢を安定させておくことが重要です。ここでは、背骨を安定させて手足を動かすことで、テニスの運動に必要な姿勢維持の能力を強化していきます。

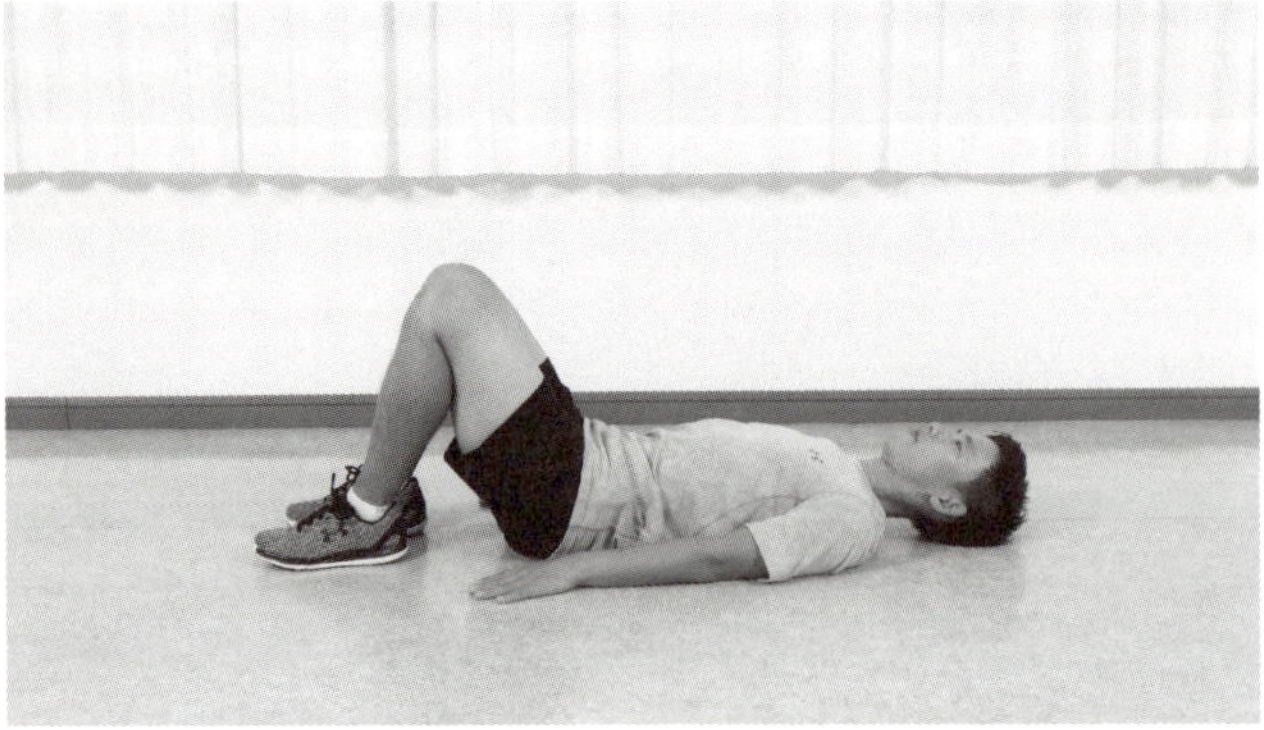

**1** 仰向けになってヒザを立て、背中のすき間を埋めるように腰を動かします。このときアゴを引くようにします。うまくアゴを引けない場合は、頭の下にタオルを敷いてサポートしましょう。

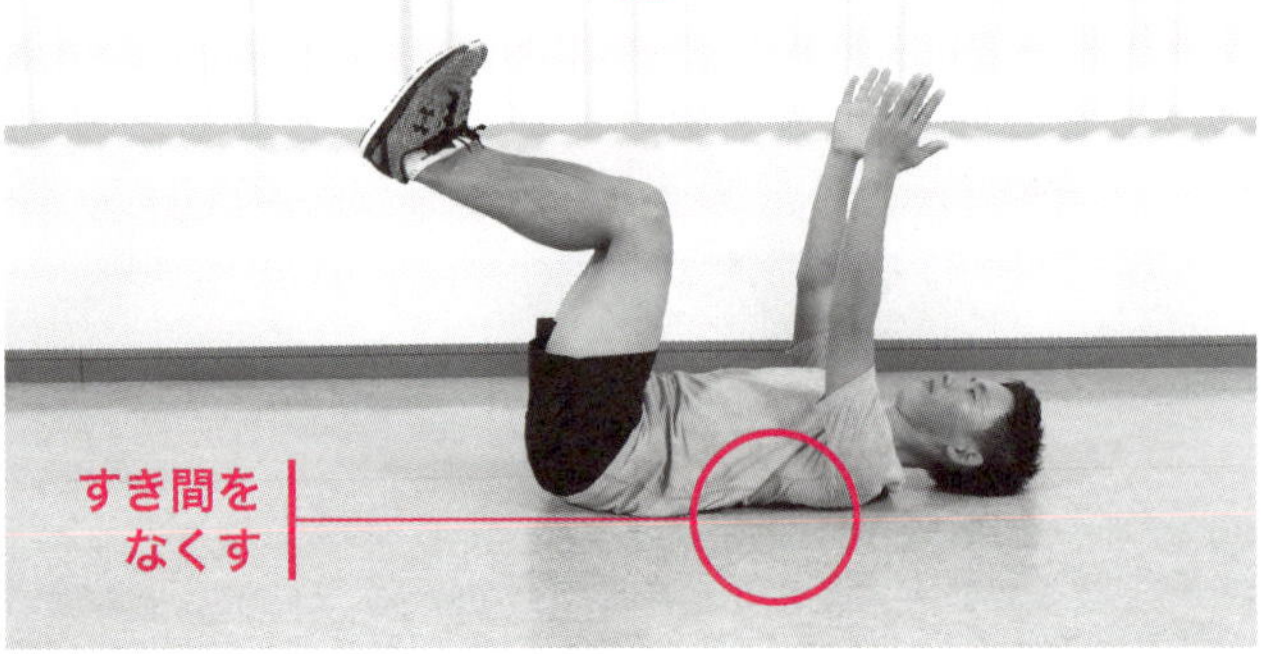


**2** 両ヒザ、両足首を90度曲げ、両手を上げて背中と床のすき間をなくすようにします。

**3** **2**の状態から、右手と左足をまっすぐに伸ばしてみましょう。このとき、背中が浮いてしまわないように注意してください。

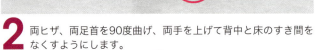

**4** 右手、左足をゆっくりと元の位置に戻します。

体幹部は動かさない

**5** 今度は逆の手と足を伸ばします。手足を伸ばしているときは、腹筋で姿勢を支えている状態ですが、体幹部がずれないように注意しながら、手足を動かすことが重要です。

**6** 左手、右足をゆっくりと元の位置に戻します。

**Point!**

**呼吸は止めない**

呼吸は伸ばしながら吐き、動きが止まったところで吸うようにします。体幹を強化するトレーニングですが、呼吸は止めないことがポイントです。

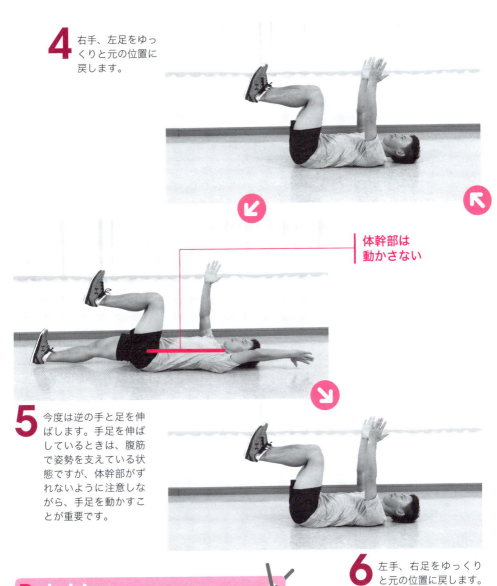

## MORE EASY

手足を動かすときに、腰と床の間にすき間ができてしまうという人は、もう少しやさしい状況でトライしてみましょう。

**1** 仰向けになり、両足を上げ、身体の両側に手を置いて上体を支えます。

**2** 右足をゆっくりと伸ばします。

**3** 右足を元の状態に戻します。

**4** 今度は逆の足を伸ばします。

### Point!

**足の角度をキープ**

足首、ヒザの角度をしっかりとキープして行ないます。床に足をつけないことで、腹筋のトレーニングにもなります。

## MORE HARD

まだまだ余裕があるという人は、もう少し難しい状況にトライしてみましょう。両手、両足を同時に動かします。

**1**

両ヒザ、両足首を90度曲げ、両手を上げた上体からスタートします。

**2**

両手両足を同時に伸ばします。

**3**

呼吸を止めないように、ふたたび元の状態に戻します。

### Point!

**体幹をしっかり意識して**

両手両足を同時に伸ばすと、腹筋、背筋にかなり負荷がかかります。体幹が大きく動いてしまわないように、しっかり固定して行います。

FOR POSTURE

背骨を中心としたバランスを強化する

# バードドッグ

しっかりと姿勢をキープしたまま、身体のうしろ側を使って手足を動かすトレーニングです。姿勢に関するトレーニングでは、身体の線をまっすぐ保つことがポイントです。鏡を使ったり、他の人にチェックしてもらいながらトライしてください。

## 1

四つん這いになり、腰から後頭部にかけて一直線の姿勢を保ちます。このとき、上を向くとアゴが上がってしまうので、目線は下に向けておきます。

### CHECK!

この姿勢を確認するために、背中に棒などを当ててチェックしてみましょう。頭、背中、骨盤に棒が当たっていればOKです。

## 2

四つん這いの状態をキープしたまま、左手と右足をしっかり伸ばします。体幹がねじれてしまわないように注意しながら行ないます。

## 3

上げた手足をゆっくりと元に戻します。

## 4

今度は反対側の手足を上げます。

### Point!

**身体のセンターを動かさない**

手足を上げるとき、体重を移動しながら動いてはいけません。身体のセンターを動かさないようにキープしながら行なうことで、よりトレーニングの効果をアップできます。身体のうしろの面で、手足を動かしていきます。

手足を上げた瞬間、頭が下がってしまうとうまく姿勢をキープすることができません。頭が下がらないように注意しましょう。

FOR POSTURE

猫背の姿勢を整える

# リバースプランク

テニスはラケットを身体の前に構えて、相手のボールに備えます。そのため、レディポジションでだんだん肩が内側に入ったり、頭が前に倒れて猫背になる人が多いようです。ここでは、この猫背の姿勢を整えるトレーニングにトライしてみましょう。

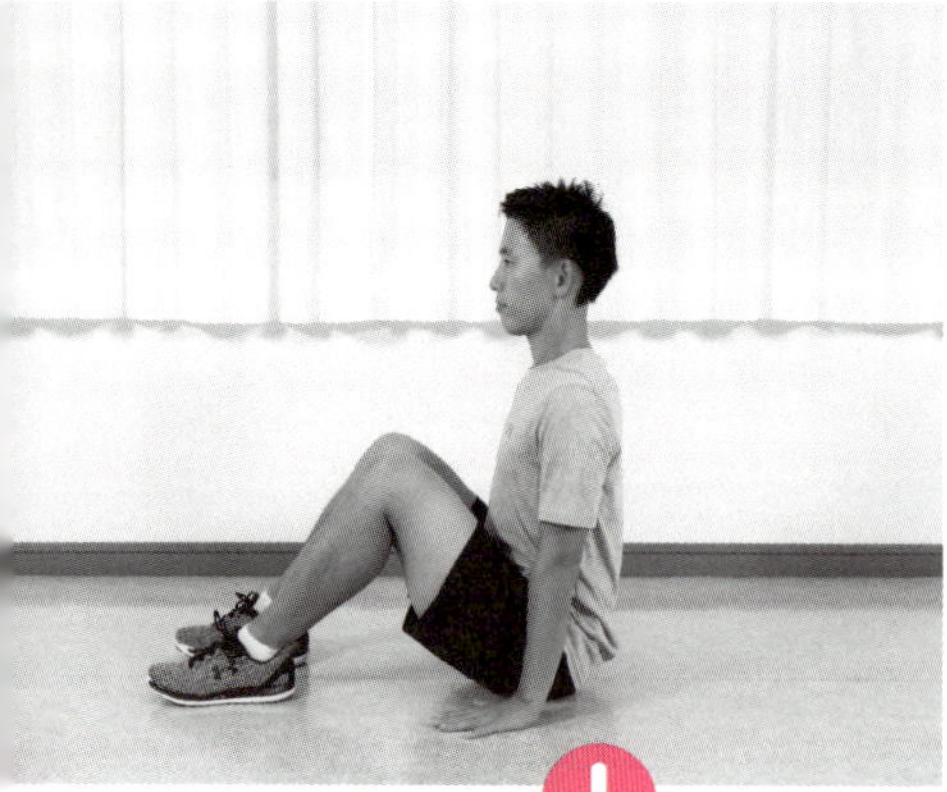

**1**

体育座りで、手をおしりの横におきます。このとき、足は骨盤の幅に合わせて開きます。

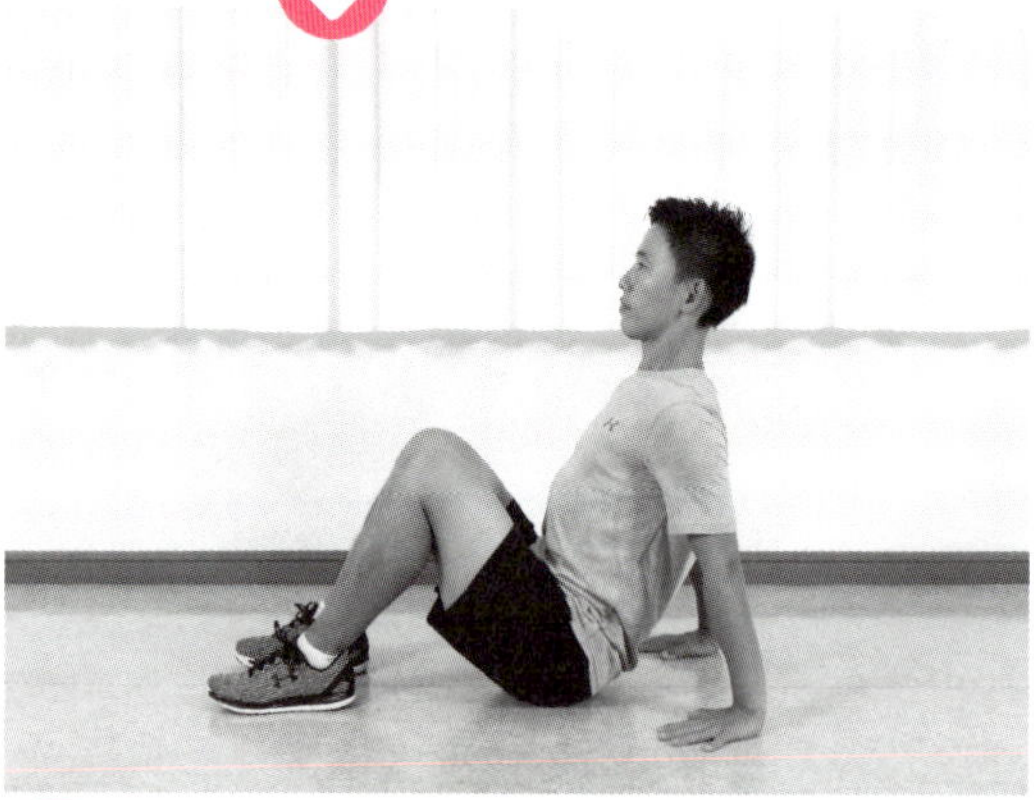

**2**

**1**の状態から、おしりから指先の間にてのひらが入るくらいまで、おしりを前にずらします。

胸を前に押すように

**3**

**2**の状態から、両手で床を押しながら背中を伸ばします。肩甲骨で、胸を前に押すようなイメージです。このとき、左右の肩甲骨が少し寄っても大丈夫です。

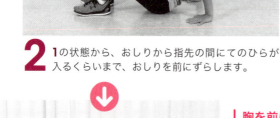

**4** ゆっくりとおしりを下げて、元の姿勢に戻ります。このとき、力を抜いてしまわないように注意します。

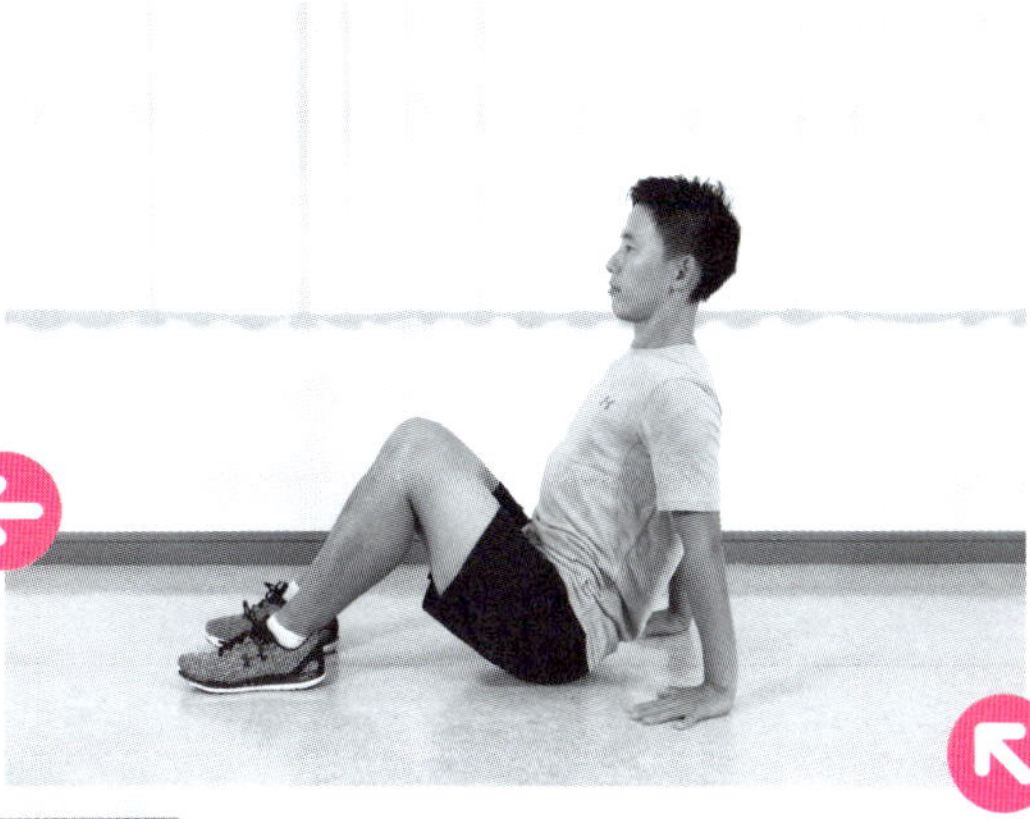

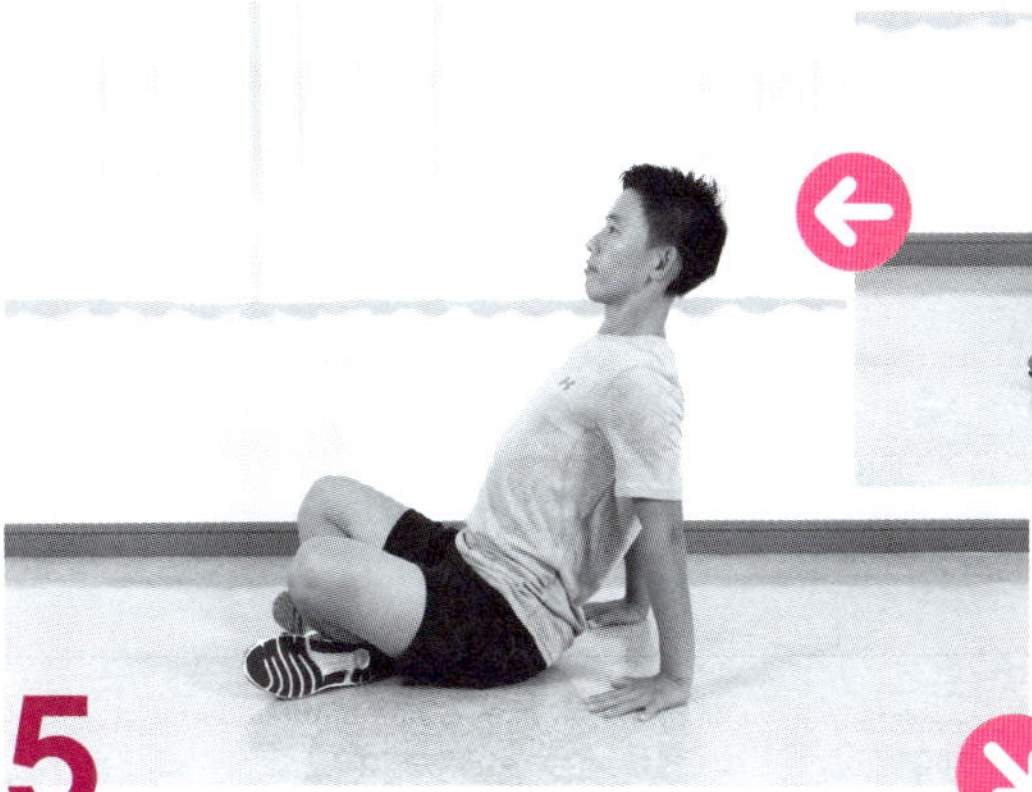

**5** 何度か上げ下げを繰り返したら、正しい姿勢を頭にインプットするためにあぐらをかきます。

**6** 上体を前に起こして、背中を立てたまま正しい姿勢をキープします。その状態でゆっくり呼吸してみましょう。

**Point!**

### 手の向きを変えてみる

腰を持ち上げるときに手首に痛みを感じる場合は、手の向きを変えてトライしてください。

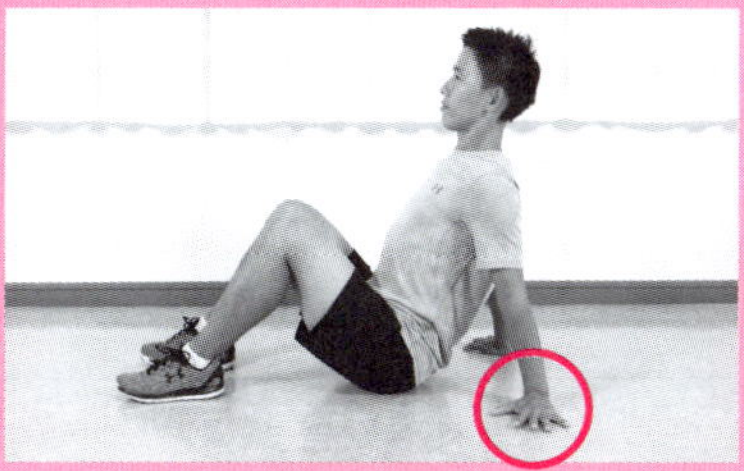

### 頭が下がってしまう

頭が下がってしまうと、身体をまっすぐにキープすることができません。アゴを引き、頭が下がらないように注意します。

FOR POSTURE

股関節の動きを引き出す

# デッドリフト

正しい姿勢をイメージしながら行ないます。上体をまっすぐにキープして、股関節から曲げる意識がポイントです。背中が丸まって猫背になったり、反りすぎてフラットバックにならないよう注意します。各部の柔軟性も求められるトレーニングです。

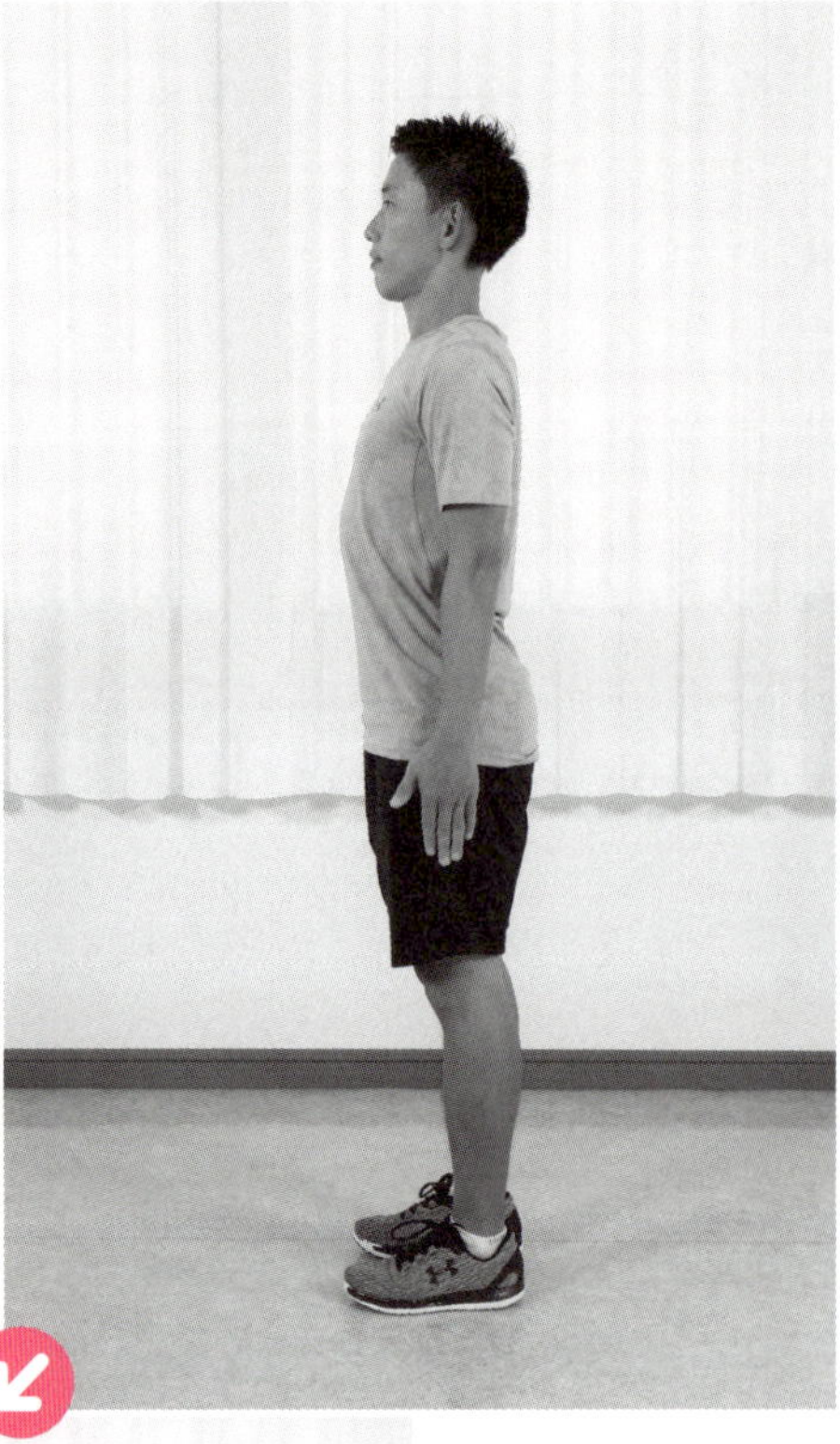

**1**

くるぶし、ヒザ、おしり、耳をむすぶ線をまっすぐに整えます。

**2**

**1**の状態から、股関節だけを動かして、お辞儀をするように状態を前に倒します。このとき、鼠蹊部に手を添えると、股関節からの曲げを意識的に行なうことができます。

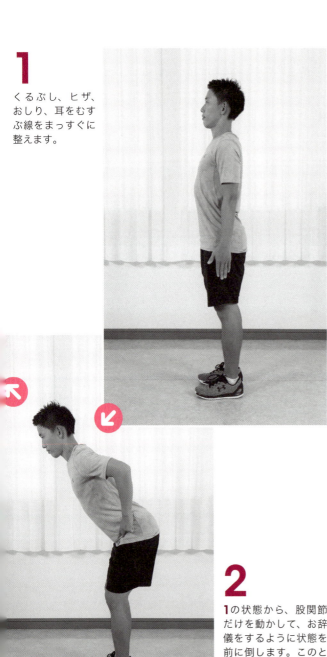

**3** 上体を前に倒すとき、ヒザは伸ばしておきます。ただ、モモ裏が硬い人は上体を前に倒すことが難しいので、ややヒザを曲げてもOKです。

**4** ゆっくりと上体を戻し、元の姿勢をキープします。

**Point!**

**股関節をうしろに引く意識**

ポイントは、股関節をまうしろに引くような意識です。そうすることで、バランスよく上体を曲げることができます。

×

頭が前に倒れ、背中が丸まってしまうと、股関節の動きを引き出すことができません。

# 体幹について考えよう

**体幹といわれると、みなさんは身体のどの部分をイメージしますか。お腹のあたり、腹筋や背筋でしょうか。ここでは、体幹とはどの部分なのか、そしてどのような働きをするのかを紹介します。**

じつは、体幹は頭と手足の除いたすべての部分を指しています。骨盤を含めた、股関節まわりから、鎖骨、肩甲骨、肩関節まで、あとは首、すべてが体幹です。ですから、本書で紹介しているトレーニングのほとんどが、体幹トレーニングといっても過言ではありません。また、体幹は姿勢と同様、呼吸と密接な関係をもっています。体幹と呼吸はセットになっていて、相互に影響しあっています。呼吸トレーニングって、地味だな、マニアックだなと感じるかもしれませんが、呼吸トレーニングイコール、体幹トレーニングであるということを覚えておいてほしいと思います。

　テニスはラケットスポーツです。ラケットを持ち、体幹についている手足を動かしてプ

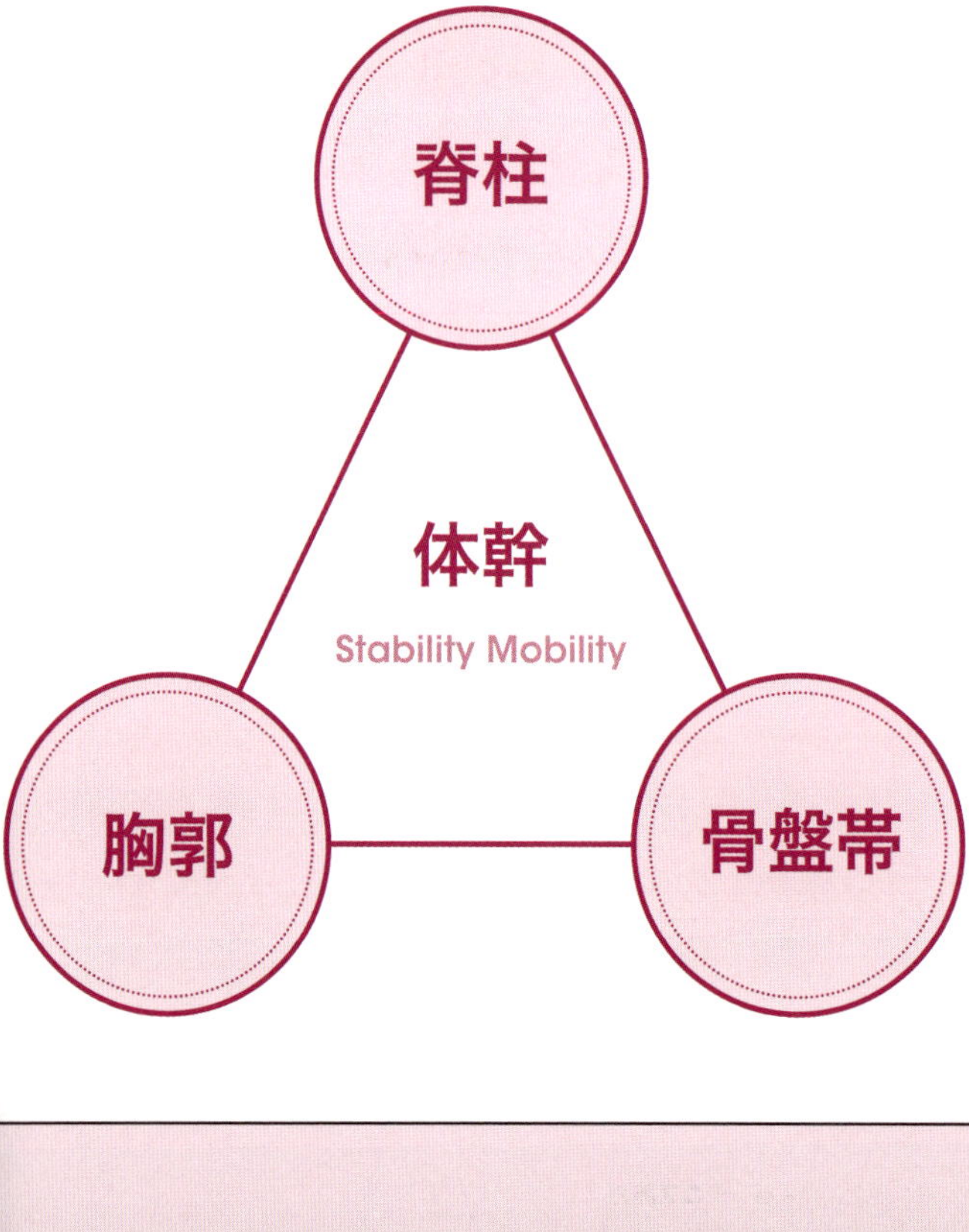

レーします。そのため、体幹が安定していないと、手足も正常には動きません。他のスポーツと同様に、体幹が安定していることが重要なのです。

## ●体幹を支える筋肉

すべての土台である体幹の中の横隔膜であったり、腹筋群はとくに重要です。さらに骨盤底筋、腹斜筋など、体幹をしっかりと支えてくれる筋肉といえます。これらがゆるんでいたり、十分に力を発揮してくれないと、すべてのプレーに影響が出てきます。力むということではなく、しっかりと体幹を安定させることで、動かそうとする手や足が、ある程度リラックスした状態で動いてくれます。

よく耳にするインナーマッスルとは、骨に直接付着している筋肉を指します。これに対し、骨をまたぐのがアウターマッスルです。体幹の安定を引き出すためには、インナーマッスルが大きな役割を果たしています。中でも横隔膜、腹横筋、骨盤底筋はかなり重要です。また、背骨に一つひとつ付着している多裂筋も、背骨をまたぎながら体幹を安定させる働きをしています。

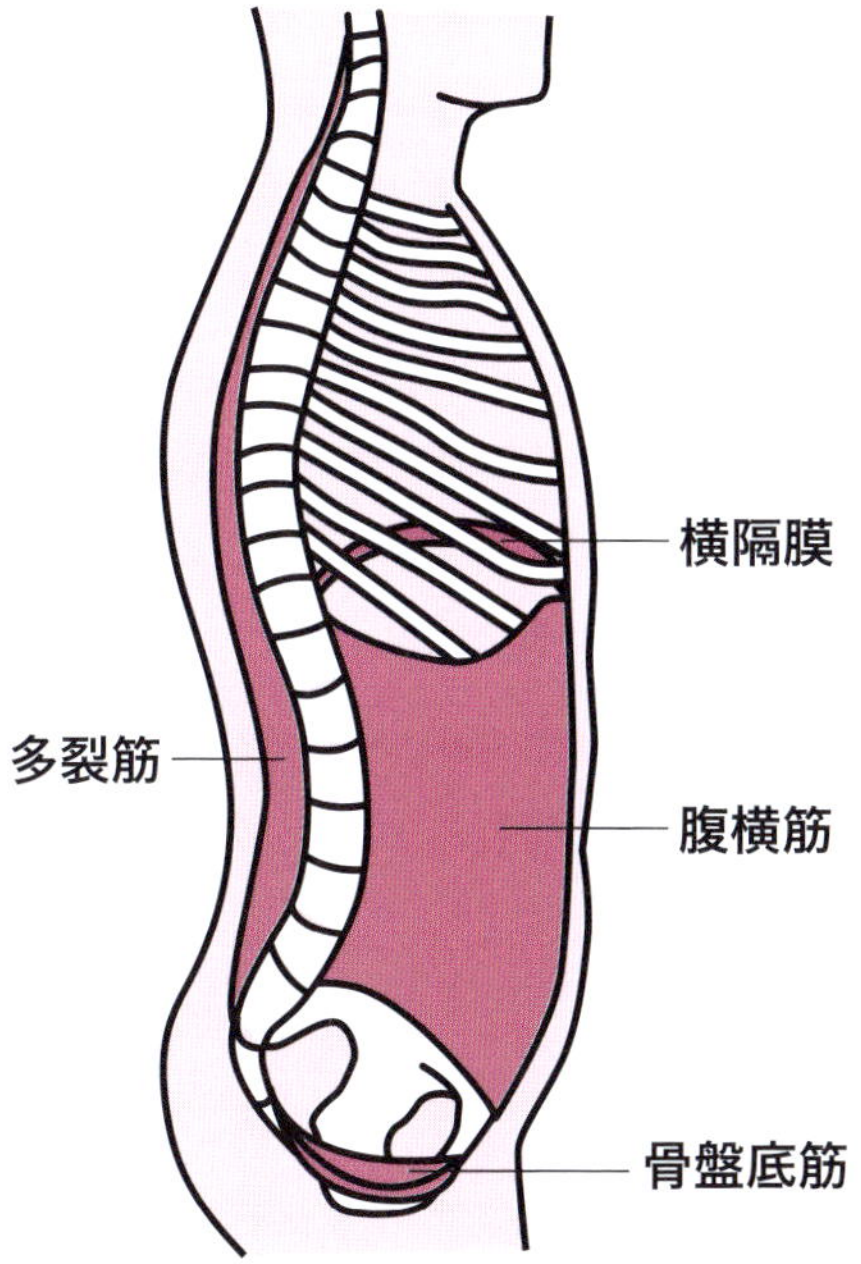

# 正しい姿勢と腹式呼吸が体幹を支える

**これまで述べてきたように、体幹を支えるのは正しい姿勢と呼吸です。この二つがどのように体幹に関わっているのか考えてみたいと思います。**

## 姿勢

体幹を支えるために必要なのが腹式呼吸と、正しい姿勢です。姿勢が正しいということは、体幹を構成する要素である骨盤と肋骨がきれいに整っているということです。それができて、はじめて体幹は機能します。ねじれていてはダメです。体幹がねじれていると末端である腕や足に負担がかかり、やはり怪我のリスクが高まります。

悪い姿勢の中でも、やっかいなのが猫背です。前かがみになる猫背の場合、腹筋群がゆるんでし

腹式呼吸で腹圧をアップ

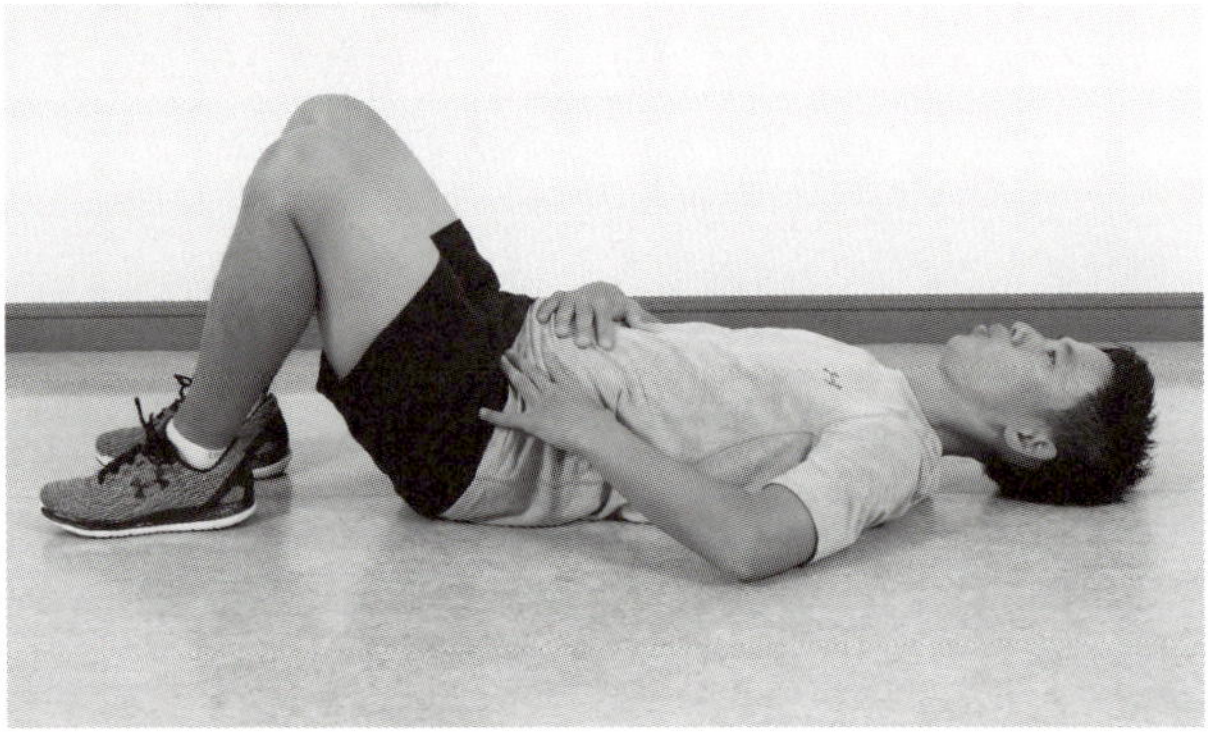

まいます。また、脊柱起立筋、骨盤底筋もうまく働かず、体幹を支えることができません。

## ●呼吸

腹式呼吸を行なうことで横隔膜が下がり、腹圧が高まります。これによって体幹を安定させることができます。深く長い呼吸でも、プレー中の浅く短い呼吸のときも、腹式呼吸を意識しましょう。低い重心をキープしつつ、腕や足を自由に操れるため、プレーのレベルも高めることができます。

呼吸や姿勢によって体幹をしっかり支えることができれば、全体のパフォーマンスアップだけでなく、怪我を防ぐことにもつながります。

## 体幹トレーニングの心得

**POINT 1**

### 姿勢と動きにこだわる

エクササイズの姿勢や正しい動きにこだわることが大切です。トレーニング開始時の姿勢やニュートラルポジションなど、写真を見て、ただ形を真似るのではなく、関節の位置や筋の長さを意識して行ないます。

**POINT 2**

### 筋肉の緊張を意識する

どこに力が入っているか、どの筋肉が働いているかを意識しながら行ないます。そうすることで、脳に筋肉の動きをインプットすることができます。

**POINT 3**

### 安定した呼吸を心がける

どのトレーニングにも共通するポイントですが、安定した呼吸を心がけましょう。呼吸が乱れると、トレーニング中の姿勢も乱れてしまいます。短く早い呼吸ではなく、ゆったりとした長い呼吸を意識します。

# プローンプランク

常に安定したプレーを行なうために、体幹を整えるトレーニングにトライしましょう。ラリー戦で左右に振られたり、前後に揺さぶられたときなど、体幹がしっかりしていれば、スムーズに対応することができます。動きの要となる部分ですので、しっかりと鍛えておきましょう。

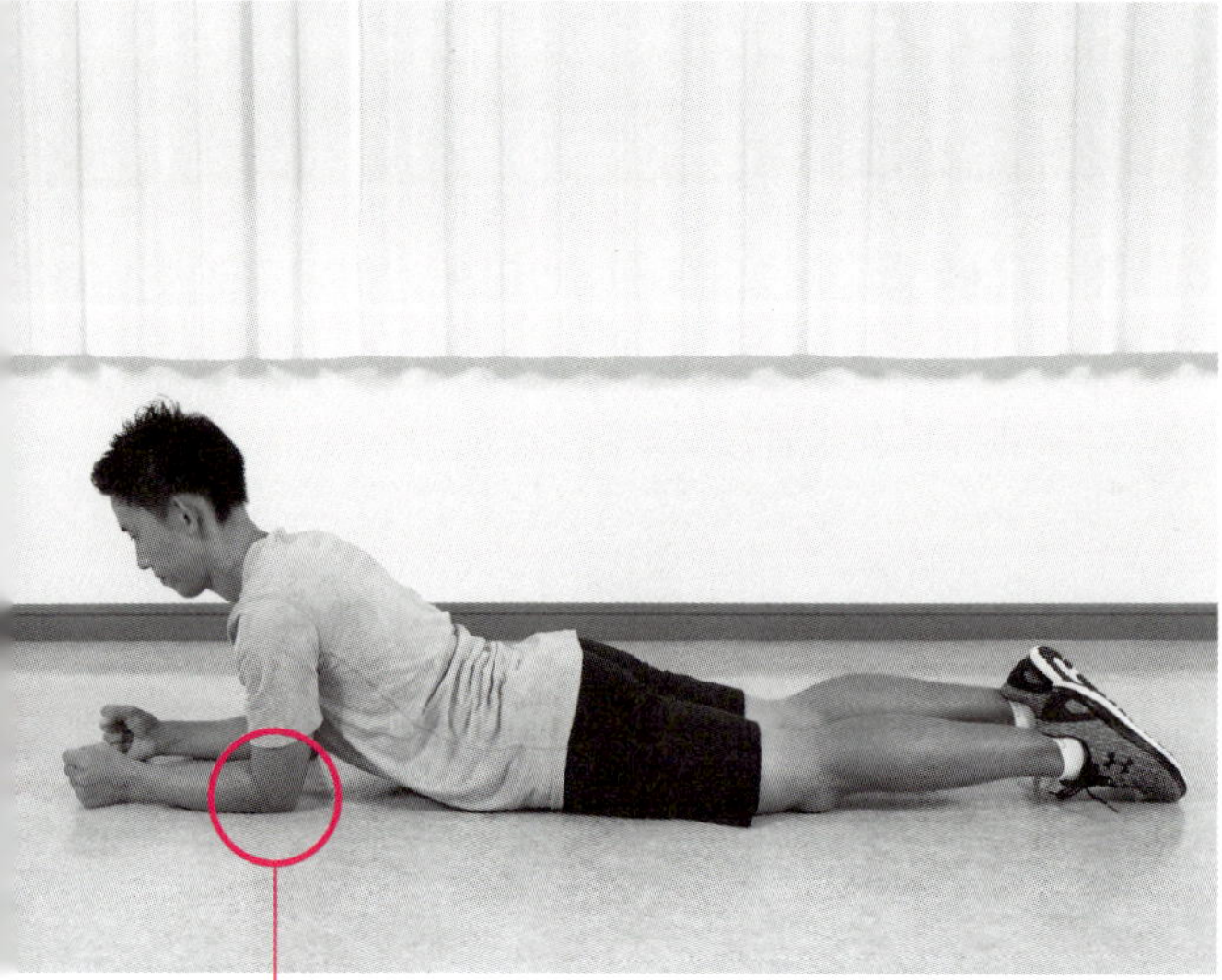

**1** うつぶせの状態で、ヒジで上体を支えます。ヒジの位置は、肩の真下にセットします。

**ヒジは肩の真下**

**2** つま先を立てて準備します。

# 3

**2**の状態からおしりを持ち上げて、身体を一直線にします。あまり胸をはってしまうと疲れるので、やや丸め込むように姿勢をキープします。このとき、呼吸を止めないように注意します。

## Point!

### 腹筋で骨盤をキープ

腹筋にしっかり力を入れて、骨盤の位置をキープします。バランスが難しいときは、足を少し広げてもOKです。

### 首をすくめない

首をすくめると肩に力が入ってしまいます。頭を起こし、視線を斜め前に向けて、まっすぐな背中を意識しましょう。

### おしりだけを上げない

頭が下がると、おしりだけが上がってしまいます。頭を上げて、おしりをしっかり締めることで、できるだけまっすぐな状態をキープするようにします。

# サイドプランク

体幹の側面を鍛えるためのトレーニングです。腹筋や背筋といった前後だけでなく、体幹側面の腹斜筋を鍛えることで、テニスのプレーでさまざまな方向へ動いたときの、高い安定感を手に入れることができます。

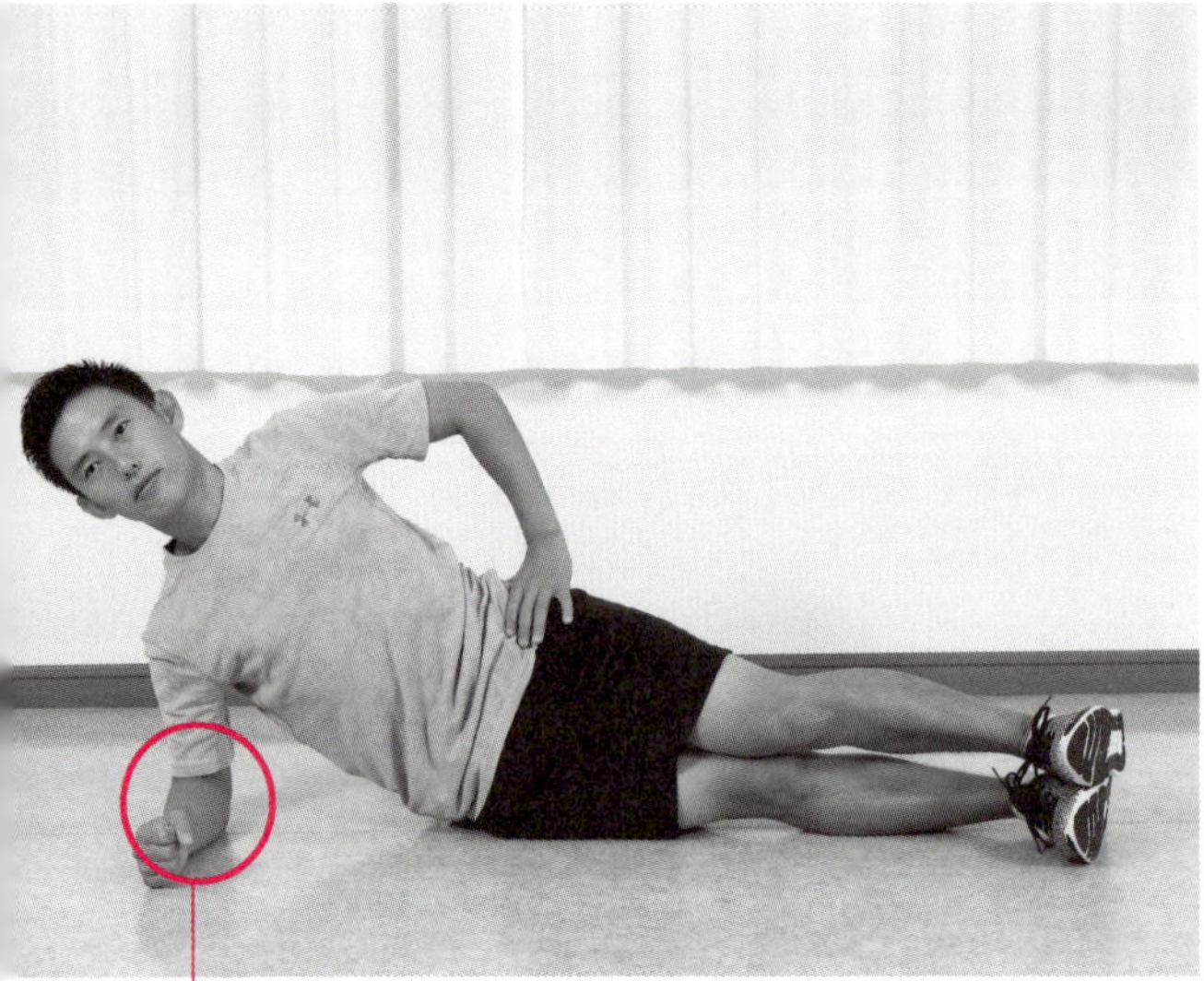

**1** 片方のヒジを床につき、横向きの体勢をとります。もう一方の手は腰に当てます。頭をまっすぐに保ち、目線は前方に向けます。

**ヒジは肩の真下**

**2** **1**の状態から腰を持ち上げ、身体を一直線にキープします。このとき、身体が左右にねじれないように注意します。

**3** 足を重ねておくのが難しい場合は、前後にずらしても構いません。また、腰を上げた姿勢をキープするのが辛いときは、ややヒザを曲げると楽に行なうことができます。

## Point!

### 捻挫の足に注意

足首が写真のように内側に傾いていると、捻挫をしやすくなるので注意が必要です。足首はしっかりとまっすぐにキープしましょう。

### 腰が曲がってしまう

頭が下がり、腰が曲がってしまうと体幹の側面に力がかかりません。しっかりと前を向いて、身体を一直線にキープする意識で行ないます。

# プッシュアップ

トレーニングの定番ともいえるプッシュアップで、体幹を整えましょう。身体をまっすぐにキープすることで、腹筋や背筋に刺激が入ります。さらに、上腕、大胸筋といった筋群も鍛えることのできる、テニスの動きに非常に効果の高いトレーニングです。

**1** 両手と両ヒザを床につき、四つん這いの状態からスタートします。手の幅は肩幅の1.5倍。手の向きはまっすぐでなくても構いません。

**2** **1**の状態から足を伸ばし、プッシュアップの姿勢をキープします。両足も肩幅程度に広げて構えます。

正面から

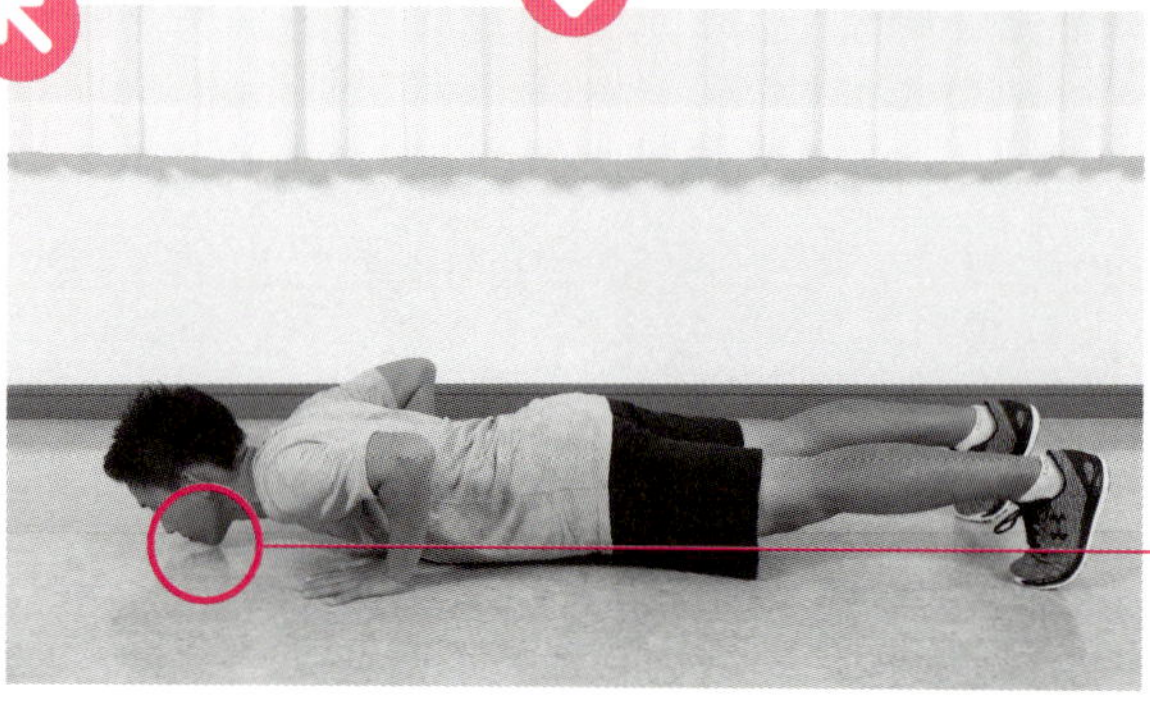

**3** ヒジをやや外側に開くように、息を吸いながらゆっくりと腕を曲げていきます。このとき、身体はまっすぐのままキープします。

息を吸いながら
曲げる

**4** 腕を曲げた状態から、今度は息を吐きながら腕を伸ばしていきます。胸を反ったり、腰を曲げたりしないように、おへそやおしりを引き上げるようなイメージで行ないます。

## MORE EASY

### ヒザをついて

身体全体を持ち上げるのが難しい場合は、ヒザをついて行なってみましょう。ヒザから上をまっすぐに保ち、ゆっくりと呼吸を止めないようにします。

**胸を反る**

**腰が曲がる**

身体をまっすぐにキープすることが大切です。胸が反ったり、腰が曲がっていると、トレーニングの効果は半減してしまいます。

# 関節について考えよう

**ここでは、テニスのプレーに欠かせない関節の動きに関して考えていきます。ポイントは、可動性と安定性です。**

## 動きを安定させる関節と可動性の関節

各関節は、動きを安定させる関節と、可動性の関節に分けることができます。その二つが交互に組み合わされて、それぞれの役割をしっかり果たしていれば、身体はスムーズに動きます。疲れが溜まりやすかったり、怪我が多いときは、これらの関節の動きを疑ってみましょう。

大抵の場合、可動性の関節がうまく機能していない場合が多いようです。本来柔軟性をキープして動かなければいけない関節があまり仕事をしないために、安定性だけを保持していればいい関節に無理がかかってしまうのです。この関節に可動性を求めてしまうと、怪我につながりやすくなります。

## ヒジ、ヒザの障害

テニスの傷害の代表でもあるテニスエルボーも関節の可動域が原因で起こる傷害です。可動性の関節である手首と肩が十分に働かないために、ヒジに負担がかかってしまうのです。

ヒザにも同じことがいえます。可動性の股関節と足首がしっかりと本来の動きを発揮していないと、それを補う動きが必要となり、ヒザに負担がかかるのです。このように、可動性の関節の可動域不足で、ヒザ、ヒジは、迷惑をこうむっているのです。

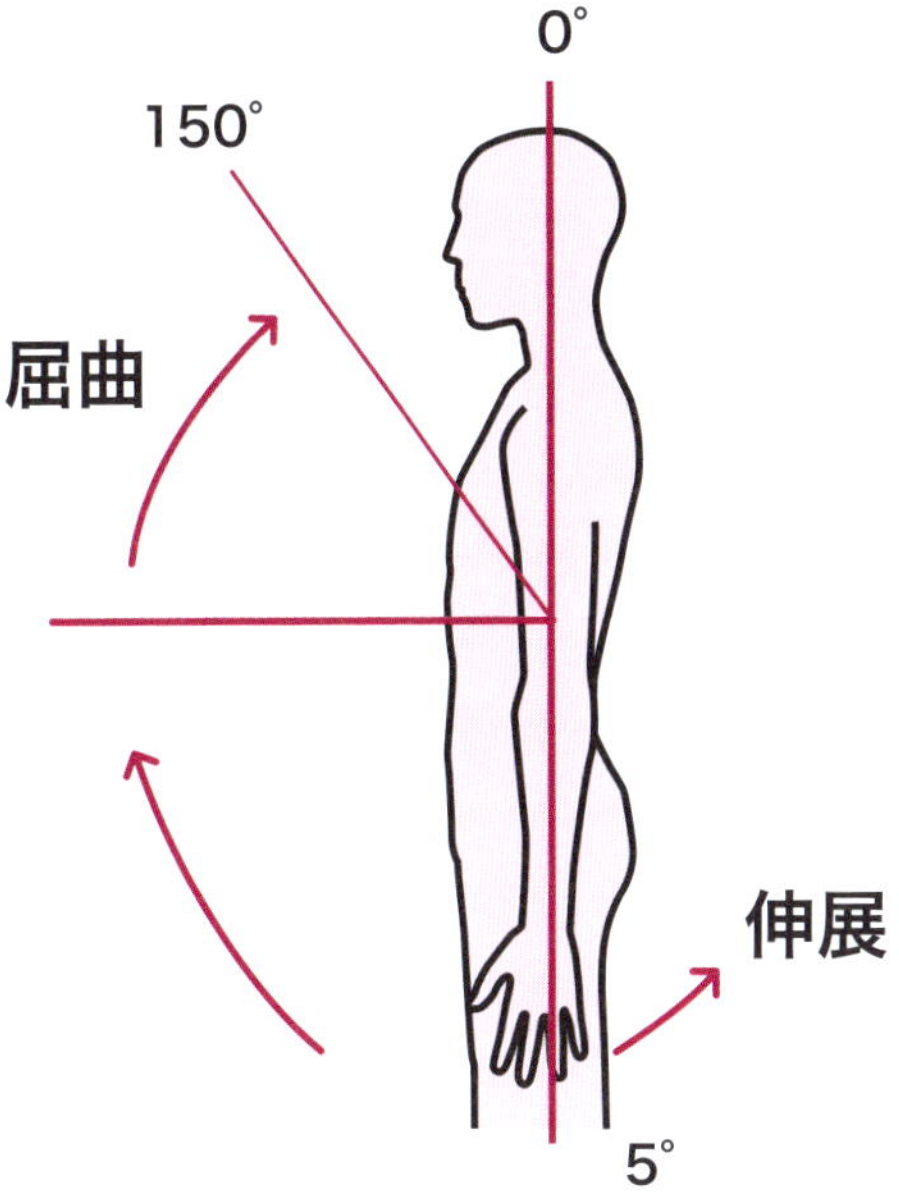


## Joint by Joint

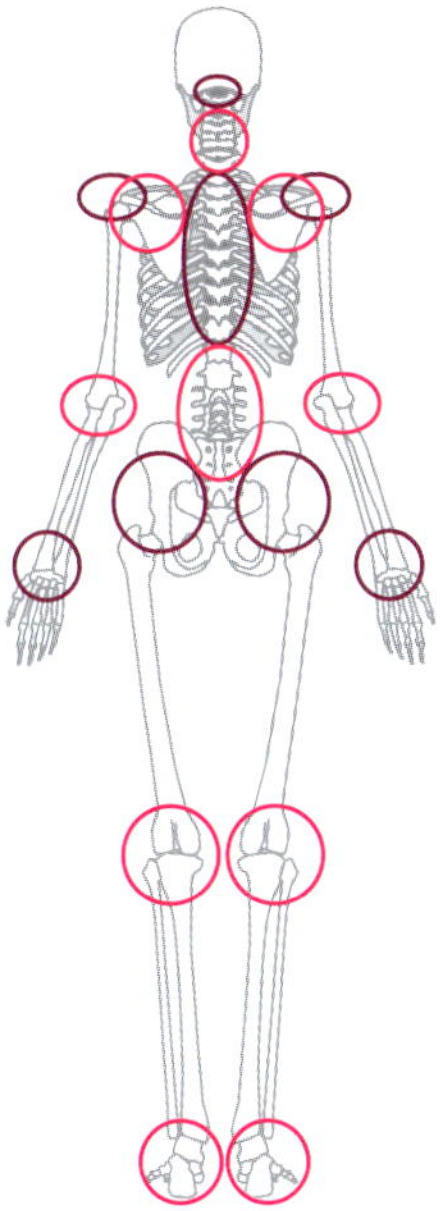

○Stability→安定性
筋系統とそれに関係する関節が様々な方向から加わる力に対して筋柔軟性や関節可動性を連動させる事で動作をコントロールする能力

○Mobility→可動性
筋-神経系統が単関節もしくは複合関節を円滑に代償動作や痛みを伴わずに動かす事ができる能力

## ヒザの屈曲と伸展

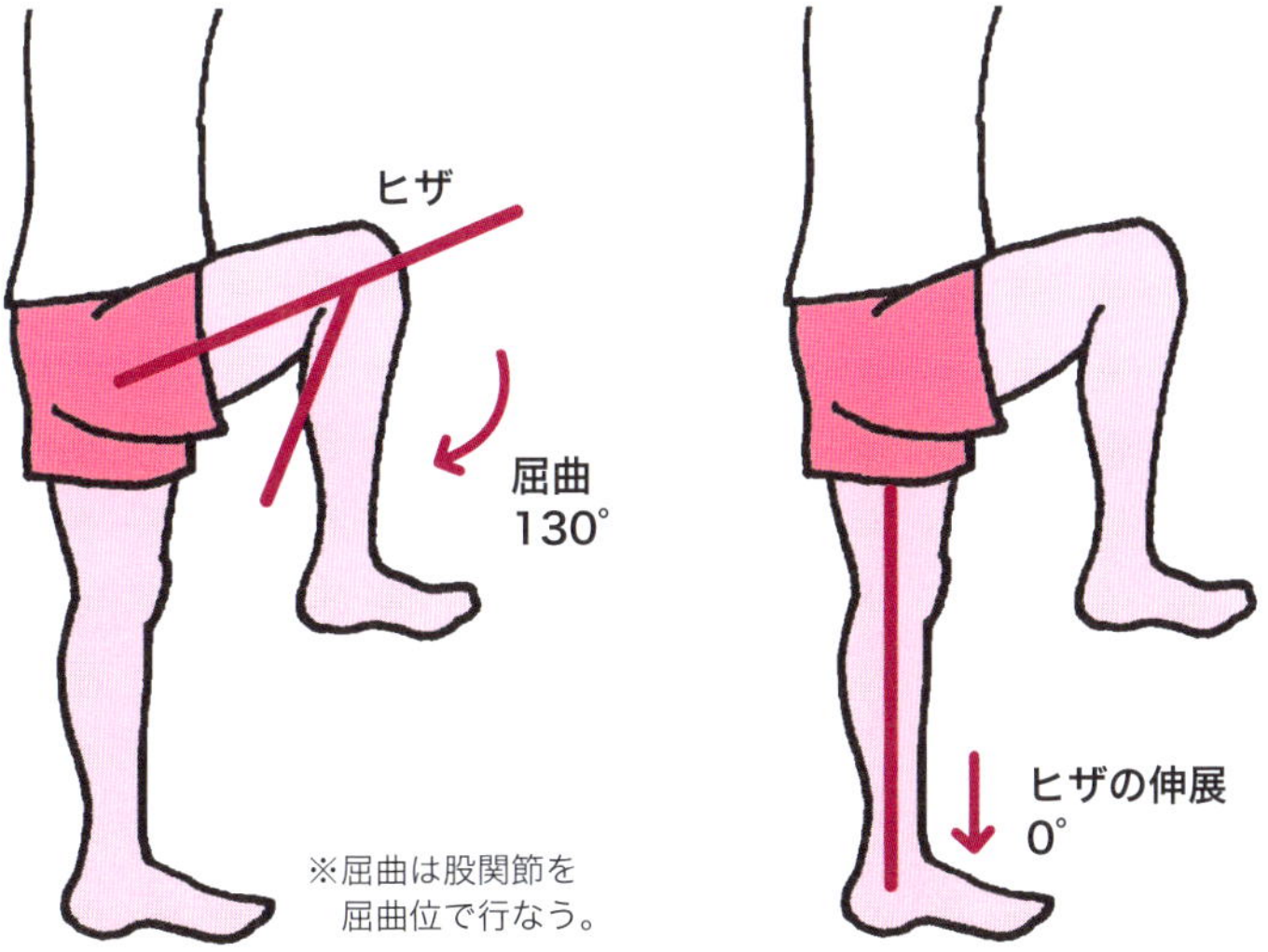

# 胸椎、股関節の可動域

**体幹の要である腰の動きも、しっかり意識しておく必要があります。また、胸椎と股関節の可動域も合わせて紹介していきましょう。**

よく腰を回すという表現を使いますが、これは間違いです。腰椎は安定性を保つ関節のため、ローテーションはしません。ローテーションするのは、胸椎と股関節です。この二つの大きな関節の可動域が確保されていないと、その負担は腰椎にかかってきます。腰痛の原因の多くが、胸椎と股関節の硬さからきていることはほぼ間違いありません。

胸椎の回旋可動域、股関節の回旋可動域があれば、腰椎は本来の前後の動きだけでその役割を十分に果たします。回旋する必要もないので、痛みを抱えることもありません。腰の痛みは、治療で取れればいいというものではありません。痛みは取れるかもしれませんが、根本的な改善にはいたっていないのです。

大切なことは、胸椎と股関節の可動域を広げるトレーニングをしっかりと行ない、それが身についてからプレーを再開するということです。

## 脊柱回旋の可動域

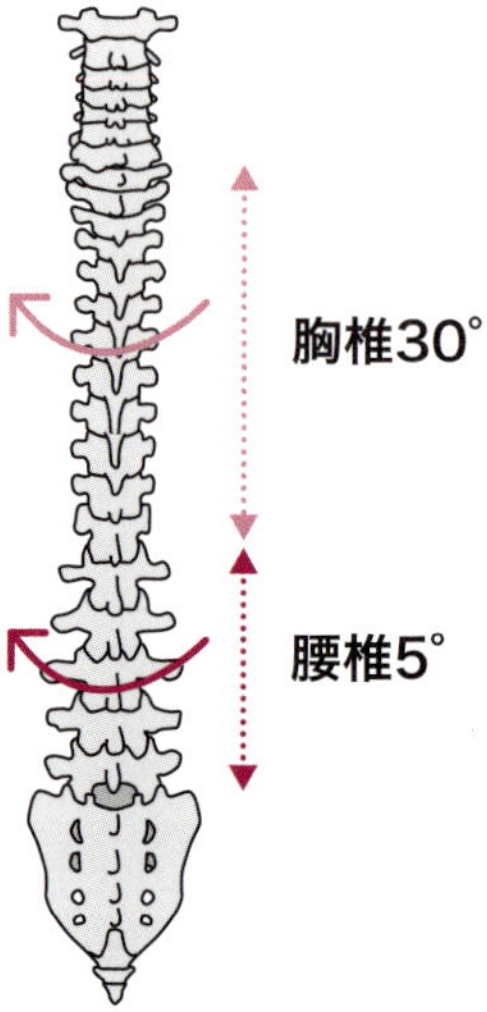

## 関節を正しいポジションに納める

骨と骨が連結されている関節では、一番力を発揮しやすいポジションがあります。その骨と骨の接するポジションがずれていると、力を発揮することはできません。きちんと関節の中心位をキープすることが大切です。たとえば、肩関節のポジションが少しでもずれていると、いかに肩まわりの筋肉がしっかり働いたとしても、やはりパワーは出ません。

両方の骨が正しい位置にセットされて、関節部分でしっかりつながっていれば、この接地面は最大になります。これを､最大接地面といいます。これがずれる原因として、筋肉のアンバランスがあげられます。たとえば、肩関節についた大胸筋が強すぎたり、小胸筋が強すぎると、肩が前に入り、この接地面がずれてしまいます。肩が外れているわけではありませんが、本来のパワーを発揮することはできません。

関節を柔軟にするトレーニングを行なうことで、こうしたわずかなずれを矯正することができます。筋力のバランスを取り戻すためにも、関節の動きを意識することが大切です。身体を動かす時、どの関節に作用しているのかということも意識しておきましょう｡テニスのプレーの中で、どのショットで、どの関節が働いているのかを知っておくことは、間違いなくプレーの質を上げてくれます。

### 股関節の屈曲・伸展

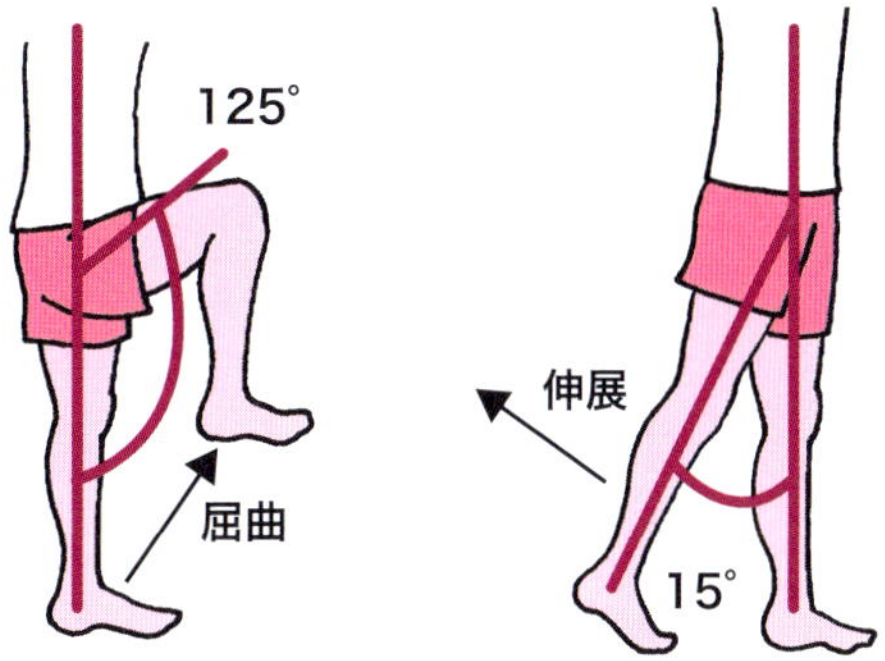


### 股関節の外転・内転

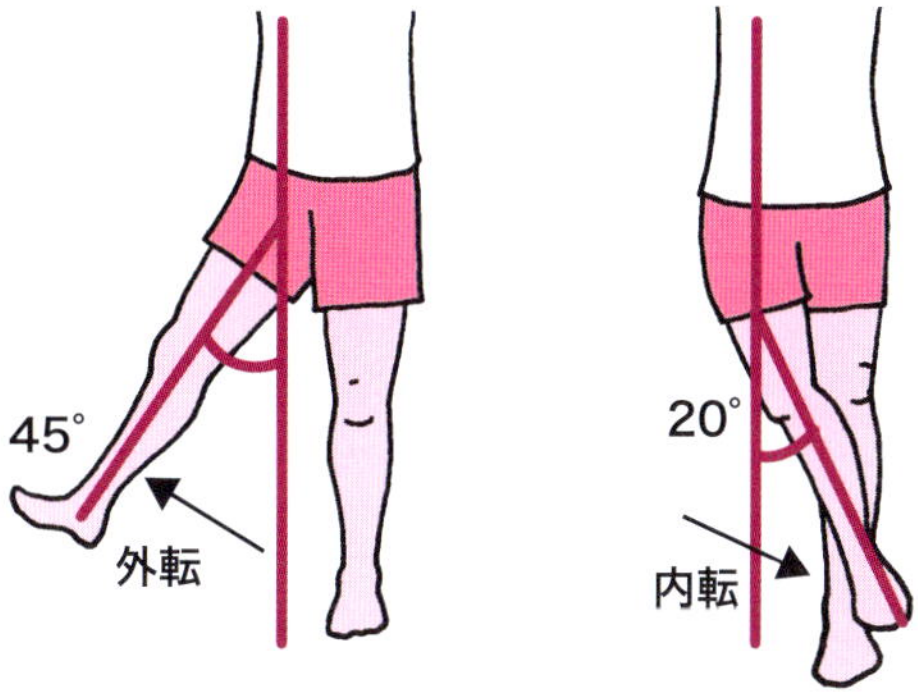


### 股関節の外旋・内旋

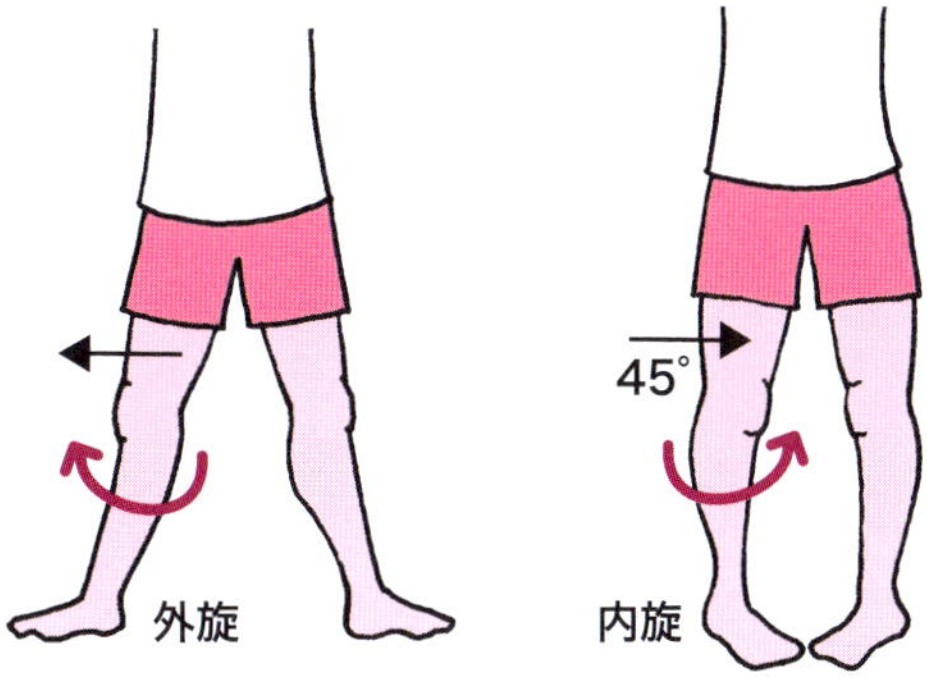

# テニスに必要な関節の動き

**テニスに必要な関節の動きを確認します。威力のあるショット、コントロール性の高いショットを打つためには、各関節の可動域の確保が欠かせません。**

テニスは回旋動作が多いスポーツです。ポイントとなるのは、胸椎と股関節の可動域です。ここがしっかり回旋できないと、腰の痛みにもつながるので注意が必要です。大切なのは体幹です。胸椎、股関節に付随して、肩甲骨、背骨などの可動域がしっかり確保されていなければ、ダイナミックなプレーを展開することはできません。

### ショット別に見る関節の働き

## ストローク

ストロークで重要なのは、股関節と胸椎の回旋可動域です。これが十分に働かないと、テイクバック、フォロースルーなどの動きがスムーズにいきません。その影響は、肩、腰の怪我としてあらわれます。

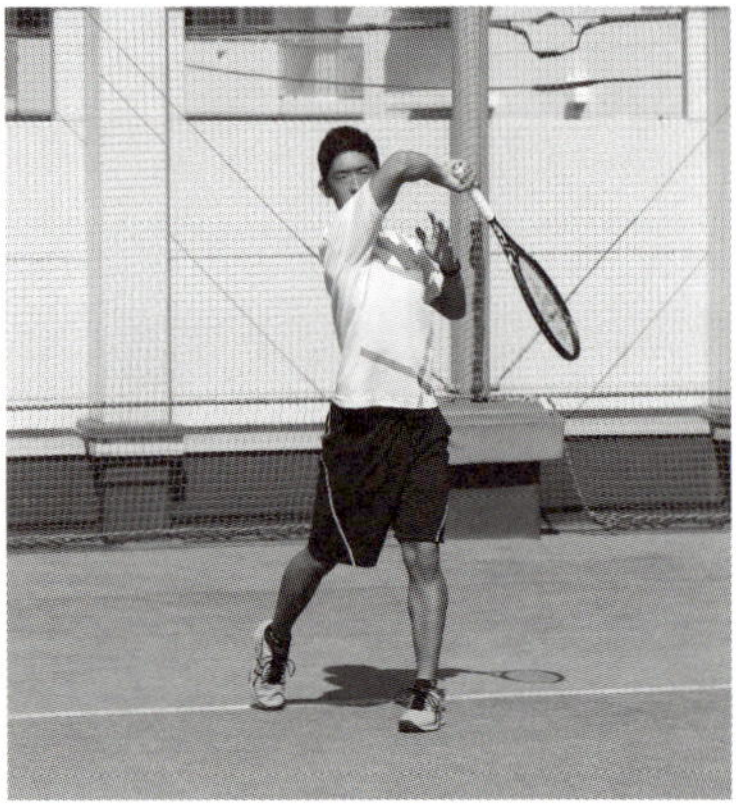

## ショット別に見る 関節の働き

### ボレー

手首の可動域を広く保ち、柔軟に使うことができないと、ボールのコントロールが定まりません。また、肩を引いてテイクバックするとき、股関節のローテーションがないと、ボールに重さを乗せられず、威力のないボレーになってしまいます。

## ショット別に見る 関節の働き

### サーブ

胸を開くような胸椎の伸展がでないと、インパクトに向けて身体全体を反らすことができません。腰椎を過剰に進展させてしまい、腰に負担がかかります。また、腕を肩や首の筋肉で上げることになり、やはり怪我のリスクは高まります。

## トレーニングで可動域を確認する

筋力トレーニングによって、大胸筋などの筋肉を鍛えていくと、だんだん可動域が狭まり、動かしているつもりでも、本来の関節が機能しなくなる場合があります。少しくらい可動域が狭まっても、他の関節がフォローしてしまうので、なかなか気づくことができません。関節のトレーニングは、可動域を広げること、柔軟性を引き出すことが目的ですが、そもそも可動域が狭くなっていることに気づくという役割も果たしてくれます。

また、どの関節を使っているのかをしっかり意識して行なうことが大切です。体幹を支える胸椎、股関節の可動域はしっかり確保できているか。足首、手首など、プレーに直接影響する関節の柔軟性は保たれているかなど、トレーニングの中で確認していきましょう。

FOR JOINT

背骨の柔軟性を引き出す

# スタンディングロールダウン

背骨が固まっていると、サーブやストローク、フットワークなど、あらゆる動きに支障がでてきます。そこで、背骨の柔軟性を引き出すトレーニングにトライしてみましょう。ゆっくりと、背骨の一つひとつをイメージしながら行なうことが大切です。

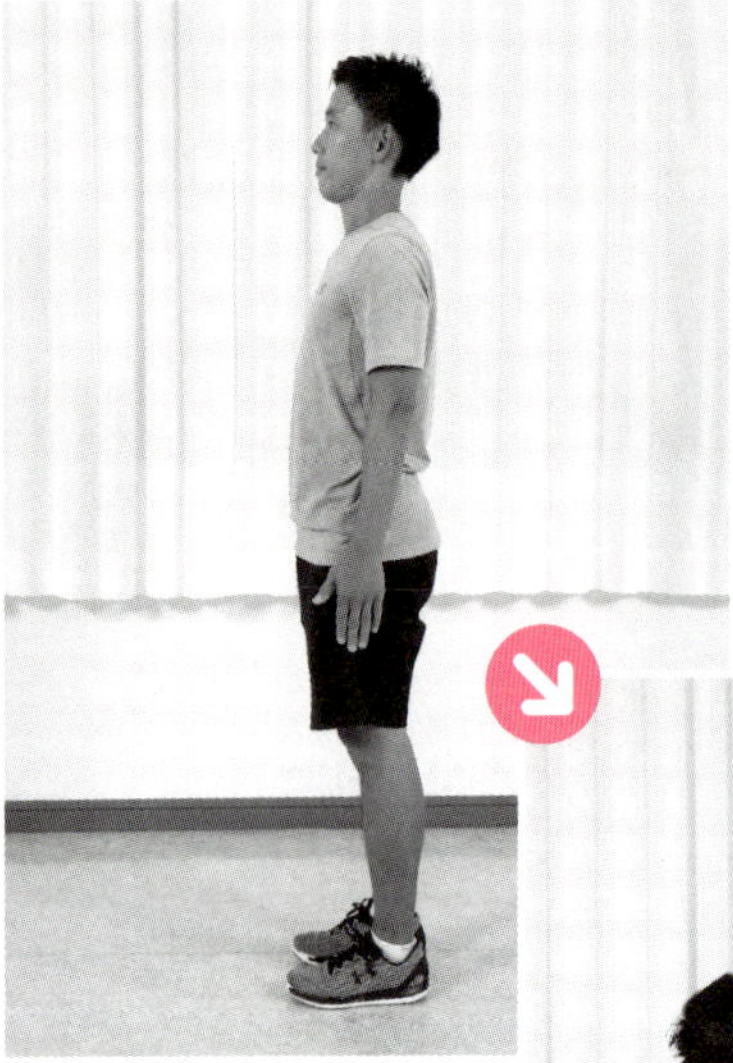

**1**

くるぶし、骨盤、肩、耳の線をまっすぐにキープした、正しい姿勢からスタートします。

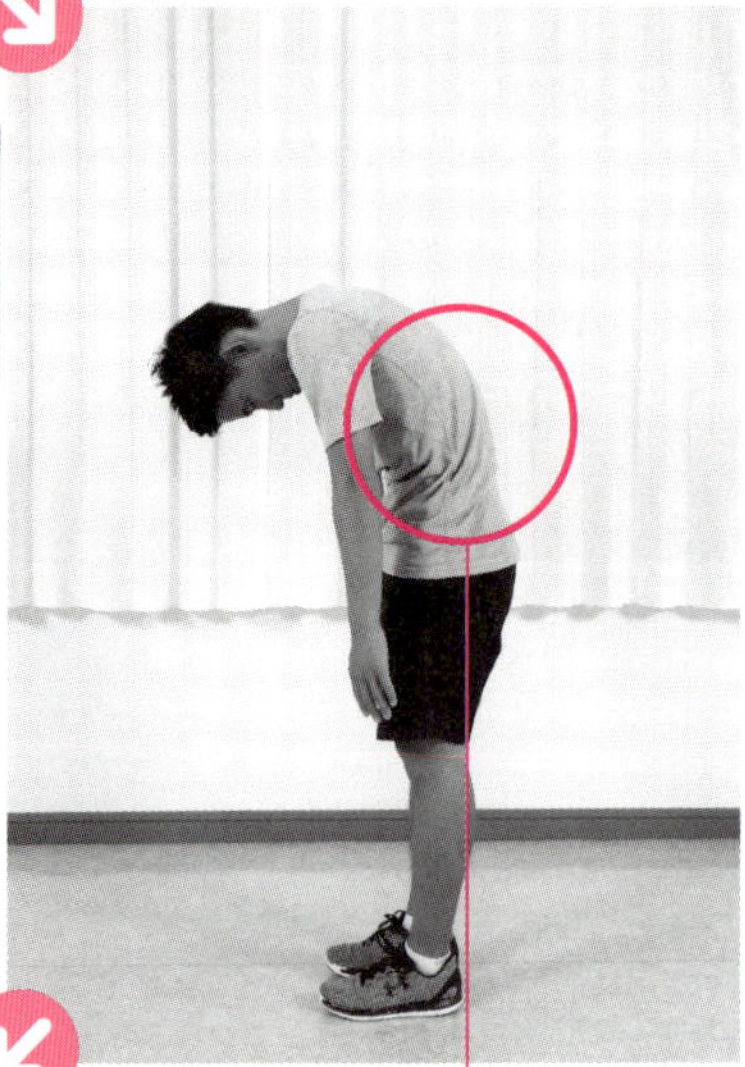

**2**

目線を下げながらアゴを引き、鼻の頭のうしろにある背骨を動かすイメージを持ちます。

**背骨の一つひとつを意識して**

**3**

腕をだらんと下げて、頭が身体の中心からあまり離れないように、背骨を丸めていきます。

**Point!**

**できるところまで**

柔軟性には個人差があるので、あまり無理をしてはいけません。呼吸を止めずに、できるところまで下げていくようにします。

## 4

背骨を意識しながら上体をゆっくりと下ろしていき、下まできたら息を吐きます。その姿勢をキープして、2回深呼吸をしましょう。

## 5

今度は、ゆっくりと頭を上げていきます。このときも、身体の中心から頭が離れないように注意します。

## 6

呼吸を止めないように、背骨が伸びていくのを感じながら行ないます。

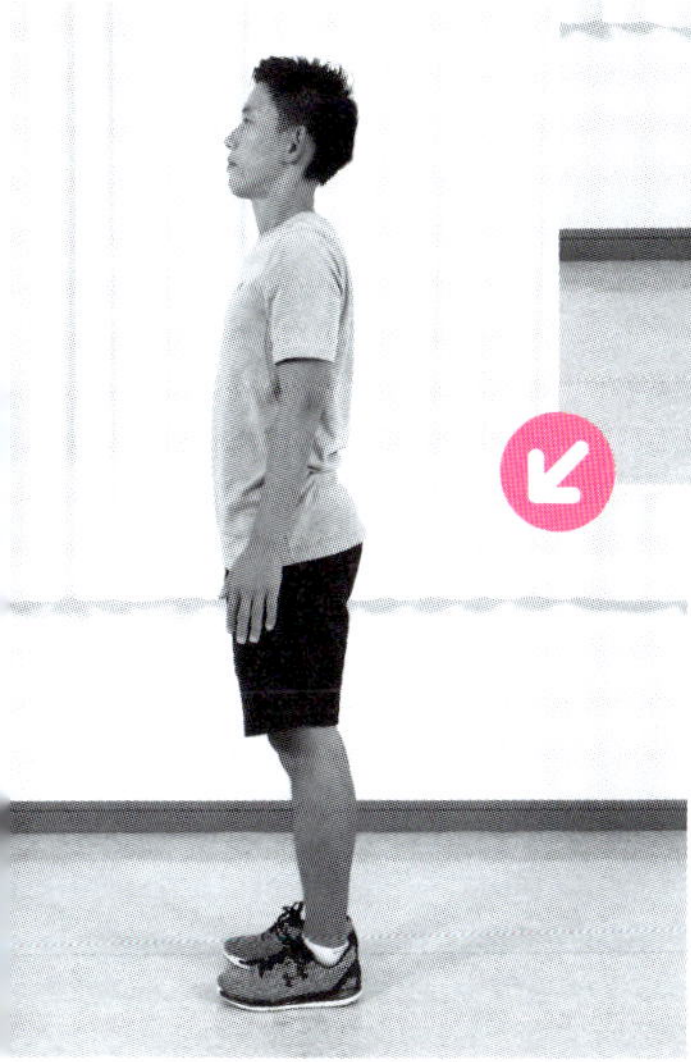

## 7

元の姿勢に戻ります。

頭が身体の中心から離れて、腰から折れるよう曲がってしまうと背骨は動いてくれません。背骨を丸めて、動かす意識が大切です。

# 首回し

首の柔軟性は、安定した下半身につながっています。首の筋肉が硬くなるとプレー中に目線を水平に保てなくなり、バランスを崩す原因となるからです。ここでは、首を回すトレーニングで、デスクワークなどで硬くなった首の筋肉をほぐしていきます。

**1**

まっすぐに立ち、腕を胸の前でクロスします。目線は正面に向けておきます。

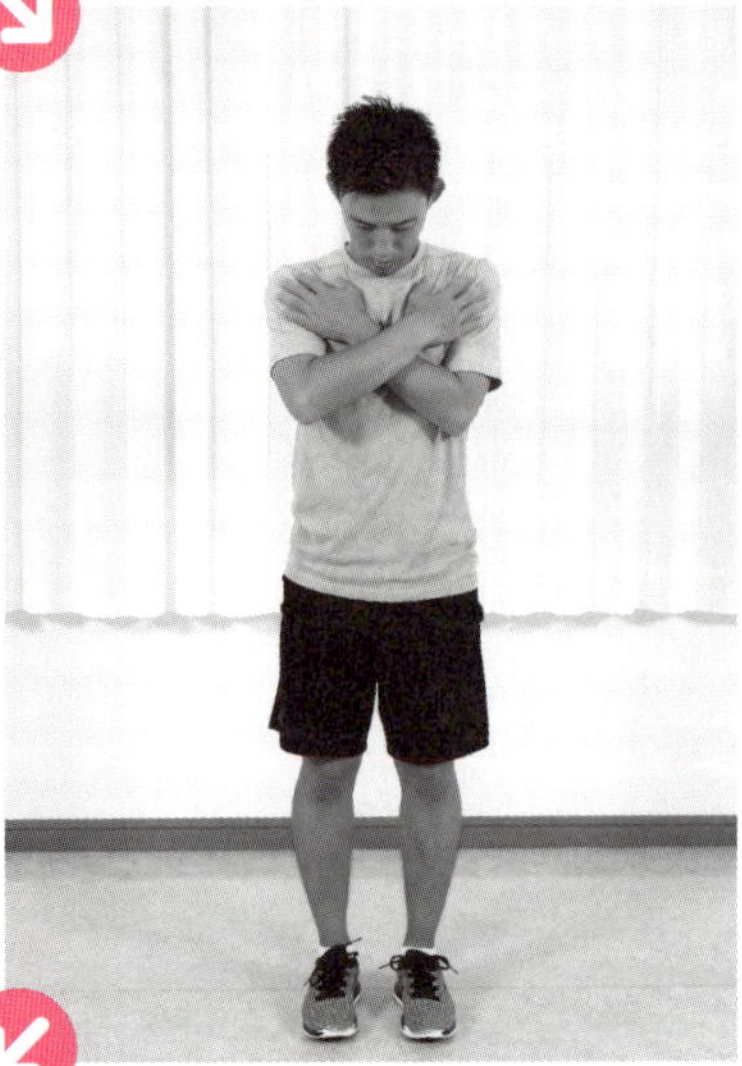

**2**

頭の重さを利用してしっかりと下を向きます。このとき、身体が曲がってしまわないように注意してください。

**3**

肩が上がらないように、今度は横を向きます。アゴは鎖骨の下を通るようにして上げていきます。

## Point!

### 頭の重さを利用する

頭の重さを利用して、ゆっくりと回すことがポイントです。あまり無理をしないように、痛みを感じる場合は絶対に行なわないでください。

**4**

首以外が動かないように注意しながら、ゆっくりと上を向きます。

頭に合わせて目線も動かす

**5**

できるだけ大きく頭を動かし、それに合わせて目線も動かします。

**6**

**7**

横から下に首を回し、元の姿勢へと戻します。

### 身体が動いてしまう

首の動きに合わせて身体が動いてしまうと、首の関節のトレーニングにはなりません。身体が動かないように注意して行ないます。

# 両ヒザをついて首の動きを確認

首の柔軟性を引き出すために、今度はヒザをついた状態でトレーニングを行ないます。このトレーニングでは、首の柔軟性に加え、目線の動かし方も重要です。実際のストロークにも見られる、首、目線と動きの関連性にも注目してください。

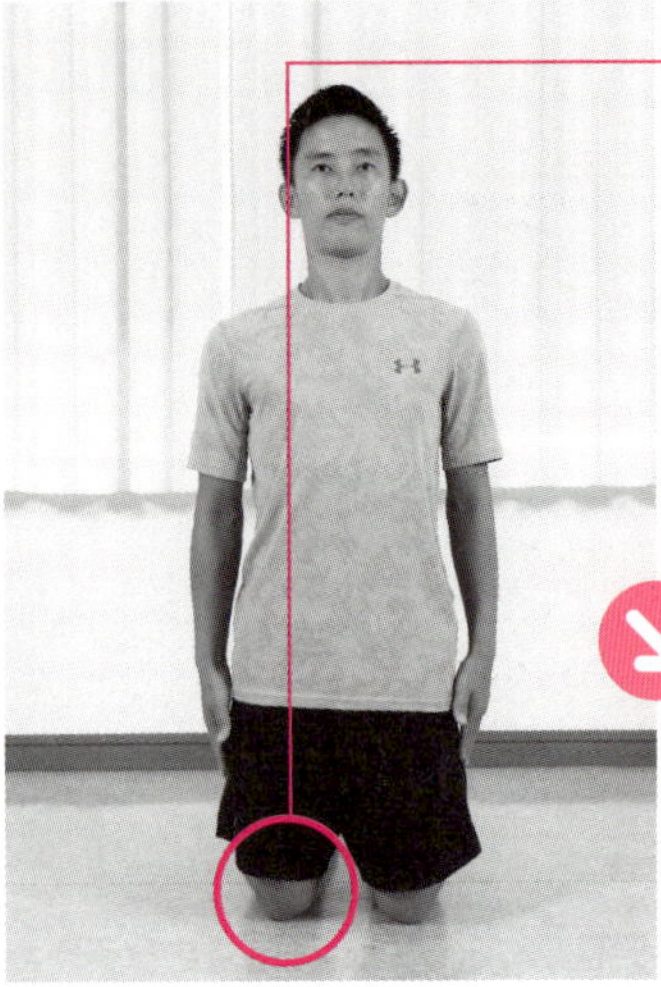


**1** ヒザをつき、上体をまっすぐにキープします。ヒザの位置は骨盤の下におくようにします。

**2** 右手を前に伸ばし、左手の人差し指でアゴを指します。このとき、身体が左右に傾かないように注意します。

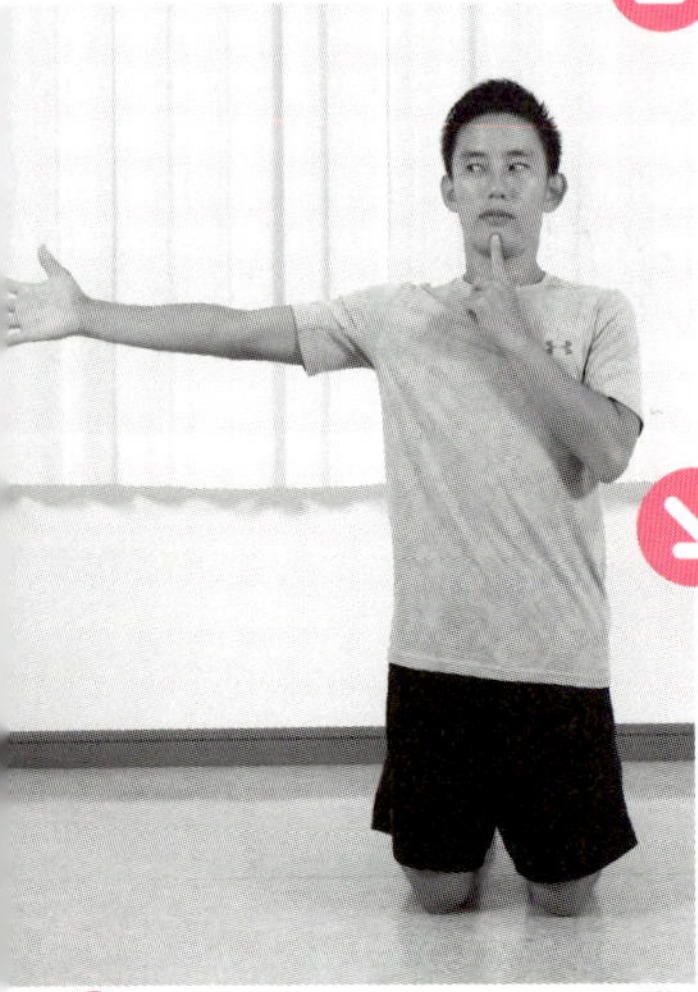

**3** **2**の状態から右手を横に広げ、首を動かさずにてのひらを目で追うようにします。

**4** ゆっくりと手を元の位置に戻します。これを左右行ないます。

## 首と手を同時に動かす

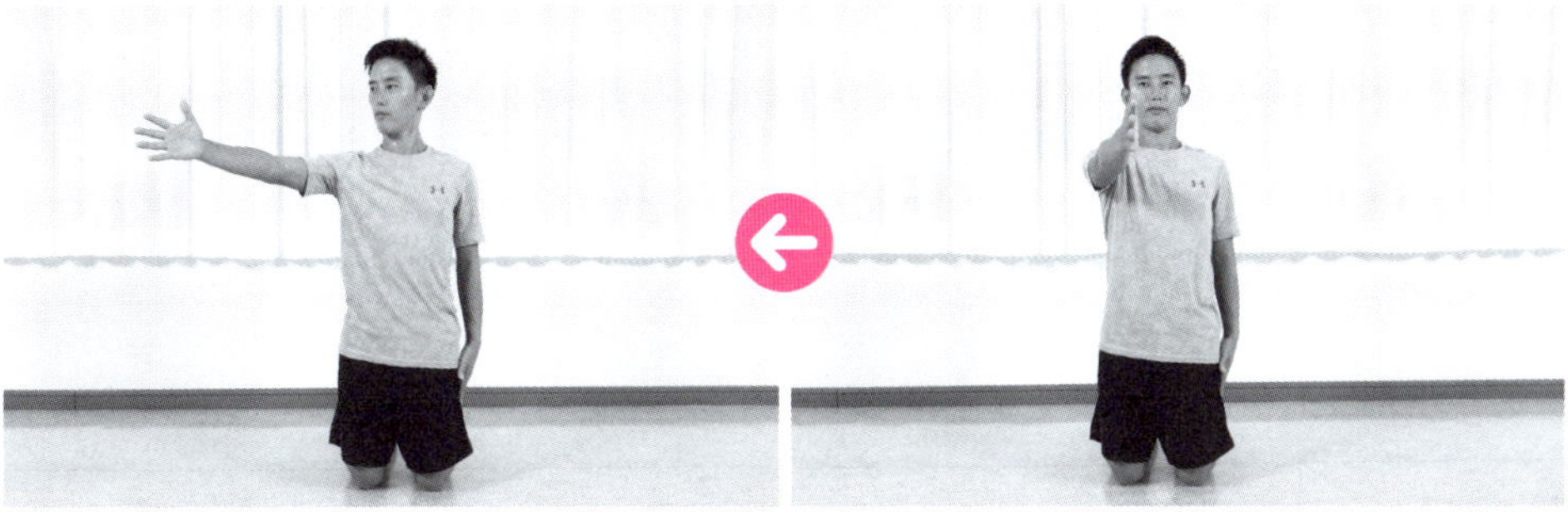

次は、目線の動きに合わせて首と手を同時に動かします。

## 手とは反対側に動かす

最後に、広げた手とは反対側に首と目線を動かします。

**Point!**

### 首の可動域を広げる

このトレーニングは、首の関節の可動域を広げて怪我を予防する効果があります。また、写真のように、フォアハンドでもバックハンドでも、首は引いた腕とは反対側を向いて、ボールをしっかり見ようとしますから、日頃から首の可動域を広げておくことが大切なのです

**FOR JOINT**

股関節の柔軟性を引き出す

# 片ヒザ立ち

股関節の柔軟性を引き出すために、片足立ちで足を上げるトレーニングを行ないます。股関節、ヒザを柔らかく保つことで、下半身の安定感を高めることができます。地味な動きですが、一つひとつの動きをていねいに行なうことがポイントです。

## 1

ヒザをつき、上体をまっすぐにキープします。両手は腰に当てておきます。

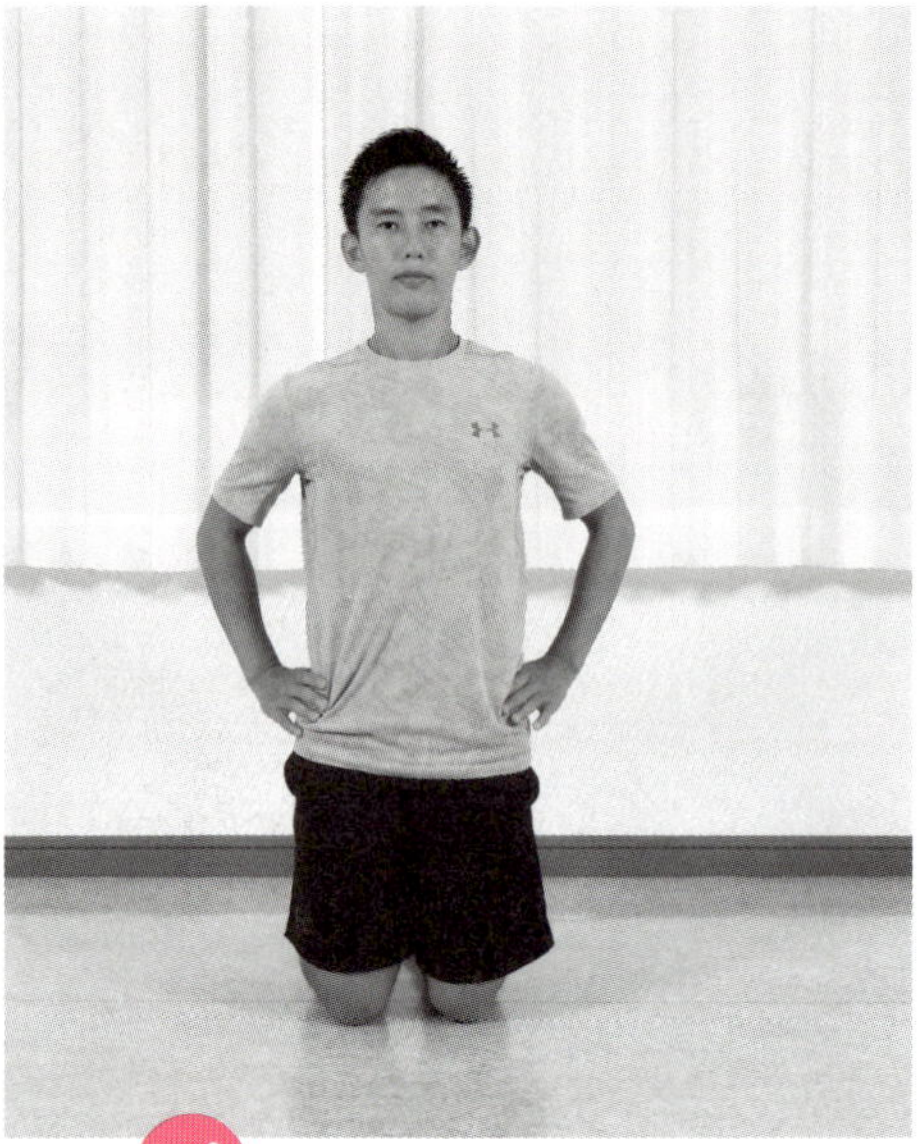

## 2

1の状態から右足を前に踏み出します。このとき、身体が左右に振れないようにバランスをとって踏み出すことが大切です。

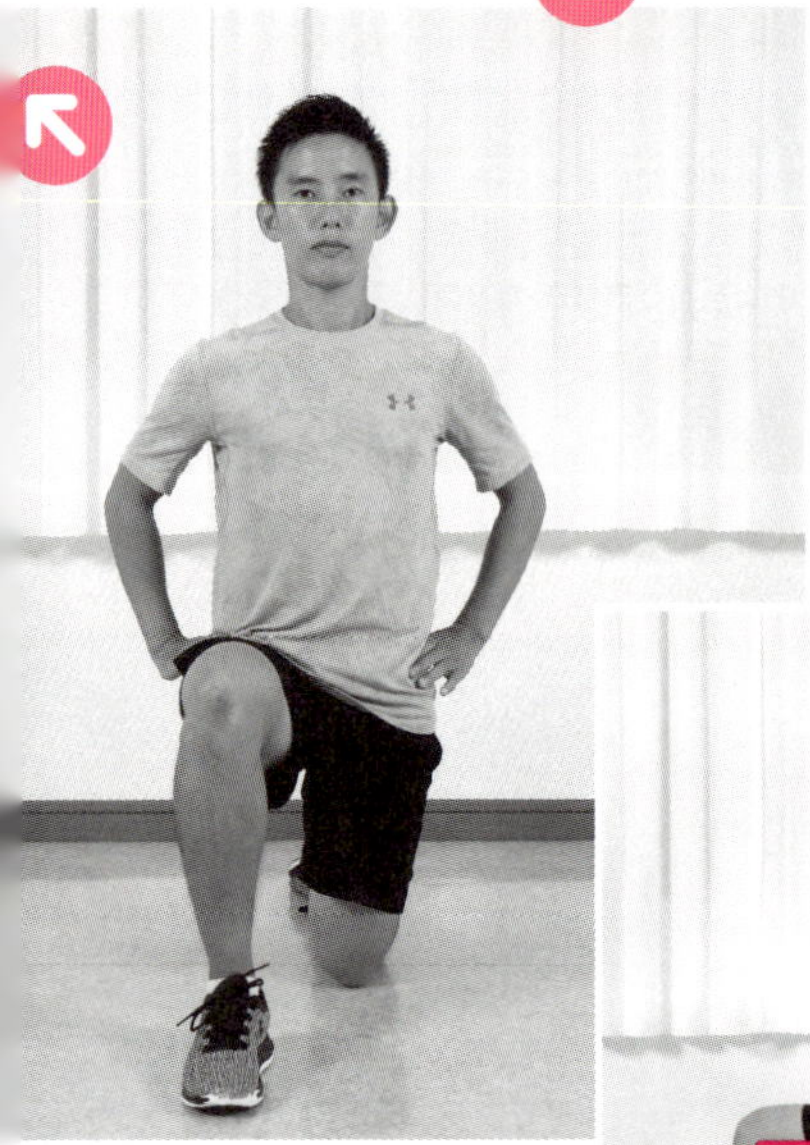

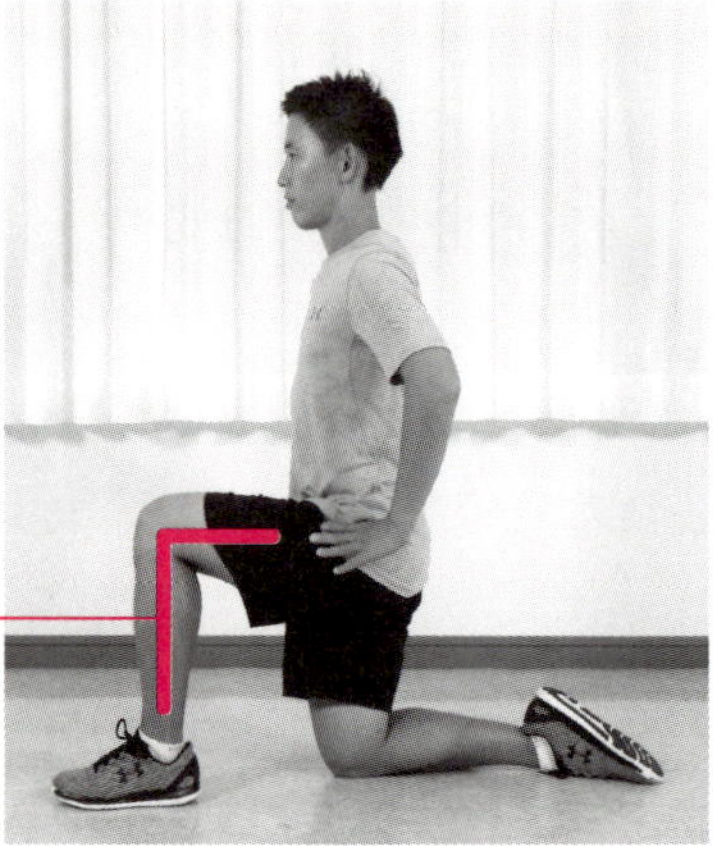

## 3

足を前に踏み出した状態から、骨盤の動きで前に踏み出した足を床から離します。バランスが崩れやすいので注意しながら行なってください。

### Point!

**上体はまっすぐ**

上体はまっすぐにして、バランスをキープします。足を上げても身体が傾かないように、軸を意識することがポイントです。

×

**骨盤が傾く**

骨盤が傾いてしまうと、踏み出したときにバランスが崩れるだけでなく、踏み出した足を床から離すことはできません。

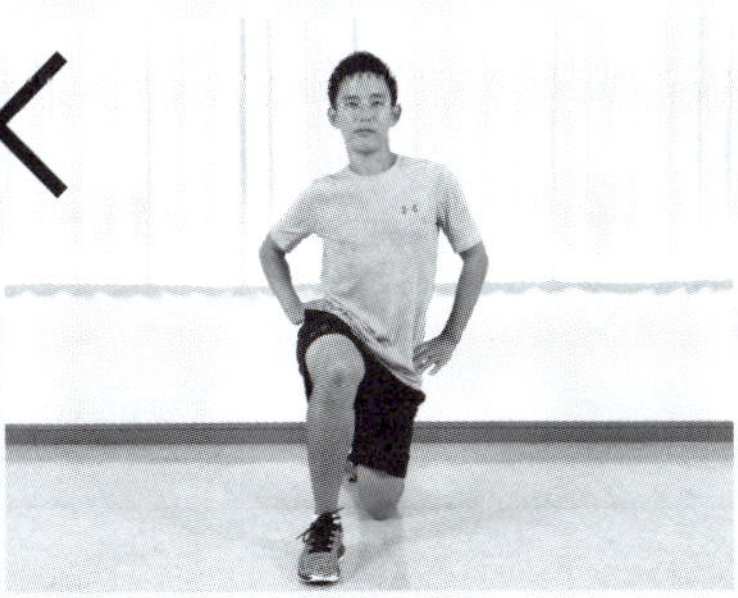

FOR JOINT

股関節に重さを乗せる

# ロッキングチェア

**ストロークの安定性や自在さを鍛えるために、股関節の柔軟性を高めるトレーニングを行ないます。股関節を柔らかく保つことで、股関節への荷重感覚や、曲げの深さも身につけることができます。**

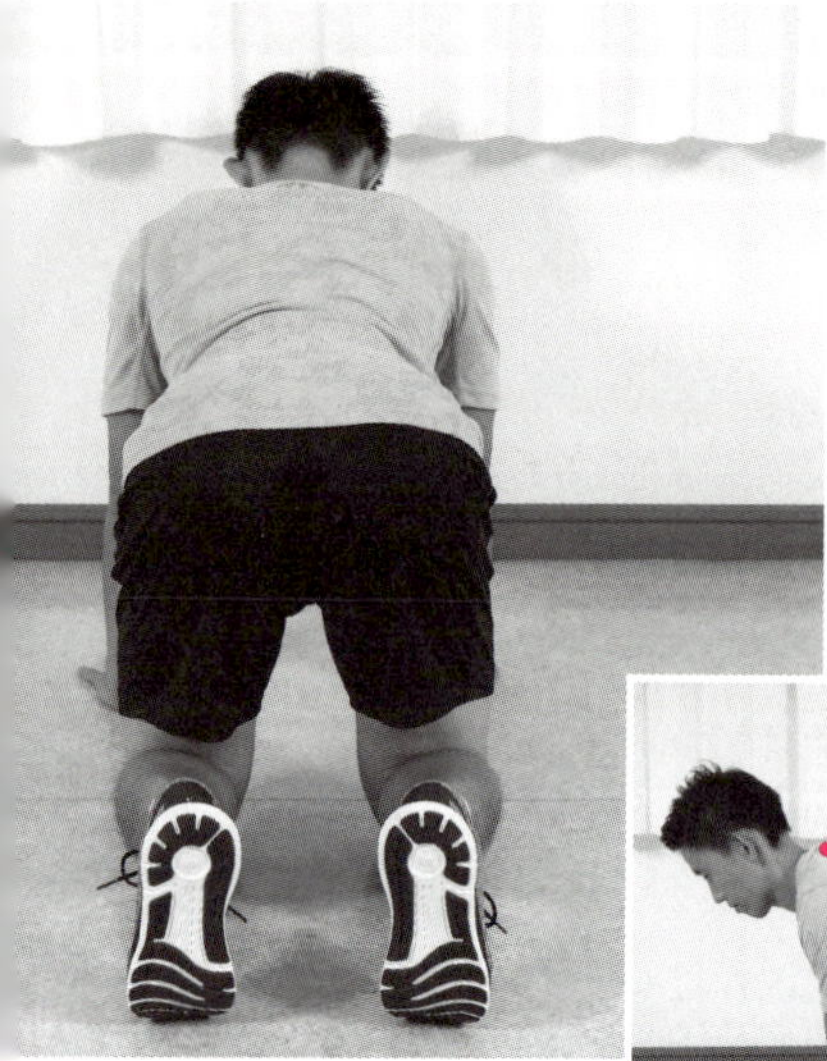

## 1

四つん這いになって、つま先立ちの姿勢をとります。頭まで一直線になるように、背中をまっすぐにキープします。このとき、ヒザ、足首は骨盤の幅に合わせます。

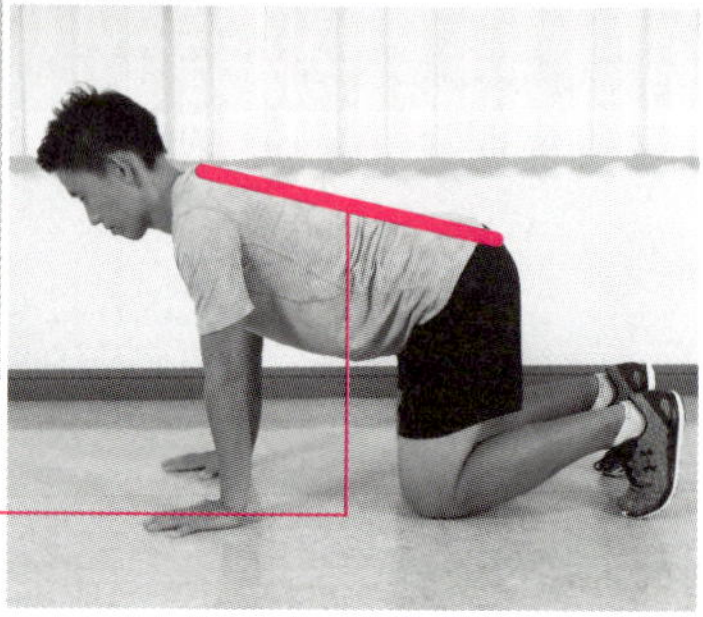

背中はまっすぐにキープ

## 2

背中の長方形を崩さないように、ややうしろに下がりながら左に移動します。

## 3

背中全体で円を描くように身体を移動させていきます。

## 4

腕の傾き、太モモの傾きを平行にキープしてゆっくりと動くことがポイントです。

### Point!

**背中の長方形をキープ**

股関節とともに、肩の付け根の柔軟性を意識します。できるだけ動きを同調させて、背中の長方形が崩れないようにしましょう。

**骨盤が動いてしまう**

骨盤が動いてしまうと、股関節の柔軟性を十分に引き出すことはできません。背中は少し反り気味でもいいので、骨盤をロックしておくことがポイントです。

足首の関節を整える

# 足首の可動域を広げる

スムーズなフットワークやストロークにパワーを与える、足首の可動域を広げるトレーニングです。足首は怪我をしやすい部位でもあります。しっかりと柔軟性を引き出すことで、怪我のリスクを減らすことができます。

**1** 片ヒザで立ち、股関節とヒザの角度を90度にキープします。このとき、つま先とヒザは同じ方向に向けておきます。

**ヒザはつま先まで出す**

**2** 1の状態から、ヒザを前に出してスネを傾けます。目安としては、ヒザの位置がつま先くらいまで出ればOKです。

## 3

スネの傾きをゆっくりと戻し、元の姿勢に戻ります。

**Point!**

### 無理をしない

足首はとても重要な部位であるとともに、怪我をしやすいところでもあります。曲げすぎや曲げる方向に注意して、怪我をしないようにしましょう。

### カカトが浮いてしまう

カカトが浮いてしまうと、ヒザはどこまでも前に出てしまいます。足首を痛めることもあるので、足裏全体を床につけておきましょう。

### ヒザが内側に入る

ヒザが内側に入ると足首の柔軟性を引き出せないだけでなく、やはり足首を痛めることにもつながるので注意が必要です。

FOR JOINT

足首の柔軟性を引き出す

# 直立スクワット

**足首の柔軟性は、怪我の予防の意味でも重要です。また、さまざまな動きを行なう中で、バランスをキープする役割も大きいといえます。ここでは、直立の状態からスクワットを行なって、足首の柔軟性と、バランスを強化するトレーニングにトライしてみましょう。**

## 1

くるぶし、ヒザ、おしり、耳をむすぶ線をまっすぐに整えて立ちます。目線は前に向けておきます。

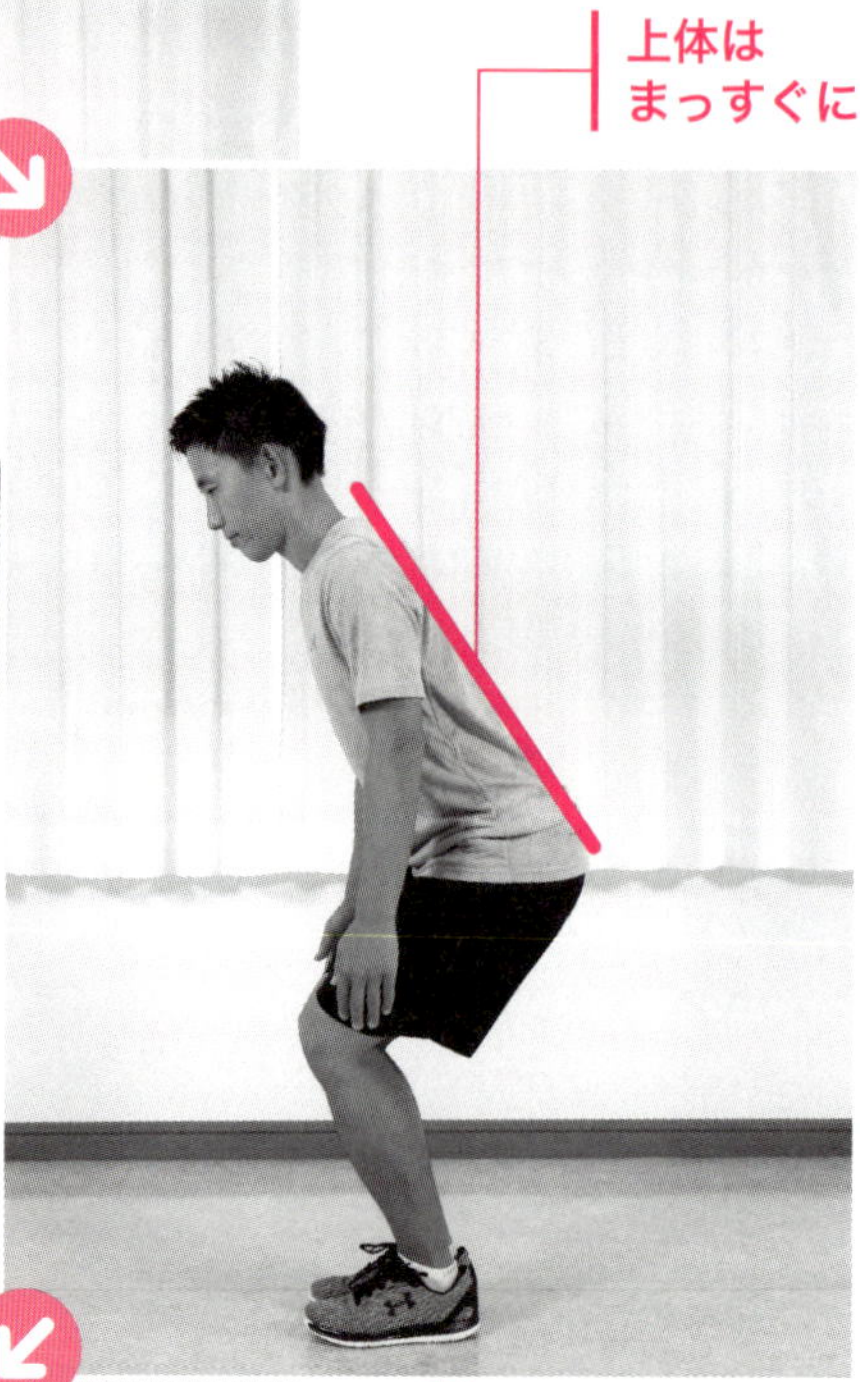


## 2

カカトが浮かないように注意しながら、そのまま下にしゃがんでいきます。このとき、背中が丸まってしまわないように注意します。

## 3

バランスをキープしながらゆっくりとしゃがみます。

**4** うしろに倒れてしまわないように、しっかりとしゃがみ込み、ヒザを抱えます。

**5** ヒザを抱えた姿勢から、手をうしろに回してみます。

## Point!

### できるところまで

足首が硬いと、最後までしゃがむことはできません。うまくバランスが取れずに、うしろに倒れてしまう場合もあるので注意しましょう。自分の足首の可動域をチェックするにも良いトレーニングといえます。

足首が硬いとうしろに倒れてしまう

## MORE EASY

しゃがもうとしても足首が十分に曲がらず、うしろに倒れてしまうようなときは、タオルなどで他の人に補助してもらうのも一つの方法です。

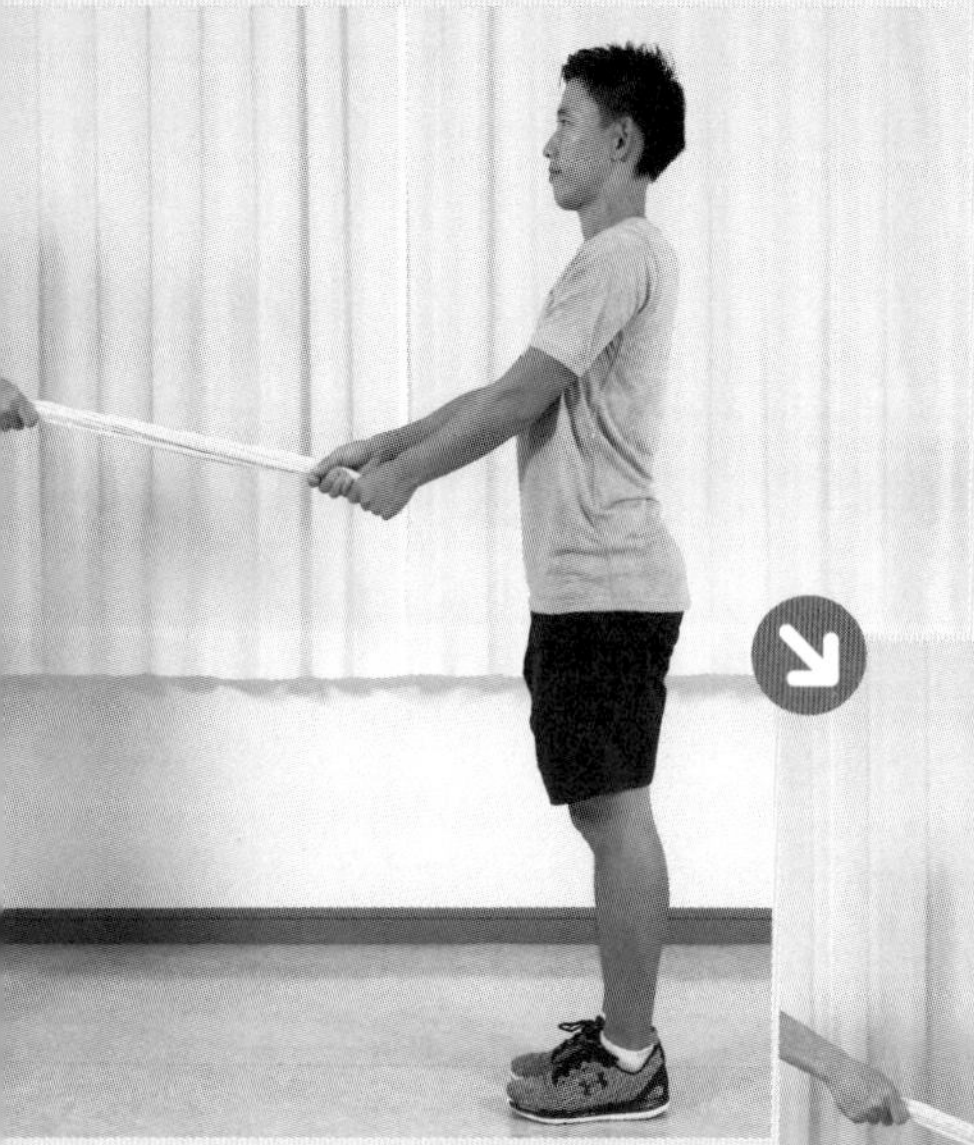

**1** タオルをもって直立の姿勢からスタート。

**2** タオルを支えにして、少しずつしゃがんでいきます。

**カカトが浮かないように**

**3** しゃがむ途中で、カカトが浮いたりしないように注意します。

# 4

しっかりとしゃがんでバランスをキープします。

**Point!**

### 足首が硬いと

足首が硬いと、レディポジションでボールを待つこともできません。また、サーブで前に体重をかけることも難しくなります。しかし、一番の問題は、すべてのプレーのスタートとなる、床面から反力が得られないということです。

## CHECK!

1

2

しゃがみきったら、タオルを引っ張って身体を前後に揺らし、足首に刺激を与えます。無理せず、少しずつ柔軟性を引き出していきましょう。

COLUMN 1

# 身体の中のアクセルとブレーキ

**表1 ● 1試合の走行距離**

| | | |
|---|---|---|
| 男子 | ノバク・ジョコビッチ | 11.3km |
| | ロジャー・フェデラー | 6.668km |
| | スタン・ワウリンカ | 10.144km |
| 女子 | セレナ・ウィリアムズ | 4.096km |
| | シモナ・ハレプ | 8.368km |
| | フラビア・ペンネッタ | 7.408km |

**男女でもっとも走っている選手の距離をダッシュに換算**

↓

**ジョコビッチ：466本　ハレプ：348本**

(テニスコートのベースラインからネットまでの往復距離約24mで考えた場合)

まず、**表1**のデータをご覧ください。これは、2015年のUSオープンで、男女のベスト４が準決勝の試合で走った距離です。ランニングとして考えれば、それほど長い距離ではありません。少し運動に自信のある方なら、十分に走れる距離だと思います、しかし、これはランニングで稼いだ距離ではありません。テニスコートでストップ&ダッシュを繰り返し、ストロークやスマッシュを打ちながら記録した距離なのです。

これをダッシュに換算すると、それぞれ1セットの中で、24mダッシュを100本前後行なっている計算になります。驚異的な数字だと思いませんか。

テニスは陸上競技ではないので、走るだけでは勝つことはできません。走って、さらにボールを正確かつパワフルに打つ技術が求められるのです。

テニスでは、長時間繰り返しダッシュができる体力、そして激しく動いても、身体のバランスをキープできる能力がとても大切です。

## アクセル筋とブレーキ筋

皆さんは、筋肉の中にアクセル筋とブレーキ筋が存在することをご存知でしょうか？人体には、アクセルの役割をする筋肉と、ブレーキの役割をする筋肉があります。それは、股関節を引き上げる腸腰筋と大腿四頭筋です。アクセル筋が腸腰筋、ブレーキ筋が大腿四頭筋になります。さらにスピードを加速させる筋肉として、ハムストリングスが挙げられます。

前述したように、陸上競技ではなく、ネットを挟みボールを打ち合うテニスでは、ボールに追いつくためにアクセルを踏み、正確にインパクトするためにブレーキを踏める能力が求められます。このアクセル筋とブレーキ筋をコントロールするためには、体幹部と下肢をつなぐ股関節の使い方がポイントになると考えています。

テニスのプレーパフォーマンスをアップさせるためには、どちらか一方を鍛えればいいというわけではありません。スピードのでない車では勝負になりませんが、ブレーキのない自動車では、怖くてスピードは出せないからです。

ただし、一般的にブレーキの役割を果たす大腿四頭筋の方が、アクセル筋のハムストリングスに比べて30～40%強いといわれています。ですから、両者のバランスをとるために、ハムストリングスを鍛えてアクセルとブレーキの能力の差を縮めることが、パフォーマンスの向上につながるということです。

テニスのトレーニングでは、こうした筋肉の役割もしっかり理解して行なうことが大切です。

## 日常生活で意識すべきこと

アクセル筋は、骨盤を立てることで使いやすくなります。良い姿勢を保ちながら、身体の軸の中心に重心を置くイメージがあれば、よりスピーディーに動けるということです。この姿勢は、モモ裏、とくにお尻のすぐ下あたりを意識して歩くだけで身につきます。

背筋を伸ばし、いつもよりうしろ側の脚に体重がかかる時間を長くして歩いてみましょう。軸足の膝が伸び、おしりを前後にひねるような歩き方になっていると思います。これがアクセル筋を鍛える歩き方です。

本書で解説している正しい姿勢を意識し、モモ裏を使って日常を過ごすことが、テニス力のアップにつながります。

CHAPTER

# 2

# ストロークで使う筋肉を鍛える

シンボックス

ランジスクワット

サイドプランクローテーション

# FOREHAND STROKE

## フォアハンドストローク

股関節と上半身のローテーションで、テイクバックを行ないます。そこから骨盤のひねり戻しを利用して、腕をしならせるように振り出してインパクト。インパクトでは、前側の足が壁となり、ボールにパワーを与えます。フォロースルーでは、ヒジが顔の高さまでくるように、しっかりと振り切りましょう。

## Point!

ローテーションを作るときの腹筋のひねりがポイントです。左腕をしっかりと前に伸ばすことで、腹筋のひねりを引き出します。インパクトに向けて右足を軸に、腹筋と胸筋で腕を振っていきます。このとき、臀筋を意識することで体幹を安定させることができます。

# BACKHAND STROKE

## バックハンドストローク（両手打ち）

　右手の引きで肩をしっかりと入れ、左足を軸にして腹筋のねじれを引き出します。テイクバックでは、肩越しにボールをしっかり見ることが大切です。腹筋がねじれることで、左の臀筋に溜まったパワーを利用してインパクト。このとき、ボールに重さを乗せる意識で、重心をうしろから前に移動させます。

**Point!**

左手でテイクバックを主導するのではなく、あくまで右手がスウィングをリードします。右の脇をしめて、右の肩をひねる意識がポイントです。腹筋と広背筋で上体と下肢のひねりを生み、それを振りほどくことでボールにパワーを与えます。

# BACKHAND STROKE

## バックハンドストローク（片手打ち）

腹筋と広背筋で上体と下肢のひねりを引き出し、しっかりとしたテイクバックの形を作りましょう。腰の動きでスウィングをリードし、インパクトに向けて腕を振りだします。左手を突っ張るようにして肩が回るのを防ぐことがポイントです。重心をうしろから前に移動させる意識でインパクトを迎えます。

## Point!

シングルバックハンドのほうが、ダブルバックハンドよりも、前後への重心移動がやや大きくなります。ポイントはインパクトに向けた左手、左胸の張りです。これが意識できていれば、ボールにパワーを乗せることができます。

# BACKHAND STROKE

## バックハンドストローク（スライス）

テイクバックは、シングルバックハンドと変わりません。ただし、最大に引いたとき、手の位置はかなり高い位置にセットされます。ヒジのリードで広背筋が伸ばされ、これを縮めることでインパクトのパワーを引き出します。フォロースルーでは上体をやや前に傾け、ラケットの軌道をコントロールします。

**Point!**

スライスでは、骨盤の回旋をほとんど使いません。テイクバックの状態から、骨盤を前に水平移動させてインパクトを迎えることがポイントです。スウィングは手でリードするのではなく、胸の開きでコントロールします。

# FOREHAND

## 遠いボールの処理

フォアハンドの遠いボールに対して、身体を伸ばして対応しています。足を大きく開き、ラケットを振り下ろすようにして、インパクトを迎えています。股関節の柔軟性が必要なショットです。上体が大きく開いた両足のセンターに位置していることに注目してください。

## Point!

スライスでボールをうまく返球できたとしても、上体が外に流れてしまうと、次の動作の準備が間に合いません。体幹を安定させて、上体のブレを抑えることがポイントです。また、ラケットを持った左脇を締める意識を持つことで、安定したインパクトが可能になります。

# BACKHAND

## 遠いボールの処理

フォアハンドストロークと同様に、大きく足を踏み出し、遠いボールに対応しています。ここでも、両足の真ん中に上体をキープしておくことが大切です。インパクトまでは、しっかりとボールを見て、その後は素早く次の動作に移れるように、体勢を整えるようにします。

**Point!**

バックハンドの場合、肩甲骨の開け閉めを利用することがポイントです。テイクバックでは肩甲骨を開き、インパクトからフォロースルーにかけて肩甲骨を閉めていきます。バランスをとるために、左手は大きく開いていきます。

FOR STROKE

股関節の柔軟性を引き出す

# シンボックス

フォアでもバックでも、グラウンドストロークでは、かならず股関節のひねりとひねり戻しの動きを使います。この動きが硬いとどうしても手打ちになってしまいがちです。しっかりと股関節の柔軟性を高め、スムーズなストロークを手に入れましょう。

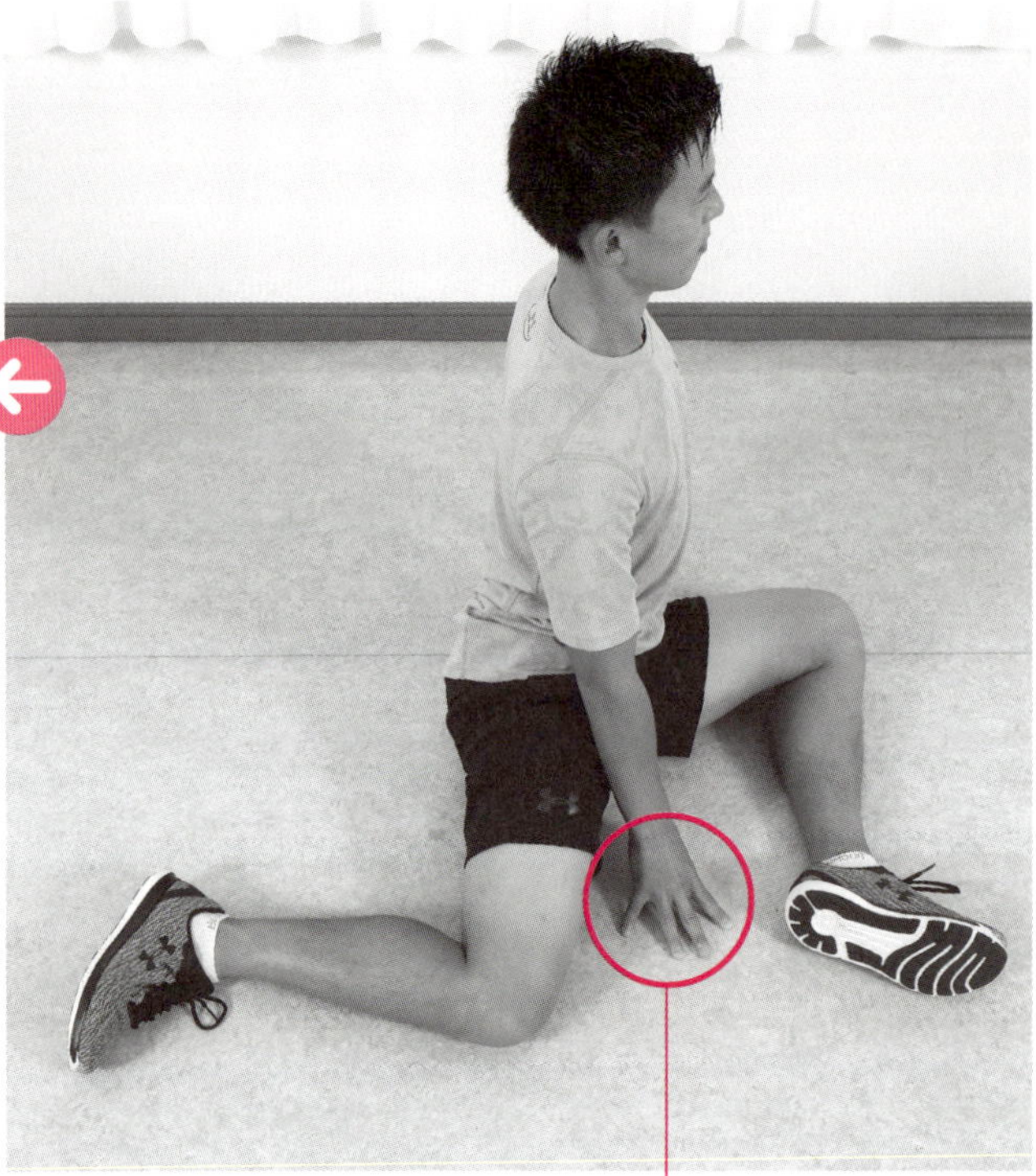

**1** 床に座り、足首、両ヒザ、股関節の角度を90度にセットします。このとき、上体はしっかりと起こしておきます。

**手のサポートで上体を支えます**

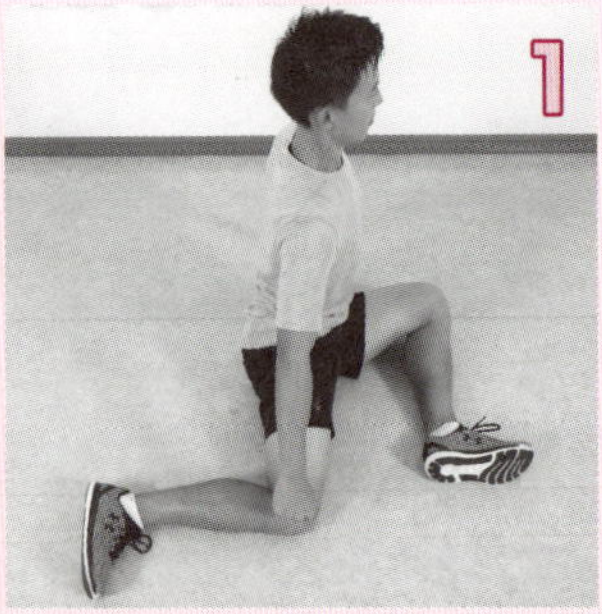

**1** MORE HARD

通常のパターンは楽にできるという人は、手の支えを外した状態で行なってみましょう。こうすることで、腹筋にもテンションがかかり、よりハードなトレーニングとなります。

**鍛える部位**

大臀筋、腹筋群

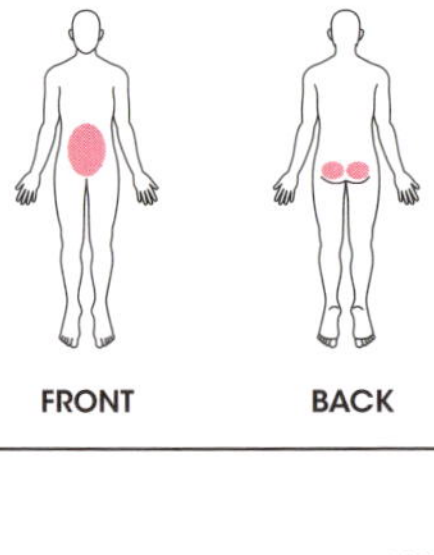

**2** 1の状態から、両ヒザを起こすようにして脚部を反転させます。反転の動きに合わせて、手の位置も入れ替えます。

**3** 足首、両ヒザをしっかりと反対側の床につけます。この動きを左右繰り返し行ないます。

×

背中が丸まってしまうと、股関節の動きを十分に引き出すことができないので、注意が必要です。

## Point!

### 左右同じように

どちらかが硬いという場合が、かならず出てきます。左右のバランスをキープするために、硬い方の側はとくに入念に行なうようにします。

3

2

FOR STROKE

ストロークの壁を安定させる

# シングルレッグヒップリフト

バックハンドストローク、フォアハンドストロークを打つときに、股関節、骨盤を回して、前側の足が壁になりますが、その壁をしっかり安定させるためのトレーニングです。前側の壁が崩れてしまうとスウィング自体も安定しないので、しっかりトレーニングしましょう。

## 鍛える部位

大臀筋、ハムストリングス

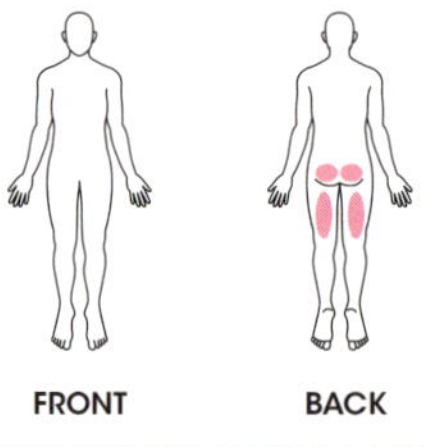


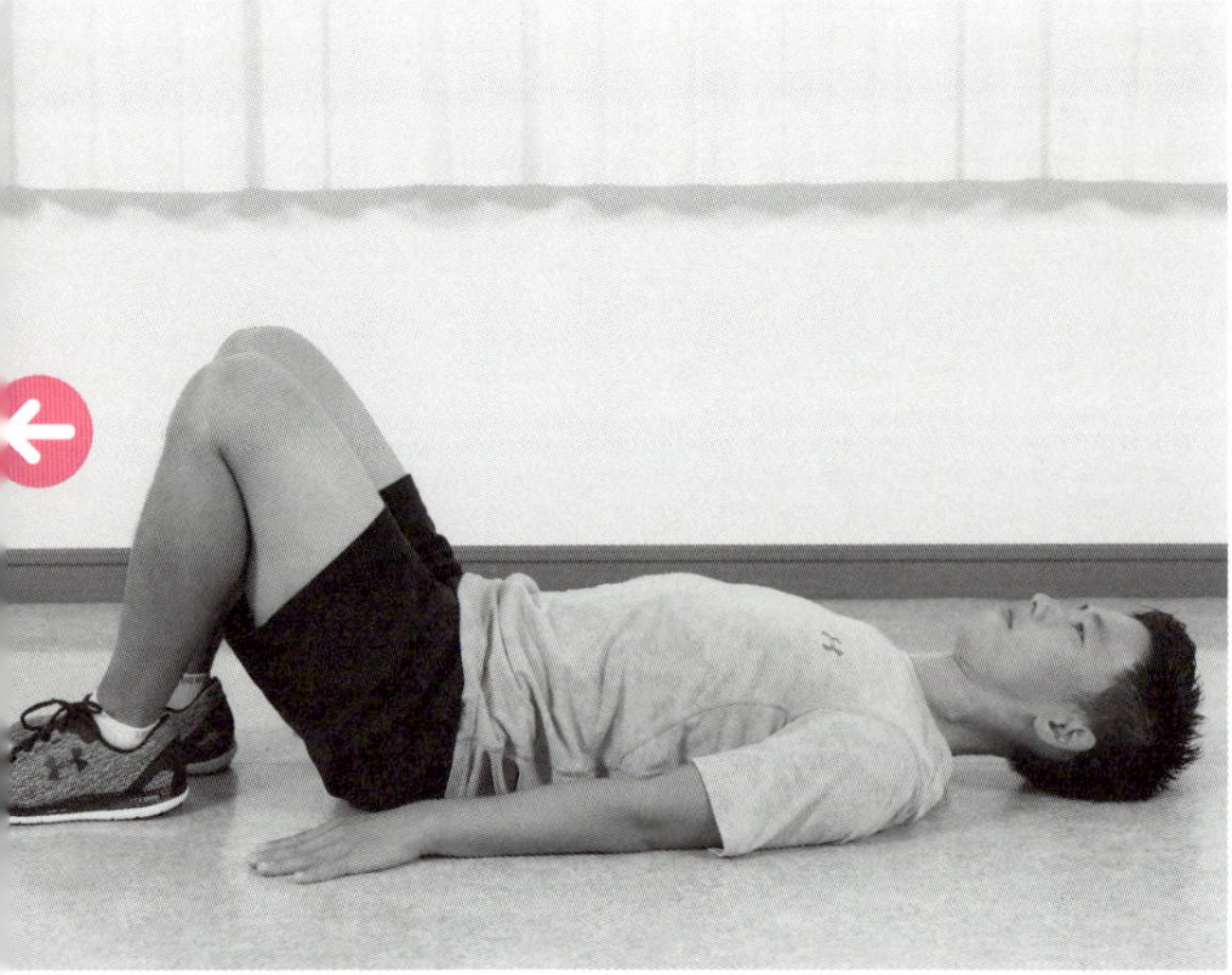

**1** 仰向けになり、手は身体の横におきます。肩がすくんでしまうと首のまわりの筋肉が疲れてしまうので、なるべく下げて首を長くキープします。

## MORE EASY

片足で行なうのが難しい場合は、両足でおしりを上げてから、片方の足を上げ下げしてもOKです。

**2**

1の状態から片足をさらに持ち上げます。

**1**

両足を床につけておしりを持ち上げます。

**2** ヒザと股関節を90度に保ち、片足を上げます。

**3** つま先を上に向けたら、反対側の足で床をぐっと押して、おしりをしっかり使っていることを意識して持ち上げます。これを左右で繰り返し行ないます。

## Point!

### 上げている足を意識する

上げている足の力を抜いてしまうと、外側に開いたり、下がったりしてしまいます。体幹に刺激を与えるためにも、その形を保っておくことが大切なポイントです。

FOR STROKE

パワーの源ひねりをつくる

# ローオブリークツイスト

ストロークのテイクバックでは、骨盤がねじれて開きが止まった状態をつくることが大切です。上体と下肢をしっかりとひねり、それを解放することでボールに最大限のパワーが伝わるのです。ここでは、そのひねり戻しの動きを強化するトレーニングにトライします。

## 鍛える部位

腹斜筋、前鋸筋

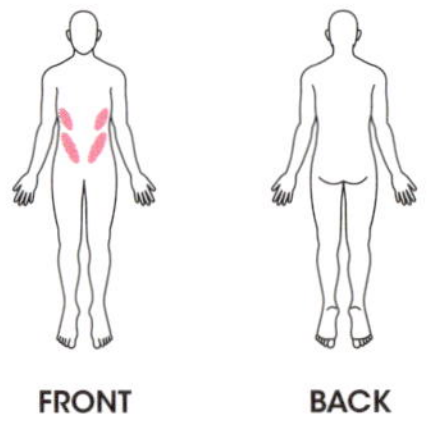


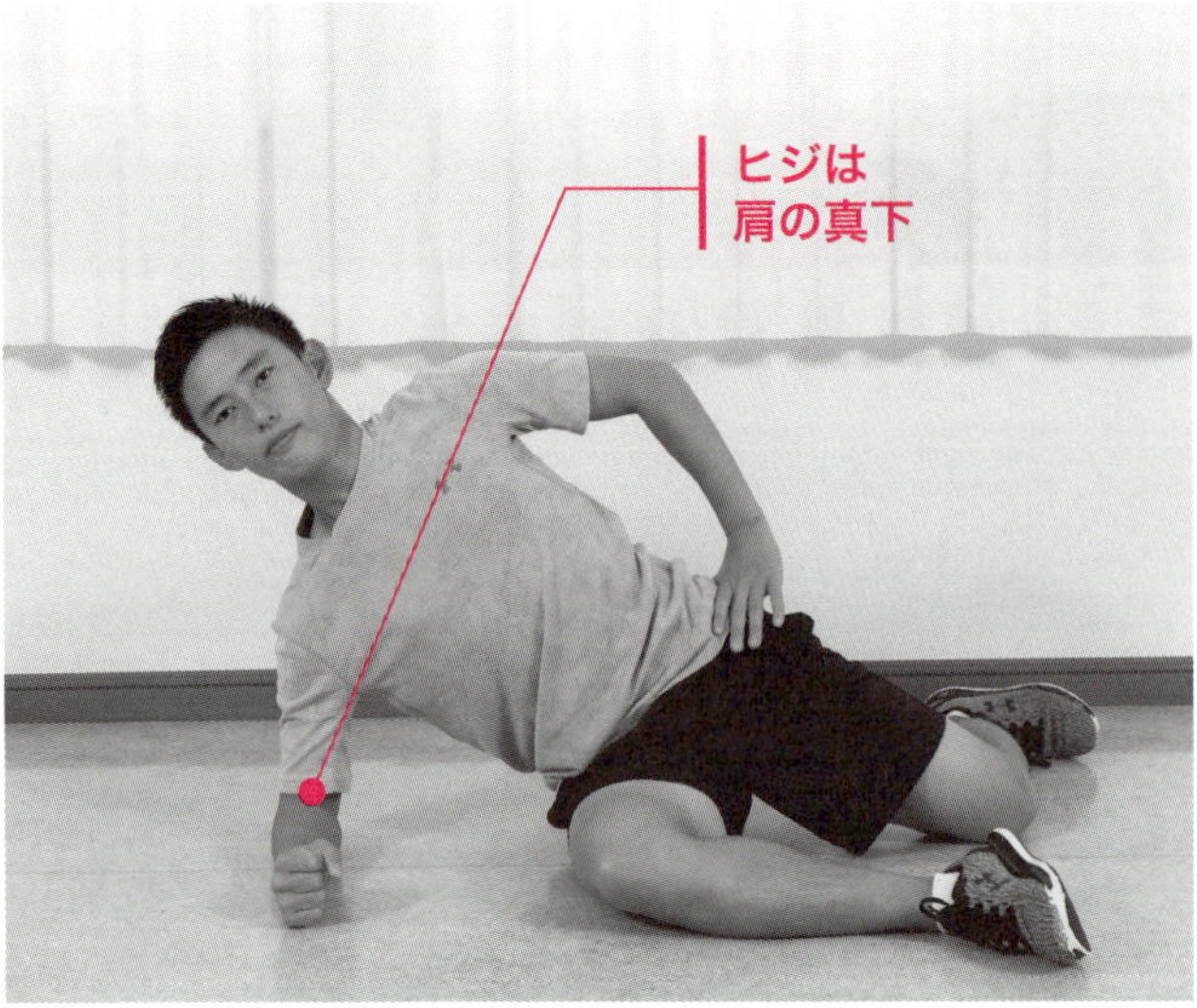


**1** 両足のヒザを90度曲げて、横向きに座ります。片方のヒジを、肩の真下にくるように床につけます。

**2** **1**の状態から左腕を上げます。肩が一直線になるように注意します。

**3** 上げた左腕を身体に巻き込むように下ろします。

**4** 上半身をねじって脇の下を通していきます。このとき、上体と下肢のひねりを感じることがポイントです。

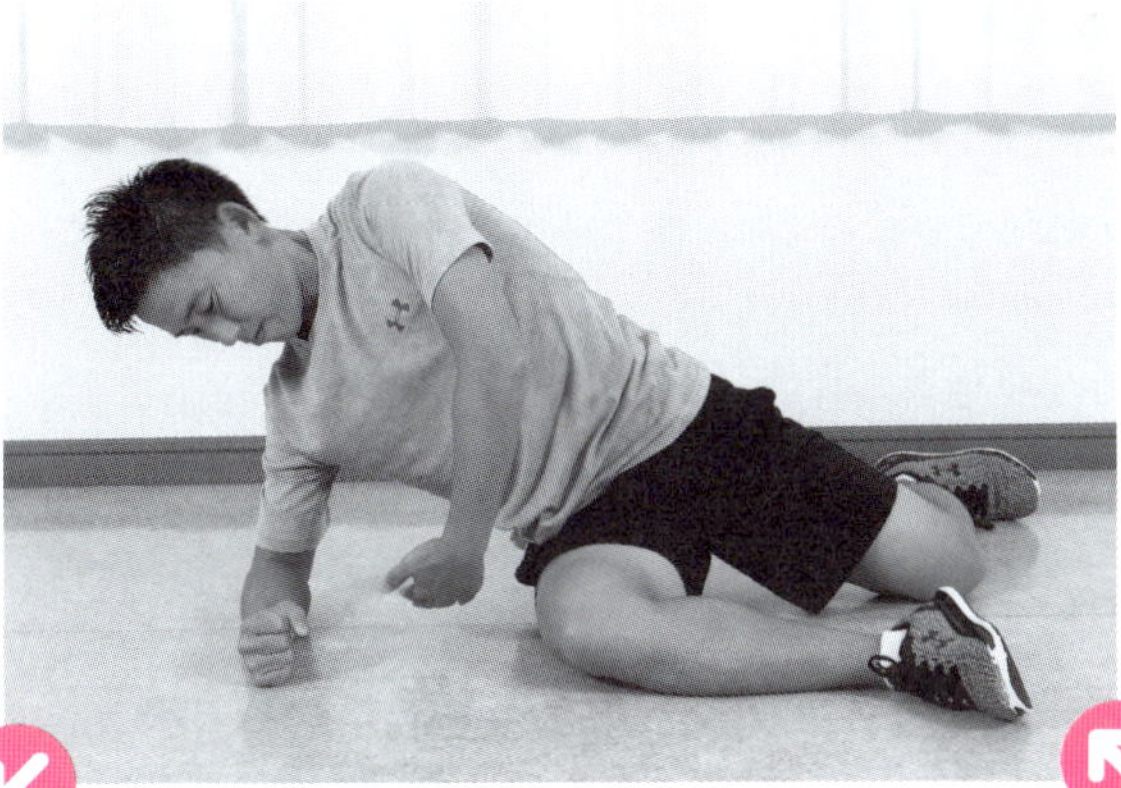

**Point!**

### 上体と下肢の逆ひねり

動きの中で、上体と下肢のひねりとひねり戻しを意識して行ないます。バックハンドでいえば、腕を身体の下に通した状態はテイクバック、大きく反らした状態はフォロースルーをイメージします。

### 腕だけが開く

腕だけを開いても、上体と下肢のひねりを感じることはできません。しっかりと胸を開き、上体を大きく動かすことが大切です。

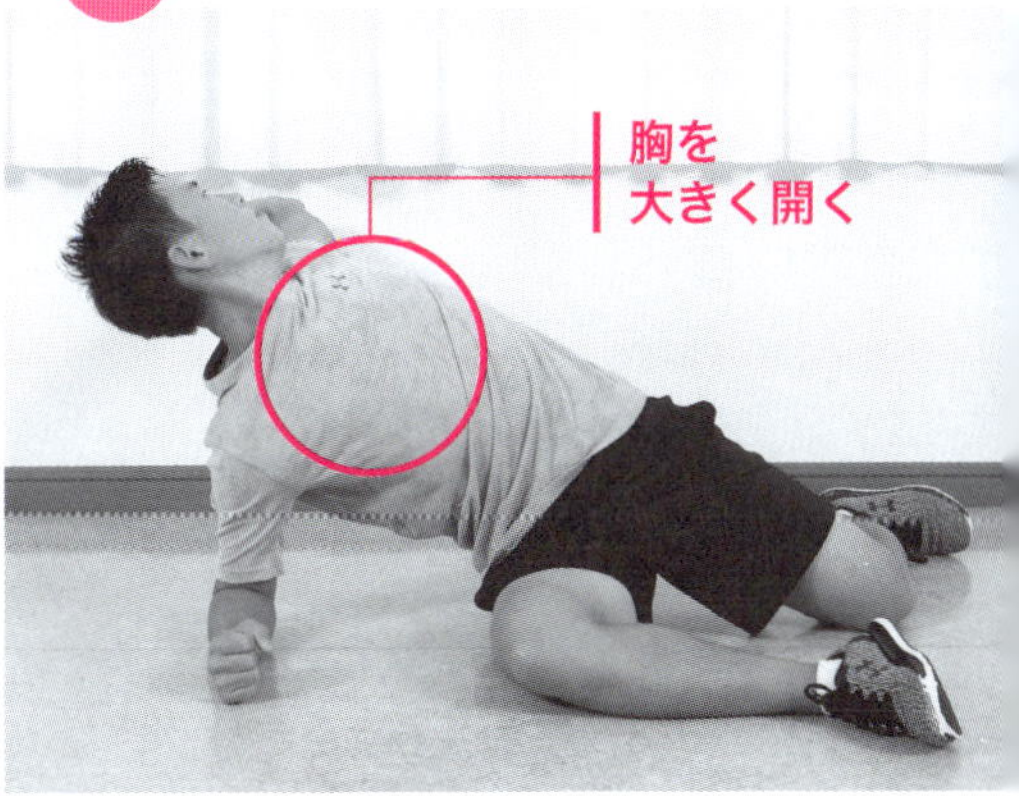


**5** そこからふたたび左腕を上げ、今度は大きく反対側に反らします。身体を支えているヒジが動かないように注意します。

FOR STROKE

壁を調整する

# サイドプランクローテーション

テニスのストロークでは、上体が開きすぎてしまうと、強いボールを打つことはできません。バックハンドは、肩で動きが止まりますが、フォアハンドでは腕が遊んで、上体の開きが早くなりがちです。それを防ぐために、上体の過度な開きを抑え、ボールにパワーを伝えるトレーニングを行ないます。

## 鍛える部位

腹斜筋、大胸筋

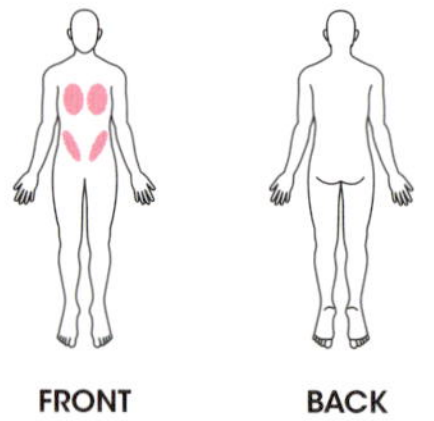


**1** 腕立て伏せのポジションをとります。手は肩の真下、両足はやや開いて構えます。

**2** **1**の状態から、片手で身体を支え、もう一方の手を横に広げます。

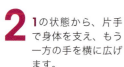

**3** 広げた手を、身体をねじるようにして身体の下へ通します。支える手、体幹にかなり負荷がかかりますが、しっかりと姿勢をキープすることが大切です。

**4** そこからふたたび胸を開くようにして手を大きく振り上げます。このとき、腰が一緒に回ってしまわないように注意します。

**Point!**

### 体幹を意識

身体を支える腕にも負荷がかかりますが、ポイントは体幹を意識して、姿勢をキープすることです。体幹がしっかりしていれば、ぐらつくこともありません。

×

### 骨盤も回ってしまう

腕を開いたとき、骨盤も同じように動いてしまうと、上体と下肢のひねりが感じられなくなるので注意が必要です。

## MORE EASY

### ヒザをついたまま

腕立て伏せの姿勢をキープすることが難しい場合は、両ヒザをついて行なっても構いません。一つひとつの動きの意味を考えながらトライします。

**1** ヒザをついた状態で構えます。両手と両足は肩幅に開いておきます。

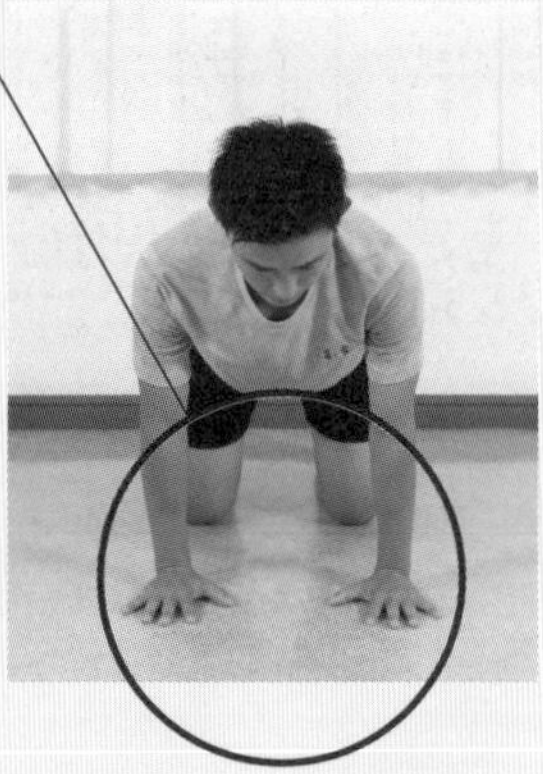

**2** 片方の手を横に広げます。

## 3

上げた手を身体に巻き込むように身体の下へ通します。このとき、腰が一緒に動いてしまわないように、しっかり固定します。

## 4

身体に巻き込んだ手をほどくように、胸を開いて上に上げます。ここでも、腰の動きに注意が必要です。

腰が回らないように

**ヒジが曲がる** ×

ヒジが曲がると正しい姿勢がキープできず、やはり上体と下肢のひねりが感じられなくなるので注意が必要です。

**FOR STROKE**

自然なテイクバックのために

# ハーフニーリングツイスト

フォアハンドストロークのテイクバックで大切なのは、腕ではなく、肩甲骨の動きです。腕を動かすのではなく、肩甲骨がうしろに引かれることで、腕も自然に下がるのです。ここで紹介するのは、肩甲骨を使ったダイナミックなスウィングを身につけるためのトレーニングです。

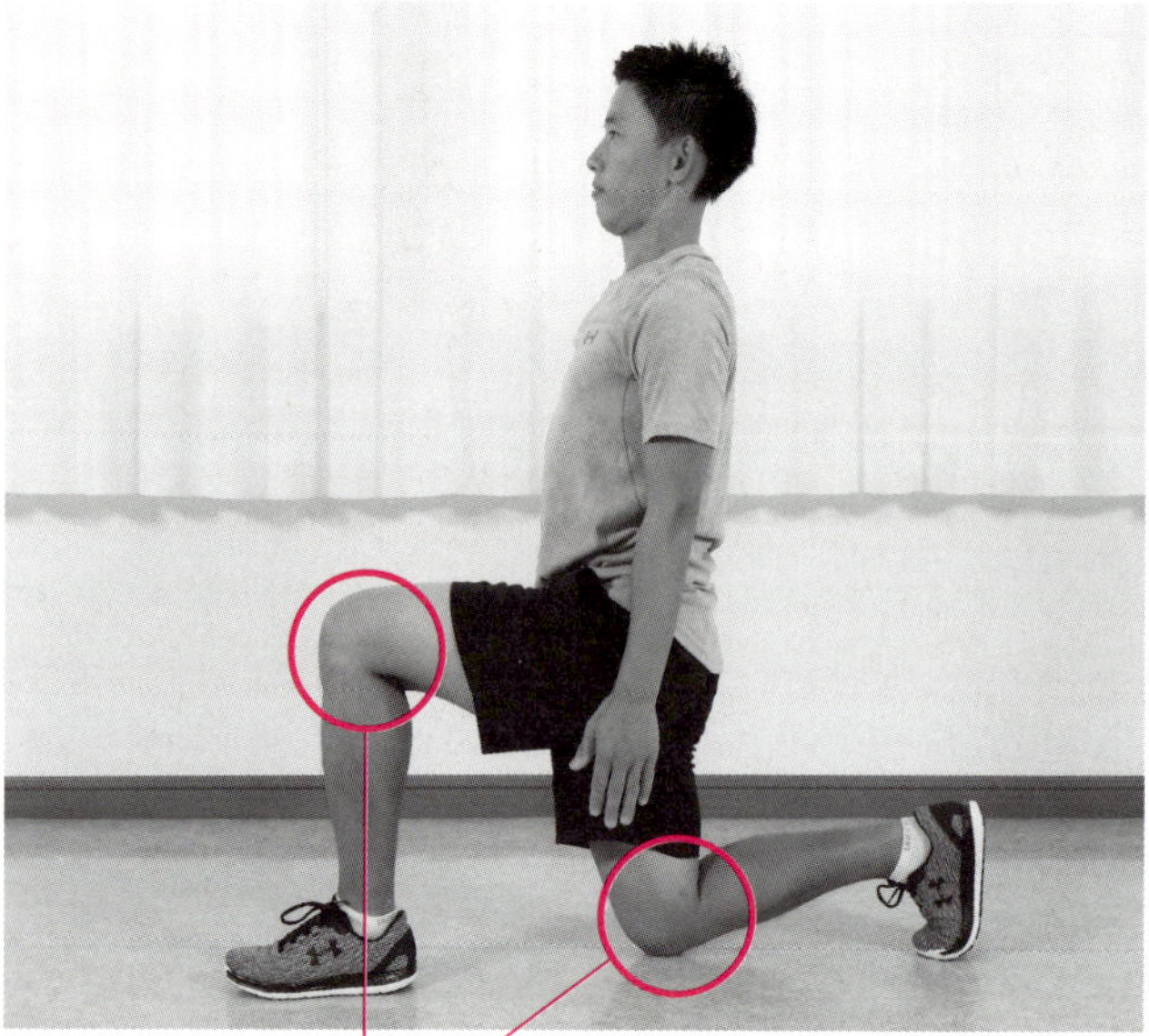

両ヒザは90度

**1** 片方の足を前に出し、両ヒザを90度にキープします。

**2** 1の状態から両腕をまっすぐ前に出します。このとき、上体が前後左右に動かないように注意します。

## 鍛える部位

腹斜筋、広背筋

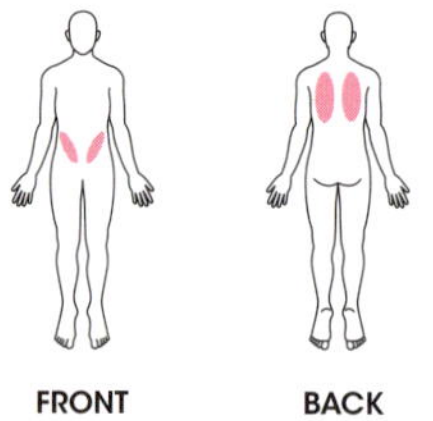

**3** 片方の腕を大きく開きます。首、目線も腕の動きに合わせて動かします。腕は水平に、上体はまっすぐキープします。

**4** 腕を前に戻したら、今度は反対側に開きます。これを繰り返し行ないます。

## Point!

### 肩甲骨で動きをリード

腕の動きをリードするのは、肩甲骨であることを忘れないようにしてください。腕を広げたときは、肩甲骨の面がしっかり見えるように意識します。

### 上体が傾く

このように上体が傾いてしまうと、肩甲骨の動きを十分に引き出すことができません。上体はまっすぐに、バランスをキープすることが大切です。

## MORE HARD

ヒザの位置を一直線上にセットすることでバランスが難しくなります。ヒザが痛い場合は、クッションなどを敷いて行なうようにします。

FOR STROKE

ひねり操作を身につける

# バランスボールヒップリフト&ソラシックローテーション

ストロークのときの上体と下肢のひねり操作を、アンバランスな状態でコントロールするトレーニングです。難易度も高く、体幹を鍛えることにもつながります。無理な体勢にならないよう、バランスに注意して行なってください。

## 1

肩甲骨でバランスボールに寄りかかり、スタートポジションをとります。このとき、腰は浮いている状態です。

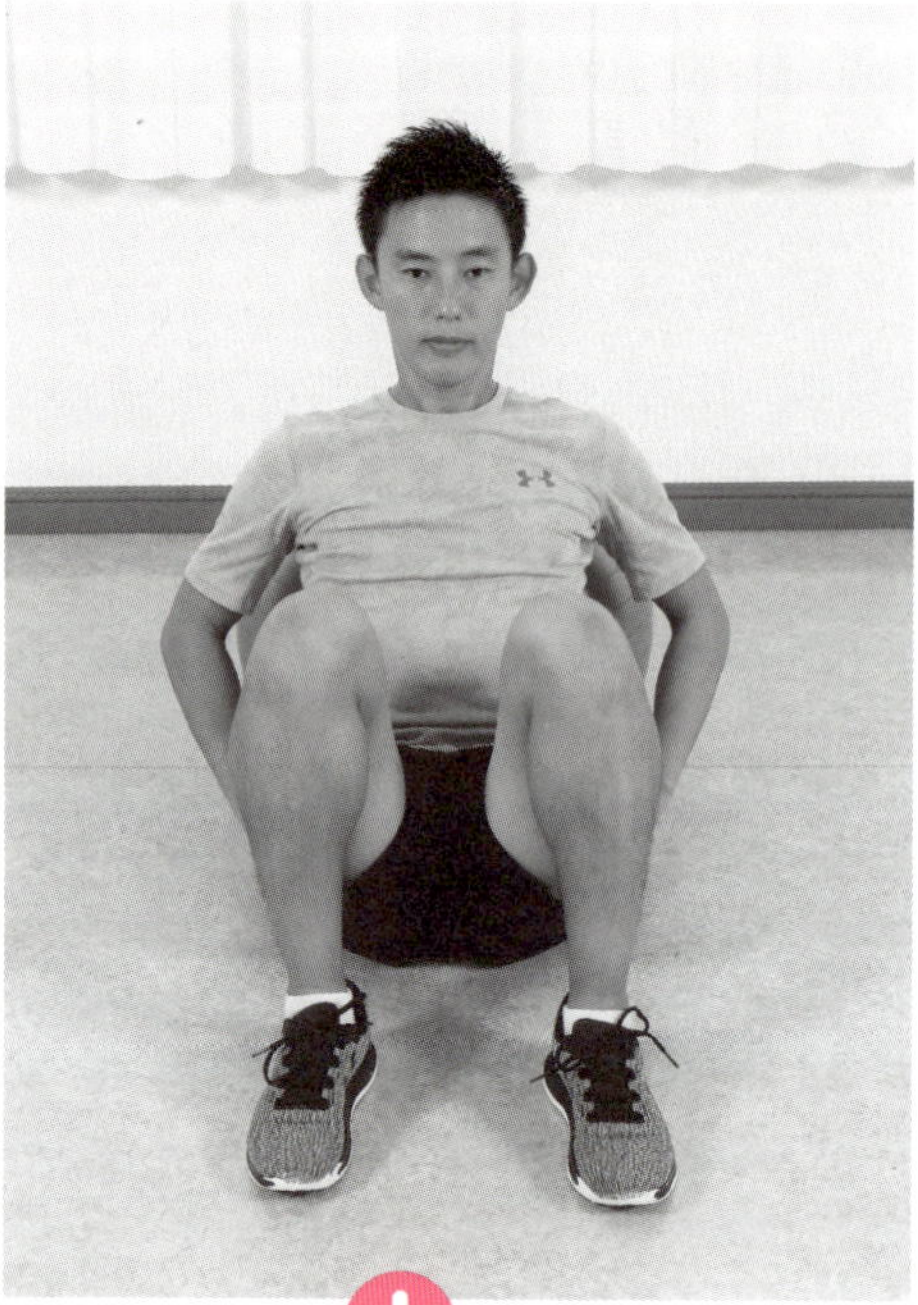

## 2

おしりを上げて、両腕はまっすぐ上に伸ばします。このとき、おしりに力が入っていることを意識します。

### 鍛える部位

腹斜筋、大臀筋

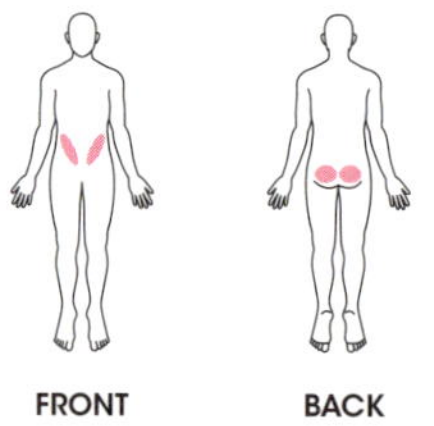

**3** 2の状態から、両腕を平行に保ったまま上体をひねります。骨盤はできるだけ上を向いた状態をキープします。脇腹のローテーションを感じられればOKです。

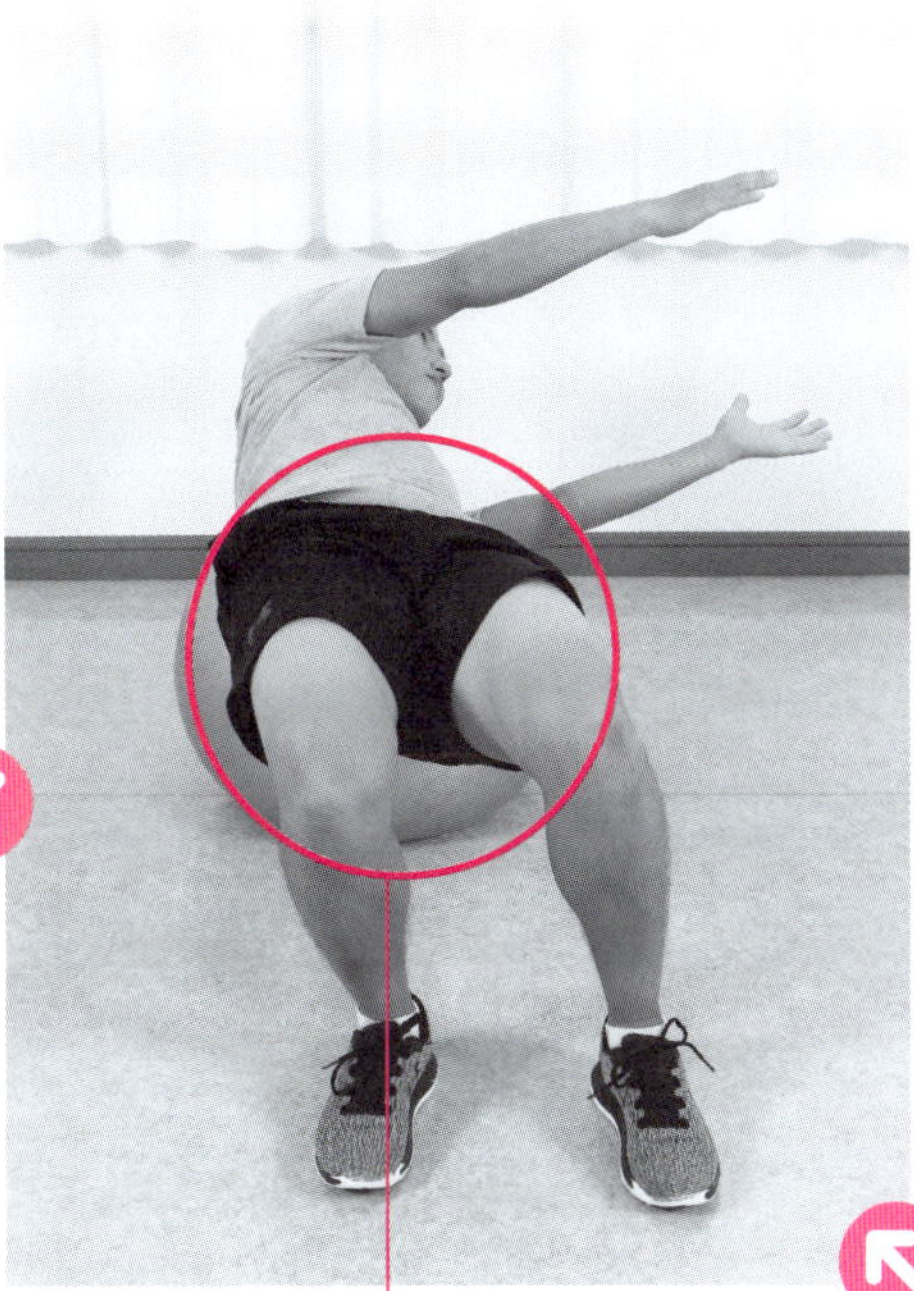

骨盤は
上を向けて

**4** バランスに注意しながら腕を元に戻し、今度は逆にひねります。

## Point!

### 実際のストロークをイメージ

慣れてきたら、実際のストロークをイメージして動いてみます。テイクバックからフォロースルーまで、ゆっくりと再現してみましょう。

FOR STROKE

スウィングの安定感を引き出す

# ランジスクワット

レディポジションから大きく踏み込んで、スウィングし終わった状態をイメージしたトレーニングです。片足を踏み込み、バランスをキープすることで、スウィングの安定感を引き出すことができます。上体の傾きに注意して行ないます。

## 鍛える部位

腹斜筋、大臀筋、ハムストリングス

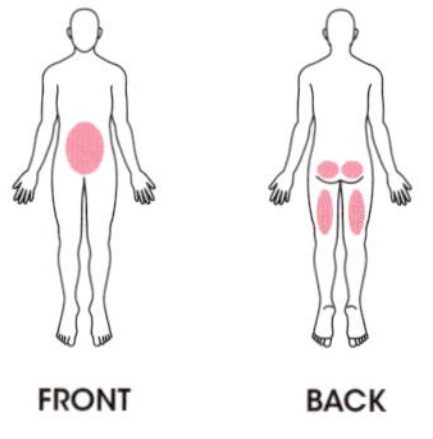


## 1

頭のうしろに手を当てて、足を腰幅に開いた直立の姿勢からスタート。

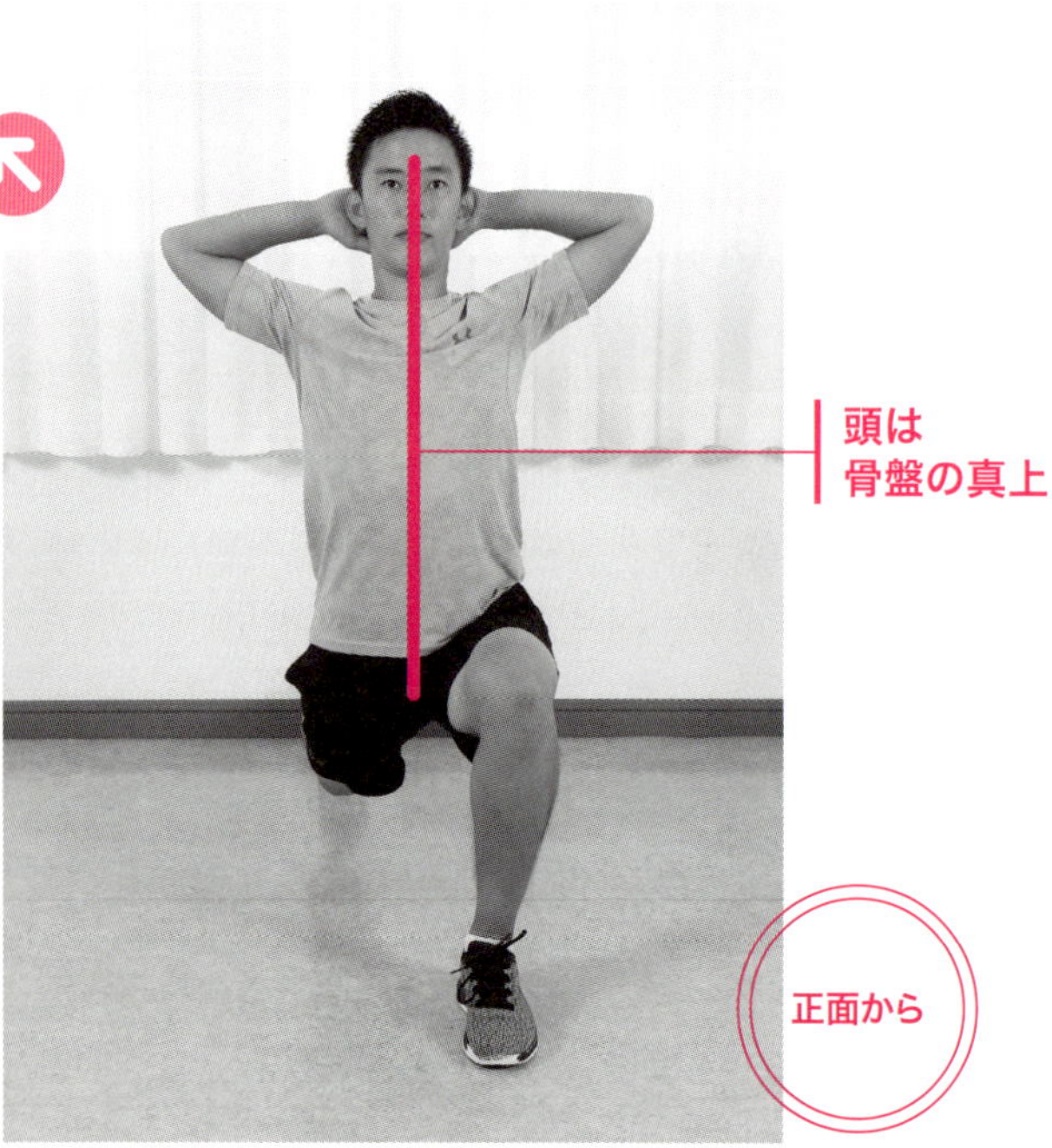

## 2

上体をまっすぐに起こしたまま、大きく前に踏み出します。上体が前に倒れてしまわないように、頭は骨盤の真上にキープします。

### Point!

**ストレッチをしっかりと**

ダイナミックな動きですので、股関節やヒザを痛めないように、トレーニングの前にはストレッチを入念に行なっておきましょう。

**上体が前に倒れる**

上体が前に倒れてしまうと、うまくバランスをキープすることができません。目線をまっすぐ前に向け、上体を起こすことがポイントです。

**踏み込んだ足が内側に入る**

前に踏みこんだ足が内側に入ってしまうと、ヒザの関節にストレスがかかり怪我のリスクも高くなります。つま先とヒザはまっすぐ前に向けておくことが大切です。

FOR STROKE

大切なヒジを鍛える

# ヒジの関節のトレーニング

テニスのプレーでは、どんな場合でも腕がまっすぐの状態で動き続けるということはありません。サーブでも、ストロークでも、かならずローテーションの動きがでてきます。このローテーションをよりスムーズなものにして、関節の痛みを未然に防ぐために、ヒジを鍛えておくことが重要です。

## 鍛える部位

前腕部

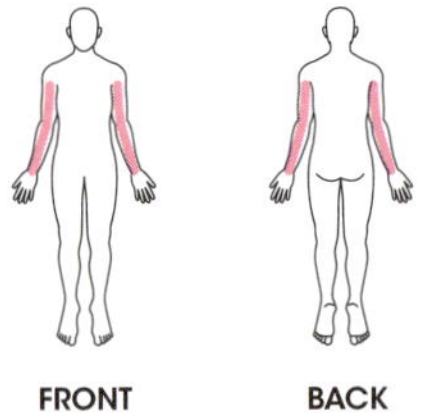


**1**

てのひらを前に向けたところからスタートします。

**1**

ヒジを曲げて、手の甲を前に向けたところからスタート。

## 4

**3**の状態から、ヒジを曲げててのひらを前に向けます。細かな筋肉の緊張を感じながら行ないます。腕全体が回ってしまうと、筋肉に刺激がいきません。二の腕は動かさずに、てのひらだけが回旋するように動かします。

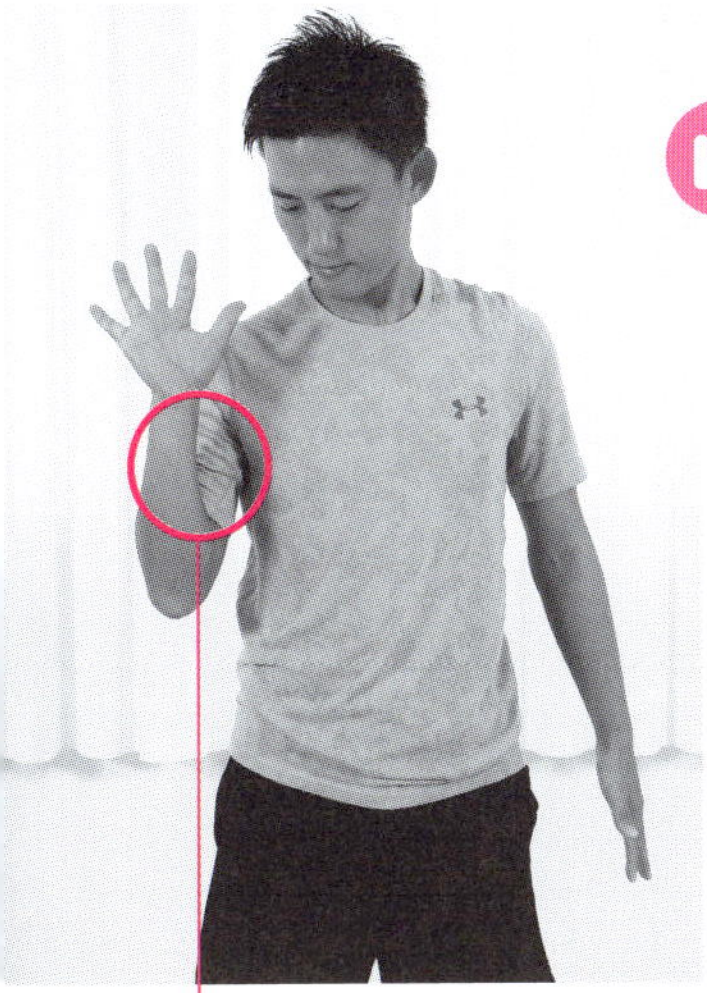

**二の腕は固定して**

**2** ゆっくりと親指側を回旋させていきます。

**3** この動きで使うのは、橈骨側の筋肉です。ヒジから先を使って何度か繰り返し行ないます。ヒジの周りが少し張ってきたらOKです。

**2** ゆっくりと小指側を軸に、親指を内側に回旋させながらヒジを伸ばしていきます。

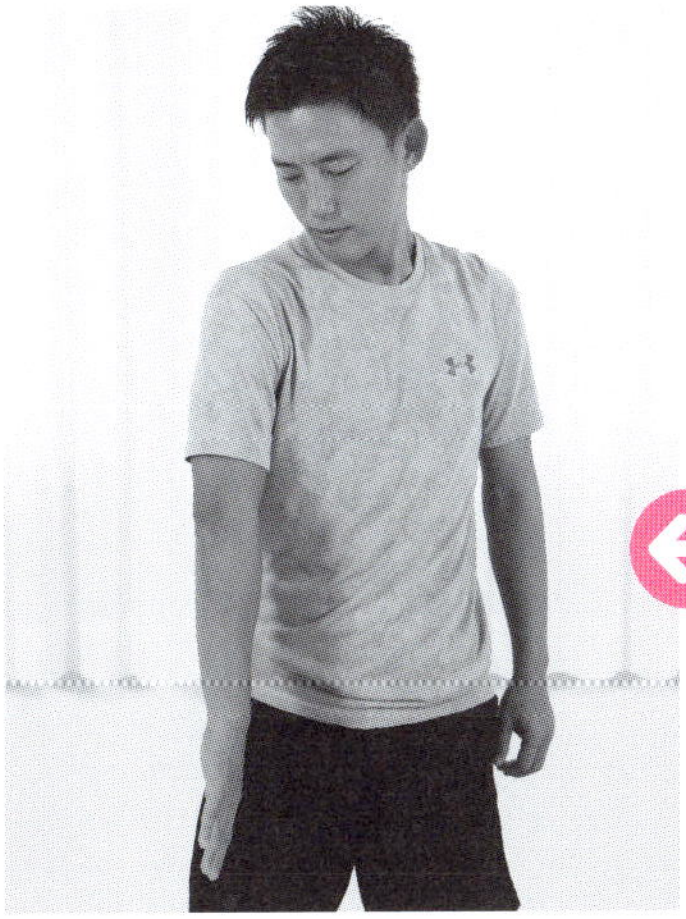

**3** てのひらが外側を向き、筋肉に刺激が入ります。あまり無理をしないように、ヒジの動き、筋肉の刺激を感じながら行ないます。

### Point!

**テニスエルボーにも効く**

ヒジ関節の柔軟性を高めることで、ストローク時の、関節への負担を減らすことができます。テニスエルボーにも効果が期待できるトレーニングです。

COLUMN 2

# 水分補給の大切さ

「のどが渇いた」と思う前から、水分補給をしなさいというのは、スポーツの現場に限らずよく聞く話です。こうした例をあげるまでもなく、身体の水分バランスを保ち、体調を維持するために水分補給は欠かせません。さらに運動時は、運動前に汗で失われる水分をあらかじめ補給し、運動中はもちろん運動後も、意識的かつ積極的にこまめに水分を摂ることがとても重要です。

私たちの身体は、暑くなると皮膚の血管を拡げて血流量を増やし、汗をかくことで体温を調節しています。しかし、あまりたくさん汗をかくと、その分の体液を失なって体温が上昇し、クルマでいう「オーバーヒート」の状態になってしまいます。ちなみに、体内の水分が2%失われるとのどの渇きを感じ、運動能力が低下しはじめます。3%失われると、強いのどの渇きを覚えたり、ぼんやりしたり、食欲不振などの症状がおこります。さらに4～5%になると、疲労感や頭痛、めまいなどの脱水症状があらわれ、10%以上になると、死にいたることもあるといわれています。

## 日常生活で失われる水分

ではこの水分、日常生活でどれくらい失われているかご存知ですか？水分でイメージしやすいものといえば、トイレです。健康上の問題がない人であれば、1日あたり1,300㎖程度の水分が排出されているそうです。じつは、体内から放出される水分は他にもあります。皆さんが無意識に行なっている呼吸でも、水分は失われます。トイレほどではありませんが、1日あたり400㎖程度です。

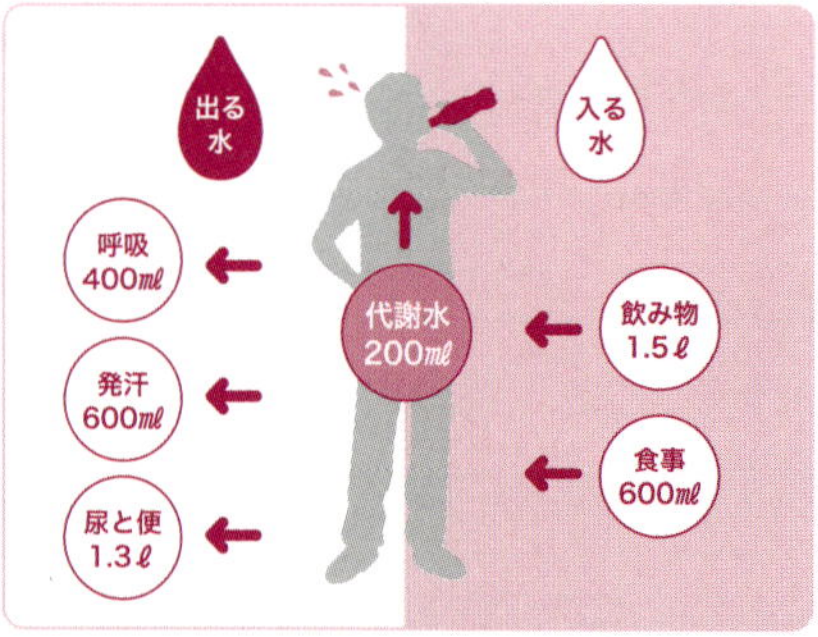


そしてさらに、不感蒸発といい、皮膚からも水分は逃げていきます。これはとくに汗をかいたと感じていないときにも行なわれていて、その量は1日あたり600㎖程度だそうです。

これらを合計すると、私たちは約2.3ℓもの水を毎日体外に排出していることになります。

人間は、たとえ食べものがなくても水と睡眠さえしっかりとっていれば、2～3週間は生きていられるといわれます。でも、水を一滴も取らなければ、わずか4～5日で命を落としてしまうのです。

テニスなどのスポーツをしなくても、1日2ℓ以上の水分が失われているわけですから、体内の水分量を保つためにも、水分摂取はとても重要だといえます。

## これくらい飲んでおけば大丈夫

水分摂取はジュースやコーヒーではなく、水を中心として行なうのが理想的です。こういうと、「水はそんなにたくさん飲めないよ」という方がいますが、安心してください。水分は食事からも補うことができるのです。みそ汁やスープといった汁物に限らず、ほとんどの食事には水分が含まれていますから、1日3食として、600㎖程度の水分を摂取することができます。

また、人間の身体の中では、1日約200㎖の水分が作られています。これと食事を合わせて800㎖。残りは1,500㎖です。

体内の水分量を考えれば、やはりこれくらいの水分は毎日摂取したいところです。

しかし、この本を手に取っている皆さんは、テニスをしています。という事は、「日常生活で必要な1,5ℓ」に加え、スポーツ時に減る分を補わなければなりません。

どのくらい補給するかは難しいところですが、私の知っているある選手は、1日で4.5ℓもの水分を補給しているそうです。もちろん同じテニス選手でも個人差があるので、それ以上の人もいればそれ以下の選手もいるでしょう。

ただ、確実にいえることは、1,5ℓ以下しか補給していない選手は、自分の身体機能をきちんと使えない状態で練習や試合を重ねているということです。

CHAPTER

# 3

# ネットプレーで使う筋肉を鍛える

バッククロスランジ

シングルレッグデッドリフト

スケータージャンプ

# FORE VOLLEY

## フォアボレー

腕をリラックスさせて、ボールに向けてラケットをセットします。このとき、ラケットを握り込まないように注意します。左足の踏み込みに合わせて股関節、重心を前に移動させ、インパクトを迎えます。頭や目線が動くとラケットの軌道が安定しないので、注意が必要です。

## Point!

ポイントは、インパクトの瞬間まで、しっかりと右側の骨盤に乗っているということです。インパクトの直後までその状態をキープし、ボールが前に弾かれると同時に前に移動するイメージです。上体が前に被らないように注意しましょう。

# BACK VOLLEY

## バックボレー

やや遠いボールに対するバックボレーです。骨盤のローテーションで上体と下肢のひねりを引き出し、テイクバック。顔と目線はボールを捉えたまま、右足を踏み込んでインパクトを迎えます。フォロースルーでは、左手をテイクバックの位置の残しておくことで、バランスをキープしています。

**Point!**

背骨をまっすぐにキープすることで、安定感のあるボレーが可能になります。上体が前に被ったり、後ろに反ったりしてはいけません。フォロースルーに向け、肩甲骨を寄せる意識をもつと上体を安定させることができます。

# SMASH

## スマッシュ

スウィングの軌道や動き自体はサーブと同じです。大切なのは、ボールに合わせて適切なポジションに移動するということです。位置が決まったら右足にしっかりと体重を乗せ、骨盤の切り返しを利用してインパクトを迎えます。右の臀部を意識することで力強いスウィングが可能になります。

## Point!

サーブでは、よりスピードとパワーを求めて骨盤がやや前に移動しながらインパクトを迎えますが、スマッシュではその場で骨盤の切り返しが行なわれます。不安定な状態で、ボールをより正確に捉えるための動きといえます。

**FOR NETPLAY**

ボレーの安定感を高める

# サイドランジスクワット

一度軸足に重心を乗せて、そこから前に踏み込むのがボレーの基本です。後方の足に荷重しないで直接踏み込むと、身体が前に倒れてしまい、不安定なショットにつながりかねません。そこでここでは、確実な重心の移動を身につけるトレーニングにトライしていきます。

**1** 足を骨盤の幅に広げ、まっすぐに立ちます。

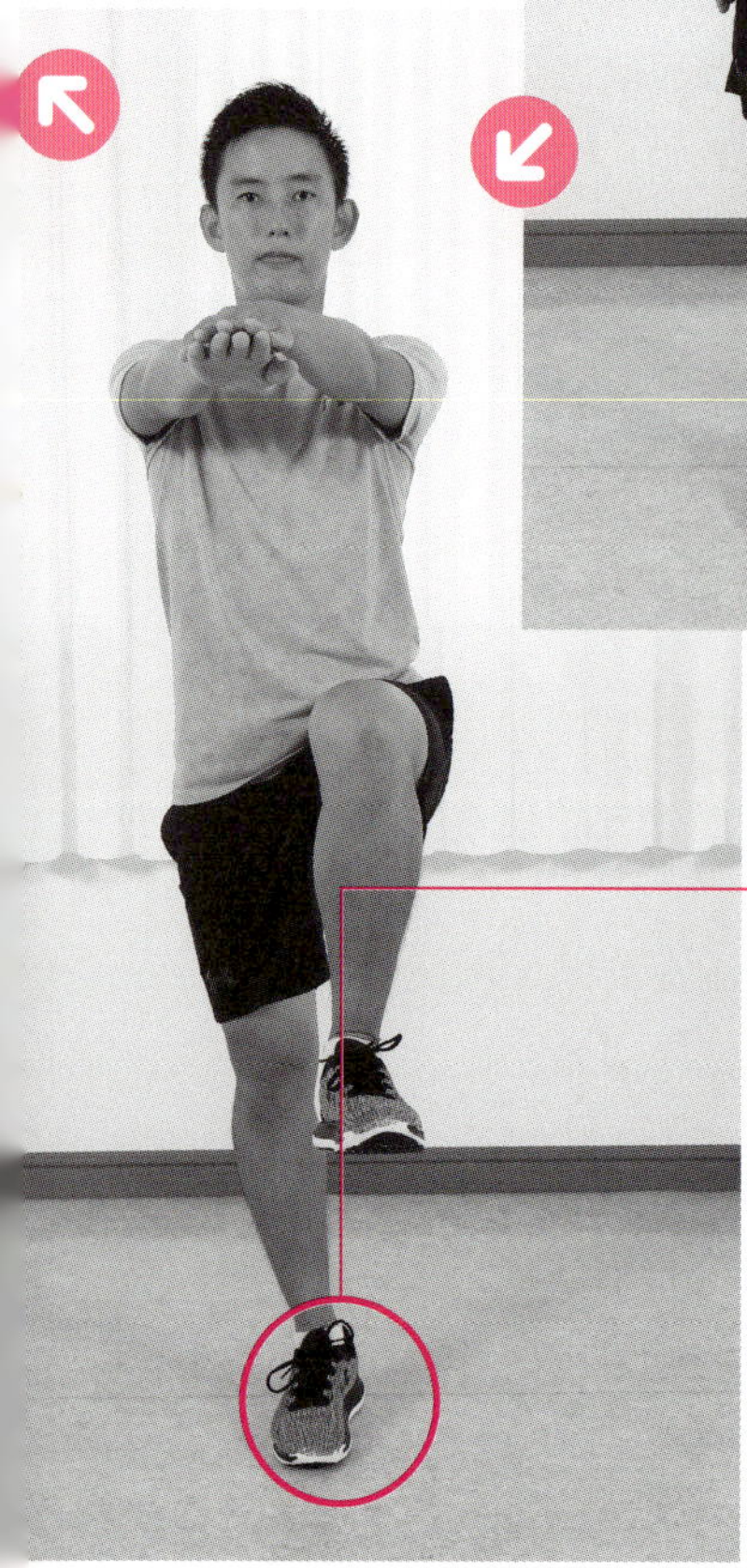

片足一本で
バランスキープ

**2** 両腕を前に伸ばして左足をあげ、右足に体重をしっかり乗せます。このとき、身体がぐらつかないように、しっかりバランスをとることが大切です。

**鍛える部位**

内転筋群、ハムストリングス

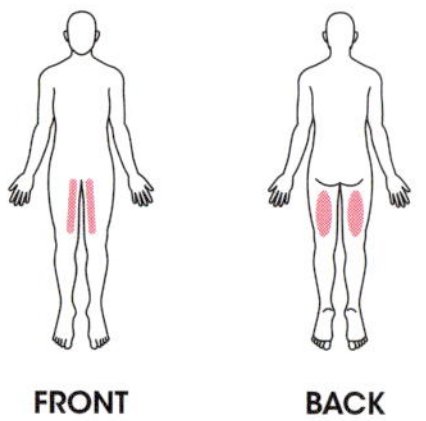

**4** しっかりと体重が乗ったら、ふたたび片足立ちの状態に戻り、ステップインを繰り返します。

**3** **2**の状態から左足で大きく横にステップを踏み、体重を乗せていきます。

**しっかりと重心を移動**

## Point!

### 確実な重心移動

片足立ちから大きく踏み込むとき、重心をしっかりと移動させることがポイントです。ぐらつかないようにバランスをキープして、ボレーをイメージしながら踏み込んでみましょう。

### 頭が前に倒れてしまう ×

踏み込みのときに頭が前に倒れてしまうと、元のポジションに戻れなくなってしまいます。上体は骨盤の真上にキープしておくことが大切です。

FOR NETPLAY

ボレーの対応幅を広げる

# バッククロスランジ

遠いボールにボレーで対応しようとすると、ステップインの幅も大きくなり、踏み込んだ足だけに体重がかかる状態になります。こうした体勢になっても、しっかりバランスをキープできるように、踏み込んだ足を鍛えるトレーニングにトライしましょう。

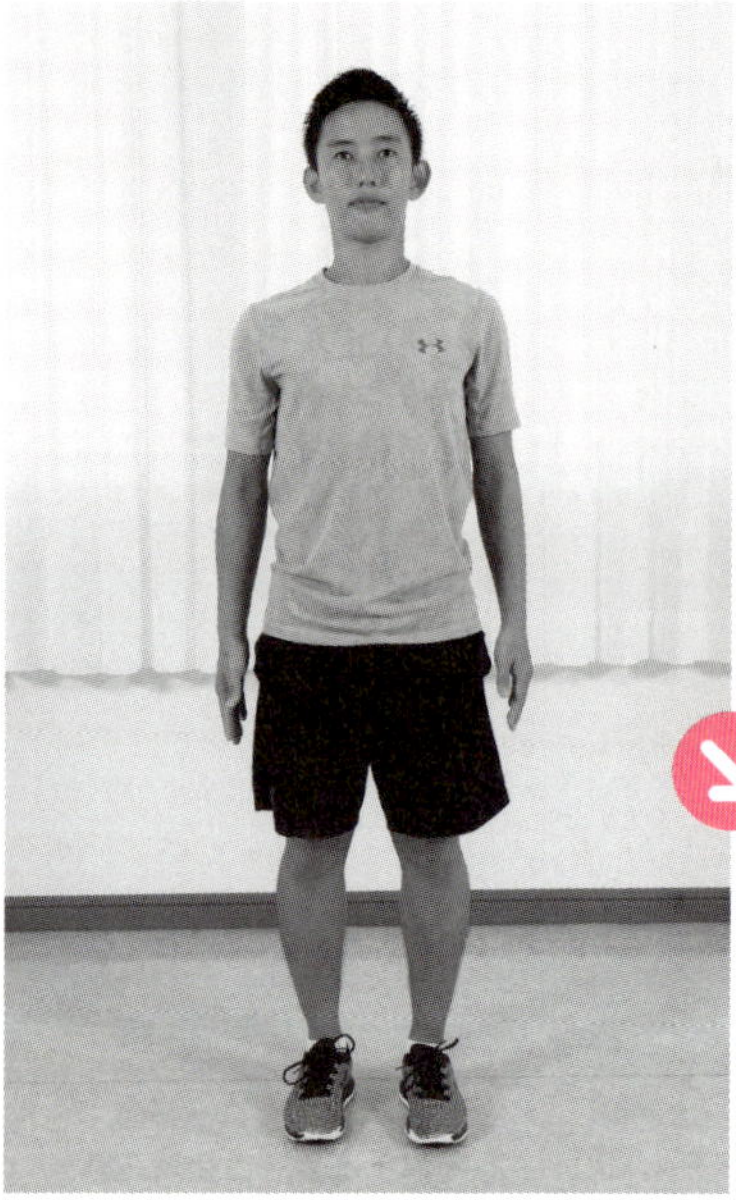

**1** 足を骨盤の幅に広げ、まっすぐに立ちます。

**2** 右足をヒザが90度になるまで持ち上げます。

つま先とヒザは
まっすぐ
前に向ける

**3** 体重の乗った左足を曲げながら腰を落とし、左足を身体のうしろにクロスさせます。バランスをとりながらその状態をキープしましょう。

## 鍛える部位

大腿四頭筋、大臀筋

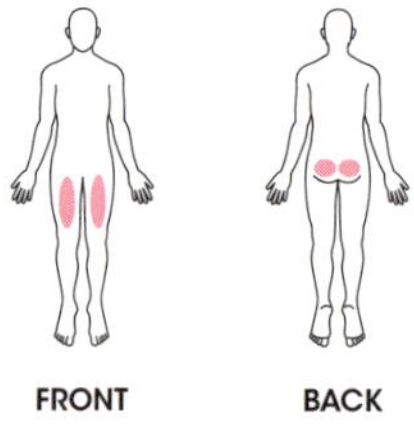

## 4

ゆっくりとクロスした足を戻し、片足立ちの姿勢に戻ります。

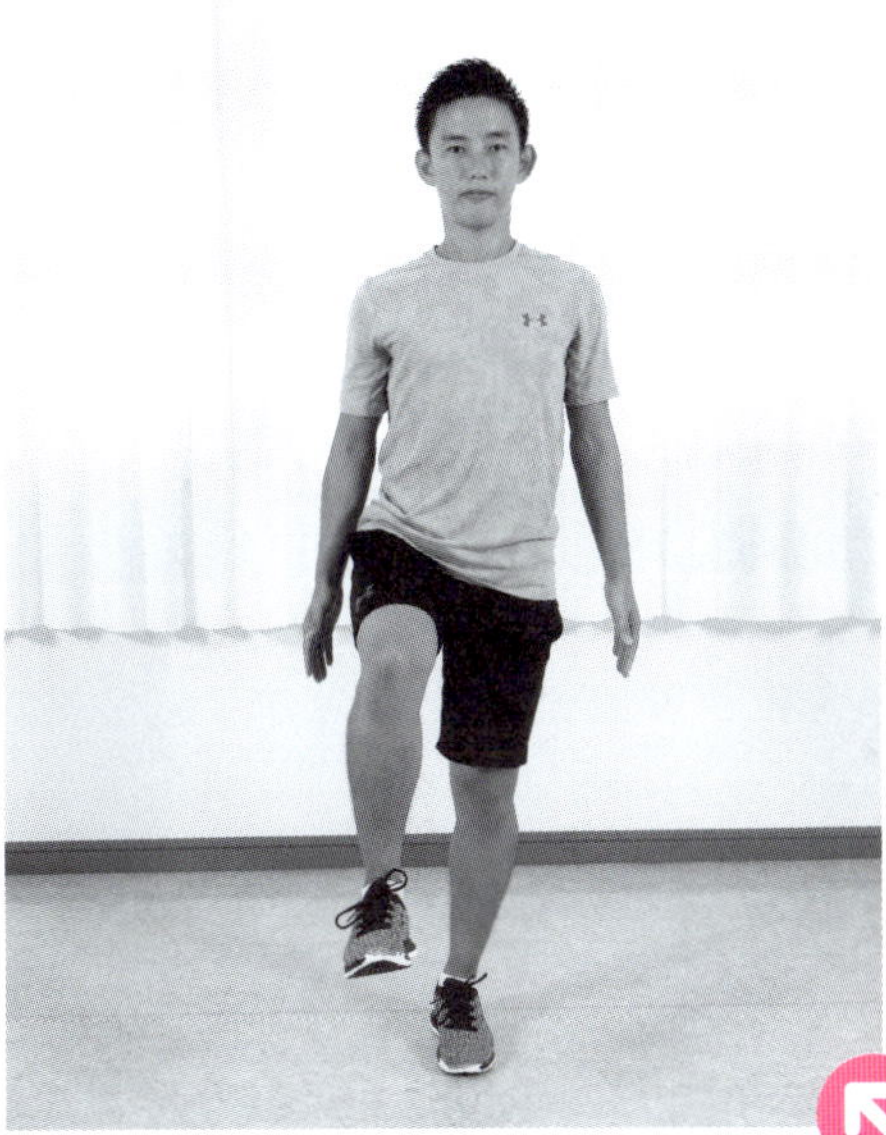

### Point!

**あまり無理をしない**

バランスの難しいトレーニングなので、足はあまり深く曲げなくても大丈夫です。片足立ちしている方のおしりに、体重が乗っているのが感じられればOKです。

## MORE HARD

### ラケットをイメージして腕を伸ばす

慣れてきたらラケットを意識して、前方に腕を伸ばしてみましょう。さらに足に負荷がかかり、バランスのキープも難しくなります。

1

2

**FOR NETPLAY**

ボレーにパワーを与える

# ワールドグレイテストストレッチ

ボレーは、股関節にぐっと体重を乗せる動きの強いショットです。安定感の高いボレーのためには、体幹部の強化が欠かせません。そこでここでは、身体全体を使った、体幹部の強化と、柔軟性を引き出すトレーニングを行なってみます。

**1** 正しい直立の姿勢からスタート。

**2**

左足を大きく前に踏み出し、ヒザを曲げて構えます。このとき、踏み込んだ側の足にしっかり体重が乗るように意識します。

**3** 左のおしりにストレッチを感じるまで腰を落とし、床に手をつきます。

## 4

**3**の状態から胸を開くようにして、左腕を大きく上に広げます。このとき、顔も広げた手を見るようにします。

## 5

広げた手を元に戻し、**2**の状態に戻ります。

## 6

最後はうしろ側の足のカカトを床につけ、踏み込んだ足のつま先を上げてモモ裏をストレッチします。

### Point!

**股関節の柔軟性を意識**

足を大きく前に踏み込む動きの中で、股関節の柔軟性を常に意識しておきましょう。このトレーニングに入る前に、股関節のストレッチを行なっておくことも大切です。

×

**足が浮く**

写真のように、床につけた足が浮いてしまうと、十分な効果が得られません。

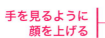

# MORE EASY

## ヒザを床につけて行なう

トレーニングの負荷がきついと感じたときは、うしろ側の足のヒザを床につけて行なってみましょう。負荷が少なくなった分、腕を広げて上体を左右にねじるパターンも加えてみます。

**1** 四つん這いの状態からスタート。

**2** 左足を前に踏み出し、両手を床につけます。このとき、股関節にストレッチを感じることが大切です。

**3** **2**の状態から胸を開くようにして、左腕を大きく上に広げます。このとき、顔も広げた手を見るようにします。

**4** 腕を元に戻し、バランスを崩さないように左足を前に踏み出した状態に戻ります。

**5**

その状態から大きく腕を広げ、左右にスウィングします。

**6** 首、目線もしっかり動かして、上体と下肢のひねりを感じながら行なってみましょう。

**Point!**

### 上体をまっすぐにキープする

身体全体を使ったトレーニングの中で、もっとも大切なのは上体を常にまっすぐにキープしておくということです。背中が丸まったり、左右に傾いたりすると、十分なトレーニングの効果が得られないので、注意が必要です。

FOR NETPLAY

ボレーの操作性を高める

# シングルレッグデッドリフトアームリーチ

バッククロスランジ同様、遠いボールにボレーで対応したいときのための効果的なトレーニングです。片足立ちのバランス能力と、踏み込む側の足を鍛えていきます。

## 鍛える部位

ハムストリングス、脊柱起立筋群、腹筋群

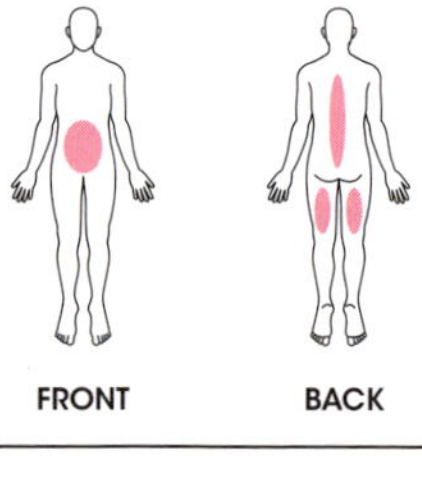


**1** 両足を腰幅に開いて立ち、両手は腰に当てます。

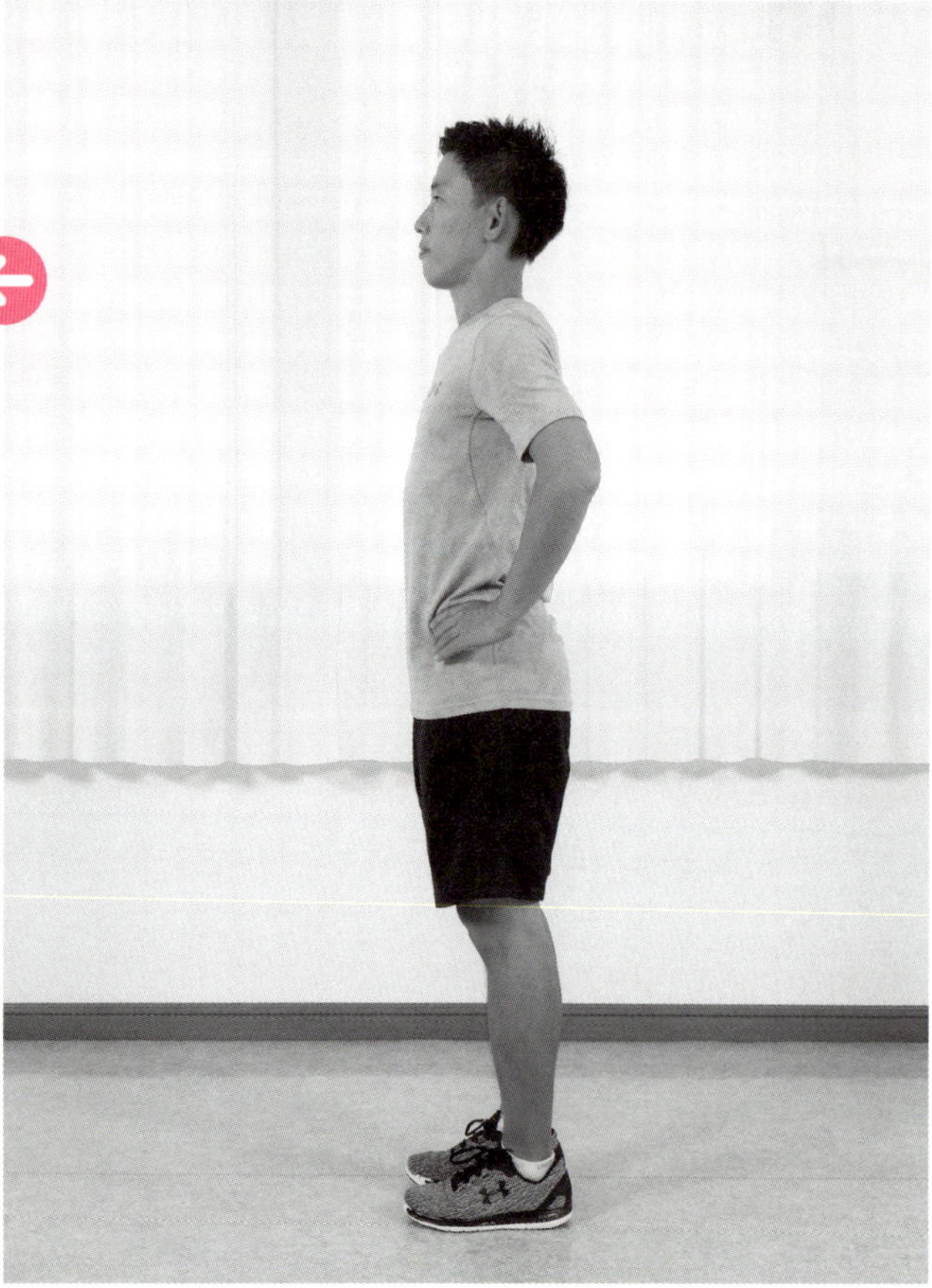

×

### 背中が丸まる

背中が丸まってしまうと、各部にかかる負荷が極端に少なくなってしまいます。十分な効果を引き出すためにも、身体はしっかり伸ばしておきましょう。

**2** 上体を前に倒し、右足を伸ばしたまま上げて、身体を水平に保ちます。頭からつま先まで、一直線になるように意識しましょう。

**3** **2**の状態から、さらに両手を前に伸ばします。骨盤は常に真下に向けておきます。バランスをとりながら、この姿勢をキープします。ヒザは少し曲がっていてもOKです。

## Point!

### 強度は調整しながら行なう

かなり難しいトレーニングですので、足の上げ具合、ヒザの曲がりなど、自分の能力に合わせて調整しながら行なってみてください。楽にできるようであれば、ヒザを伸ばすことでモモ裏のストレッチにもつながります。

**FOR NETPLAY**

ボレーの反応を強化する

# スケータージャンプ

あと一歩でボールに届くというとき、一瞬の瞬発力がものをいいます。スケータージャンプは、その瞬発力とジャンプ力、着地したときの確実なボディコントロールを実現してくれるトレーニングです。

## 1

骨盤よりもやや広めのスタンスで立ちます。

しっかり
バランスをキープ

## 2

片足に体重を乗せ、少しおしりを出すようにスケーティングの姿勢をとります。左右の腕も前後に構え、次のジャンプに備えます。

### 鍛える部位

中臀筋、内転筋群

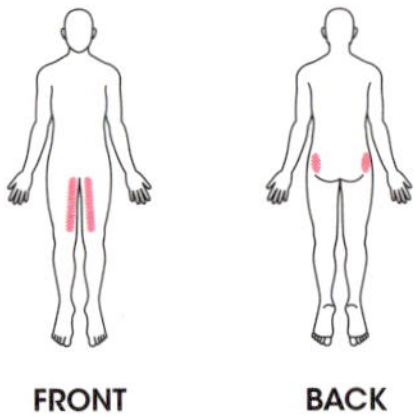

4

5

**3** **2**の状態から、スケートをするように左右にジャンプして、反対側の足で身体を支えます。左右繰り返し、腕を左右に振りながらジャンプを連続させます。

慣れてきたら、ジャンプの幅を少しずつ大きくしてみましょう。

**Point!**

**次のジャンプの準備が大切**

着地では、骨盤の真上に頭がくるようにバランスをキープします。こうすることで、素早く次のジャンプに移行することができるのです。

**頭が振られてしまう**

ジャンプするとき、頭が左右に振られてしまうと、頭の重さでバランスを崩してしまうので注意が必要です。

FOR NETPLAY

ボレーの瞬発力を高める

# アジリティーステップ

その場で小刻みに足を動かすアジリティーステップは、テニスのプレーの基本ともいえる動作です。レディポジションから、素早く次の動作に移るための動きで、これを強化することはプレーレベルのアップに直結します。

**1** 小刻みに足を動かし、交互にステップを踏みます。ボレーなどでは、両足同時にステップを踏む場合もあります。間違えてはいけないのは、ジャンプしているわけではないということです。つま先は、ほとんど床から離しません。

**2** 感覚としては、アキレス腱の弾力で弾んでいるイメージです。この小刻みな動きは、骨盤を振動させる動きからきています。身体全体をリラックスさせて、ぶるぶると震わせる感じで動いてみましょう。

## 鍛える部位

全身の筋肉

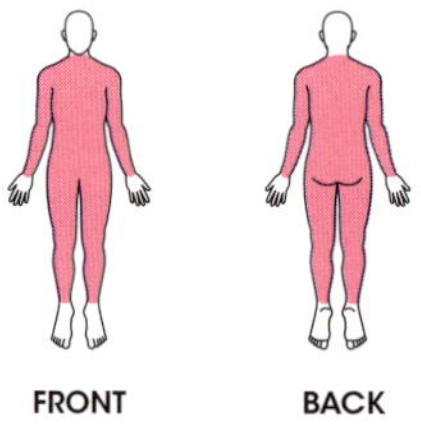

**3** トレーニングのパートナーから指令をもらい、サイドに身体を入れ替えてみます。

**Point!**

**足を動かそうとすると動きが止まる**

ポイントは、骨盤を柔らかく使う意識です。足を動かそうとするとスネなどの筋肉が張って、動けなくなってしまいます。身体全体をリラックスさせて、3分くらい続けられるようにトライしてください。

**4**

**5**

動きに変化をつけるために、プッシュアップのポジションをとったり、レディポジションからさまざまな動きへと移行してみましょう。

FOR NETPLAY

スマッシュの素早い構えに効く

# 股関節ローテーション

スマッシュを打とうとするとき、両手を万歳してしまう人をよく見かけます。これでは、確実にスマッシュを決めることはできません。強烈なスマッシュを相手コートに打ち込むためには、素早く肩を引いて半身になり、スウィングに備えることが大切です。

## 1

両足を腰幅に開き、まっすぐ立った状態からスタート。

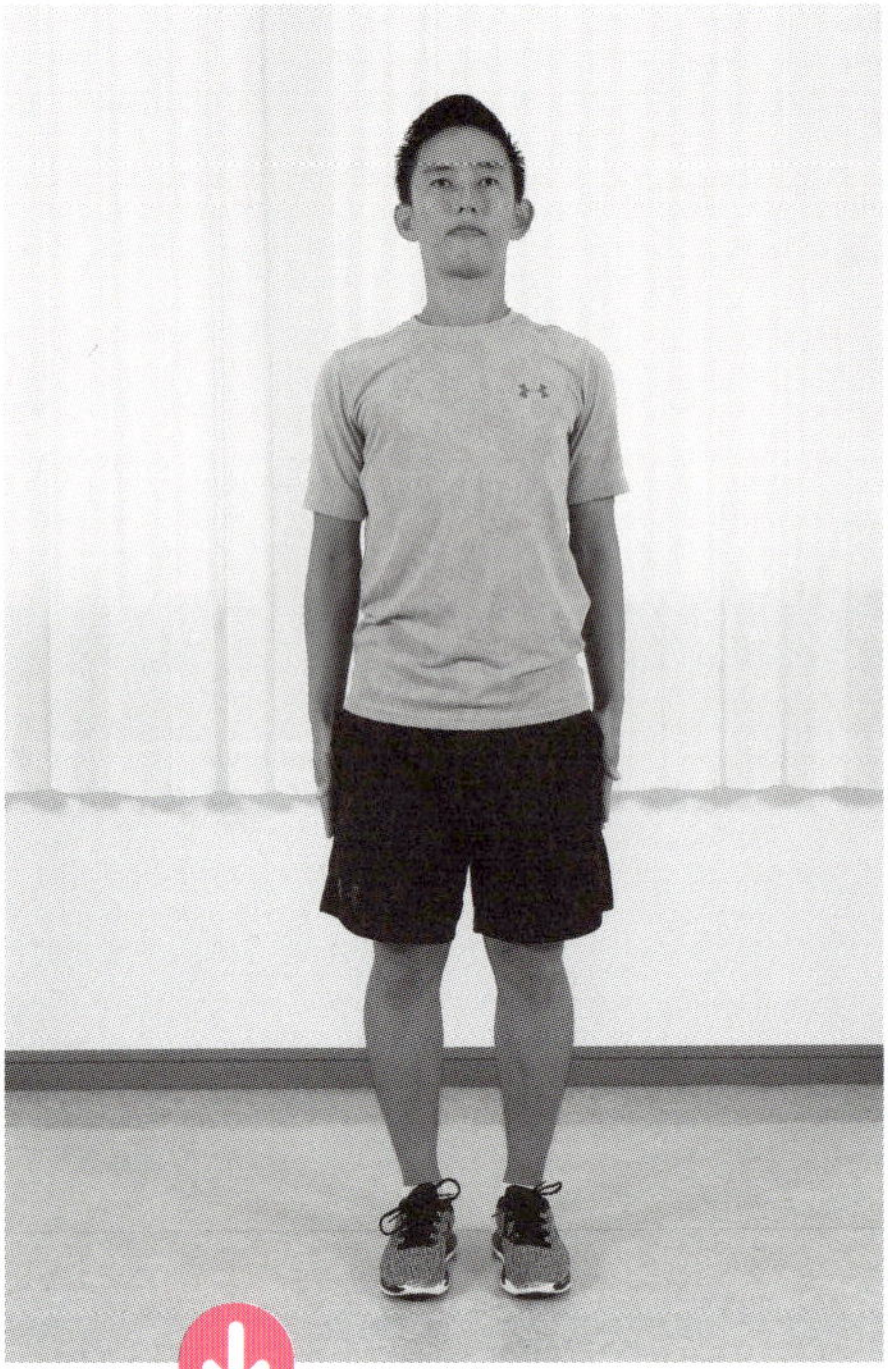

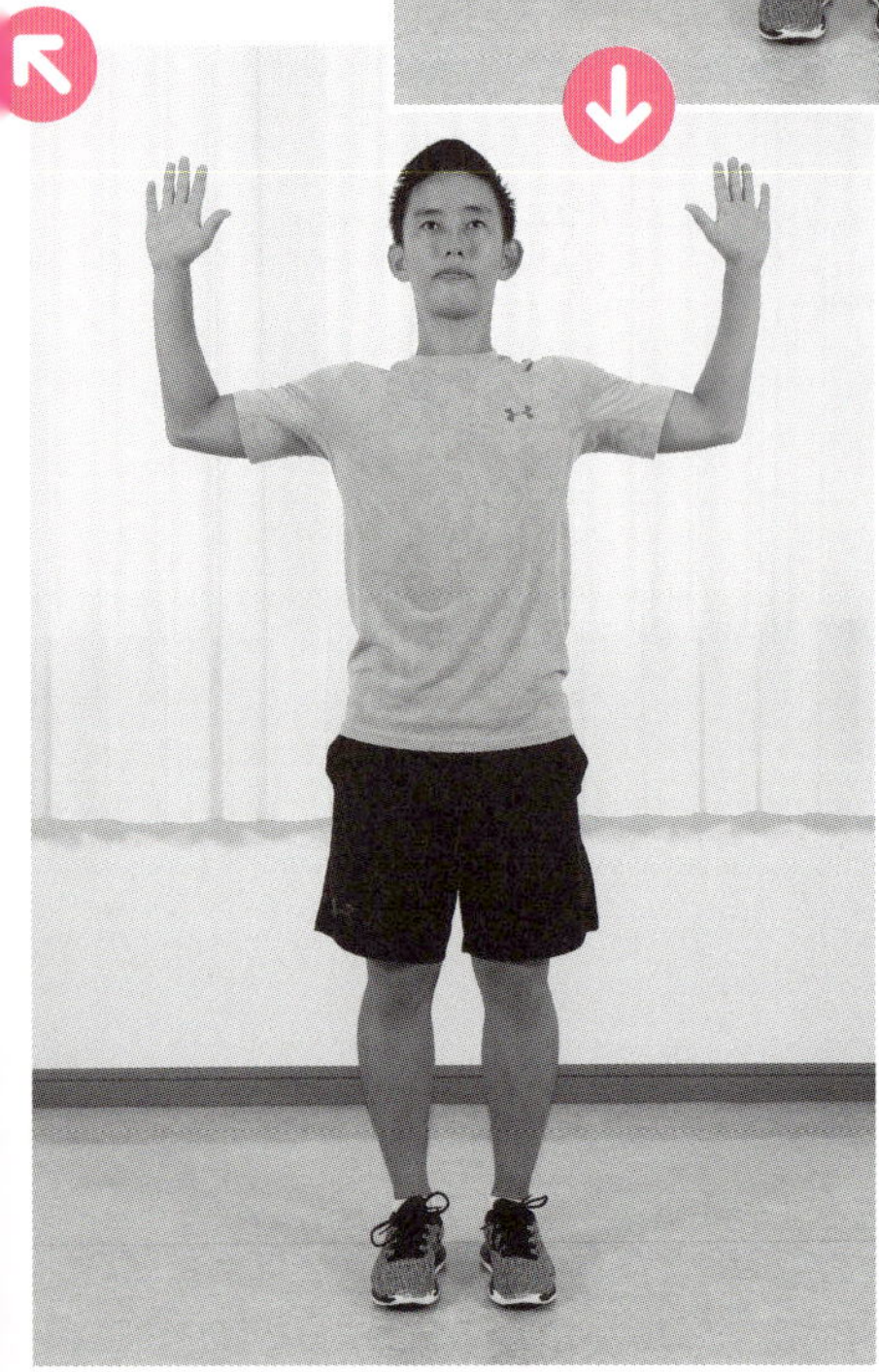

## 2

ヒジを90度に曲げて両手を上げます。このとき、身体が前後に傾かないように注意します。

### 鍛える部位

梨状筋、内転筋群

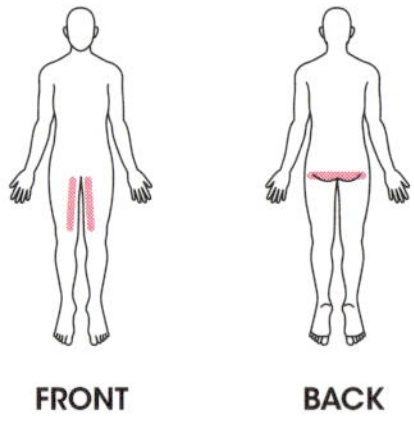

**3** 左足を軸にして、骨盤を開くようにして右足をうしろに引きます。右足のつま先もうしろに向けると、おしりの部分にストレッチを感じることができます。

**4** 元の状態に戻ります。

## Point!

### 骨盤を開く意識

スマッシュの構えに入るとき、足だけをうしろに引いて、半身の状態に慣れない人が多いようです。素早く半身に構えるためには、骨盤を開く意識を持つことがポイントです。

**5** 今度は前に踏み出して骨盤を閉じます。踏み出した足のつま先は目線と同じ方向に向けるようにします。軸足を変えて、何度か繰り返し行なってみましょう。

COLUMN ❸

# 緊張する場面でも“自分”を見失わないために

皆さんは、試合の前日すごく緊張したり、試合であがってしまい、自分のプレーができなくなった経験はありませんか。自分の身体が思うようにならない歯がゆい状況ですが、そのとき、身体はどんな反応を示しているのでしょうか。もっとも大きく変化しているのは呼吸です。緊張したり、あがってしまうと、呼吸は浅くなるのです。

呼吸が浅くなると筋肉が酸素不足になり、身体は本来の能力を発揮することができません。一所懸命トレーニングを重ね、しっかりと身体を鍛えて試合の臨んだのに、呼吸の浅さが原因で力が発揮できないのは、もったいないですよね。私も実際に試合の前日や当日、緊張して呼吸が浅くなり、試合を重ねるごとに息がうまくできなくなる選手を何人も見てきました。

## たった一人で

テニスは試合がスタートすると、基本的にはすべての事柄を選手一人で判断しなければいけません。例外を除き、コートの外からコーチが指示を出すことは禁じられているのです。大坂なおみ選手との対決が記憶に新しい、2018年のUSオープン決勝では、セリーナ・ウィリアムズ選手がコーチングを受けたとして、ペナルティを科せられています。

刻一刻と変わる試合の状況を分析し、最善のプランを立ててプレーをする。これを選手一人でクリアしていくことにテニスの魅力があると感じていますが、もしも、選手が酸欠で本来の力を発揮できないとしたら、そんなもったいないことはありません。日常生活の中で、呼吸はごく自然に、無意識のうちに行なわれています。この呼吸に原因があるとすれば、どのように対処していけばいいのでしょうか。

ここでは緊張をほぐすための方法として、呼吸法と筋肉の弛緩法の二つを紹介したいと思います。

**漸進的弛緩法**

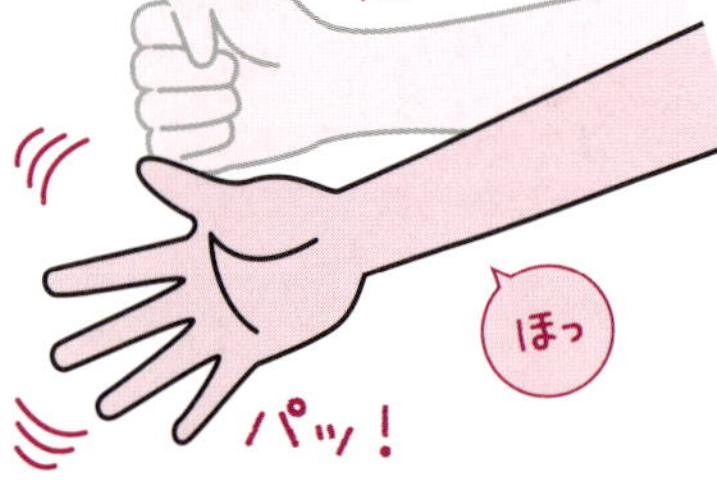


## 1. 呼吸法
### ゆっくりと深呼吸する

とてもベタな方法ですが、深呼吸はかなり効果的です。緊張してくると、どうしても呼吸が浅くなり回数も増えるので、４～５回ほど深呼吸をしましょう。心拍数を落とすイメージで、ゆっくり大きく呼吸してください。深呼吸というとたくさん吸うイメージですが、吸うよりも、ゆっくり深く「吐く」ことが大切です。

## 2. 漸進的弛緩法
### 脳の興奮を低下させ不安を軽減させる

試合前にあがってしまって、いつものパフォーマンスを発揮できなかったという経験をお持ちの方におすすめです。

適度な緊張は、パフォーマンスに良い影響を与えますが、過度な緊張は実力の発揮を妨げてしまうので避けなければいけません。

腕、肩などに５～７秒間ほど力を入れます。握りこぶしにギュッと力を入れたり、肩が耳につくように引き上げたりします。全力で力を入れたときの7～8割で行なうことがポイントです。そのあとストンと力を抜き、肩や腕の筋肉が伸びてブラブラしているのを感じながら10秒ほどリラックスします。

以上のような方法で過度な緊張を回避し、試合で十分な実力を発揮できるよう頑張ってください。

CHAPTER

4

# サーブで使う筋肉を鍛える

キャットアンドドッグ

プランクパイク

アンクルローテーション

# SERVE

## サーブ

足首、膝の柔らかさがないと、トスアップの際のトロフィーポジションはとれません。左手をしっかりと張った状態で上げ、右側の肩甲骨が下がった状態を作ります。このとき、両脇の伸び縮みを意識することが大切です。これを左右入れ替えることで腕を振り出し、インパクトを迎えます。

## Point!

サーブの動きをリードするのは広背筋です。背中を反る、バックエクステンションの状態から、インパクトに向けて腹筋を使って反りを戻していきます。インパクト後に背中をまっすぐに保つことで、次のポジションにスムーズに入っていくことができます。

**FOR SERVE**

肩まわりの柔軟性を引き出す

# 肩甲骨の可動域を広げる

サーブなどで腕を上げるとき、肩甲骨の可動域が狭いとスムーズに上がりません。無理をして上げようとすると、腰を反って痛めてしまうこともあるので注意が必要です。そこでここでは、肩甲骨の可動域を広げるトレーニングにトライします。

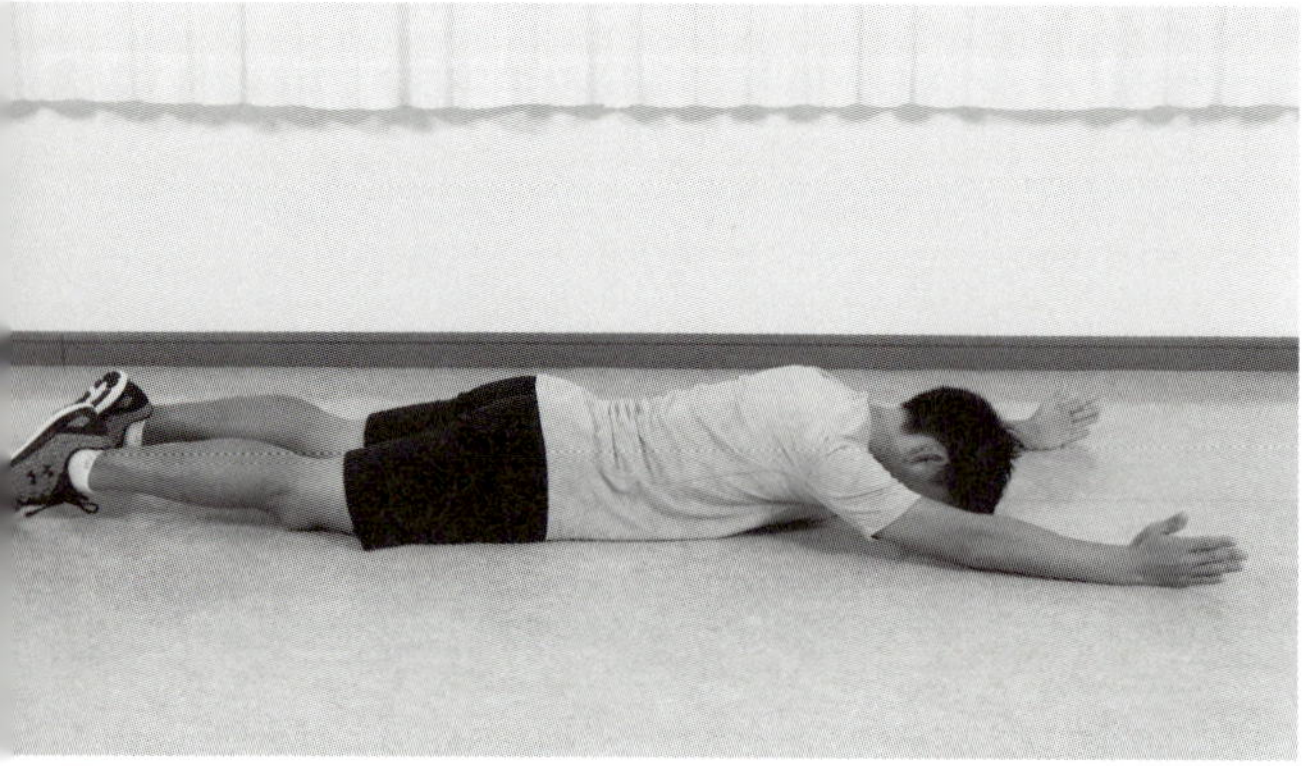

**1** うつぶせの状態から腕を前に伸ばし、てのひらは内側に向けておきます。

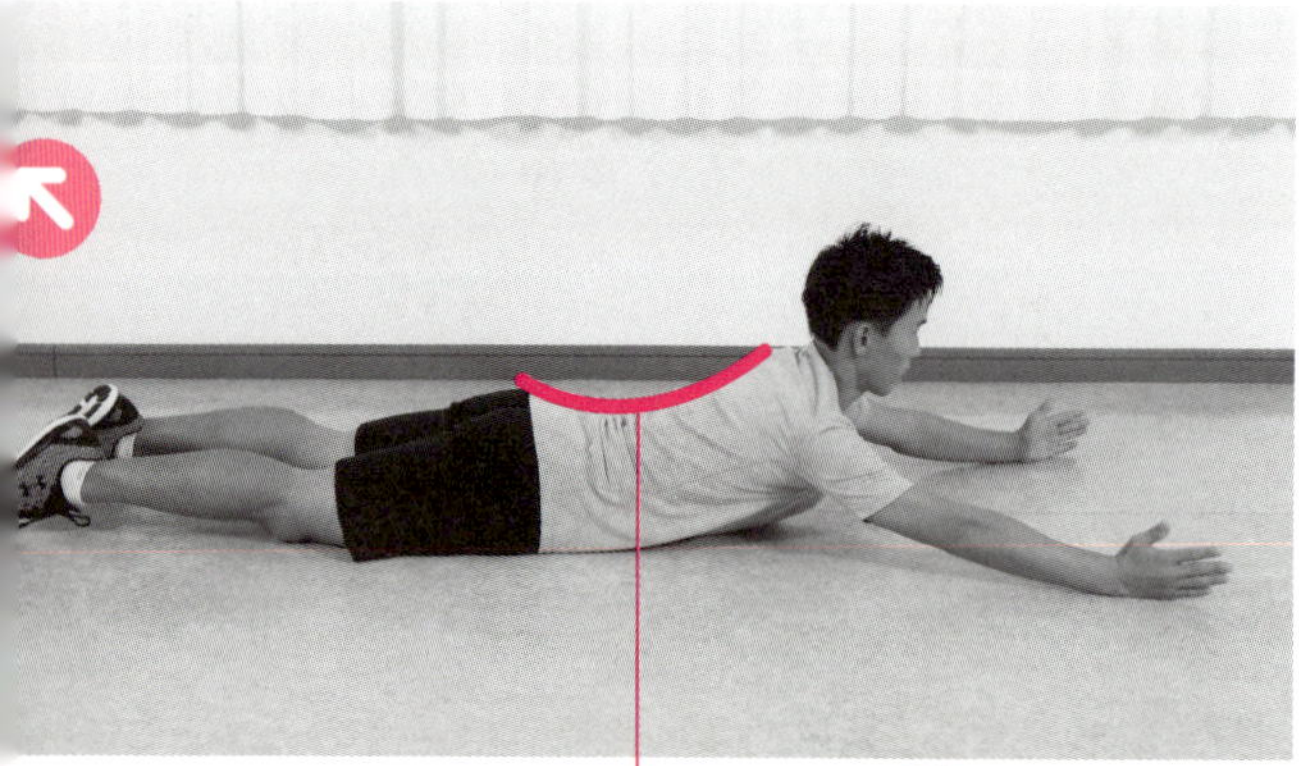


**2** 腕で床を押して上体を少し起こします。このとき頭も上げて、目線を前に向けます。

**Point!**

**背中をしっかりと起こす**

サーブやスマッシュなどで腕を上げるときは、腕から動かすのではなく、まず背中をしっかりと起こして上げることがポイントです。こうすることで、腕はよりスムーズに上がるようになります。

**鍛える部位**

僧帽筋、前鋸筋

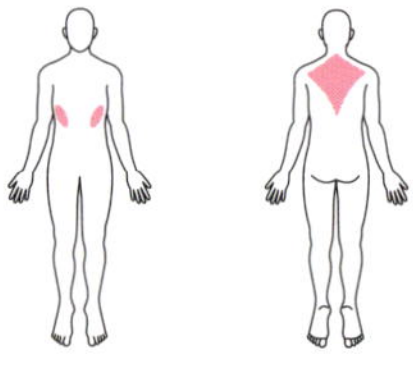

## 3

**2**の状態から、左の腕で床をしっかりと押して、腕を上体の延長線上まで上げます。上げた腕とは反対側の背筋が働いていることを意識しましょう。

上げたほうの腕を見るようにすると、より背筋に刺激が入ります。

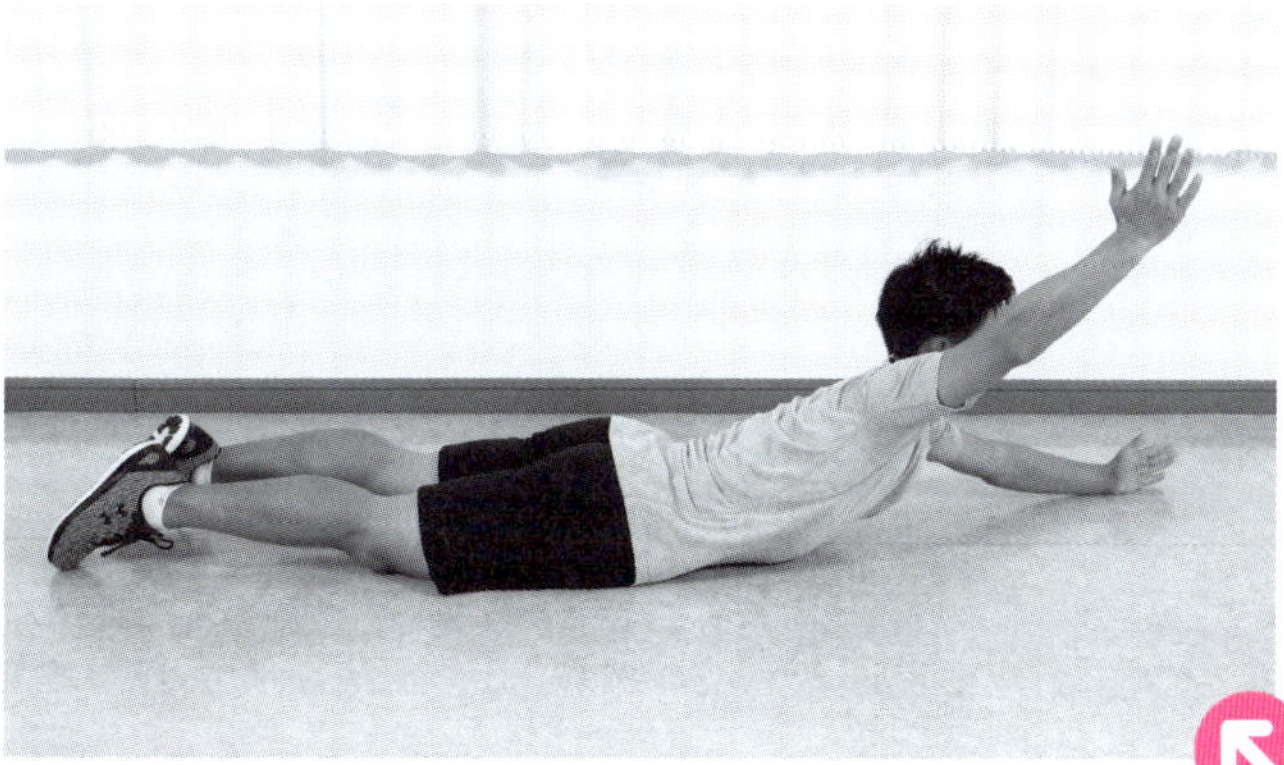

## 4

今度は、反対側の腕を上げてみます。

背筋が
働いているのを
感じる

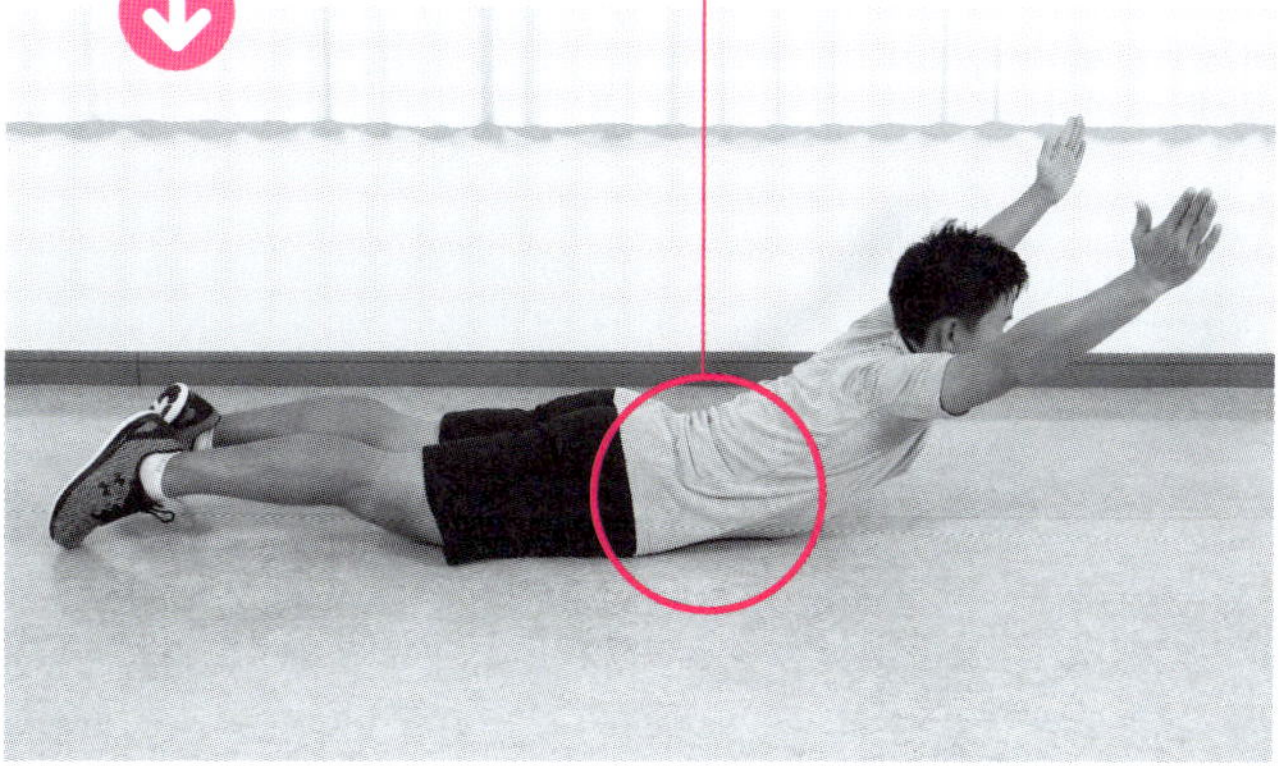

## 5

最後に両腕を上げて、万歳の形をつくります。そのまま10秒キープします。

FOR SERVE

腕のひねりに効く

# 背筋と腕のローテーション

サーブやスマッシュに必要な背筋を鍛えるトレーニングを行なってみましょう。肩甲骨の可動域も広がり、スピンサーブや、スライスサーブなど腕のひねりを使うショットにも効果的です。

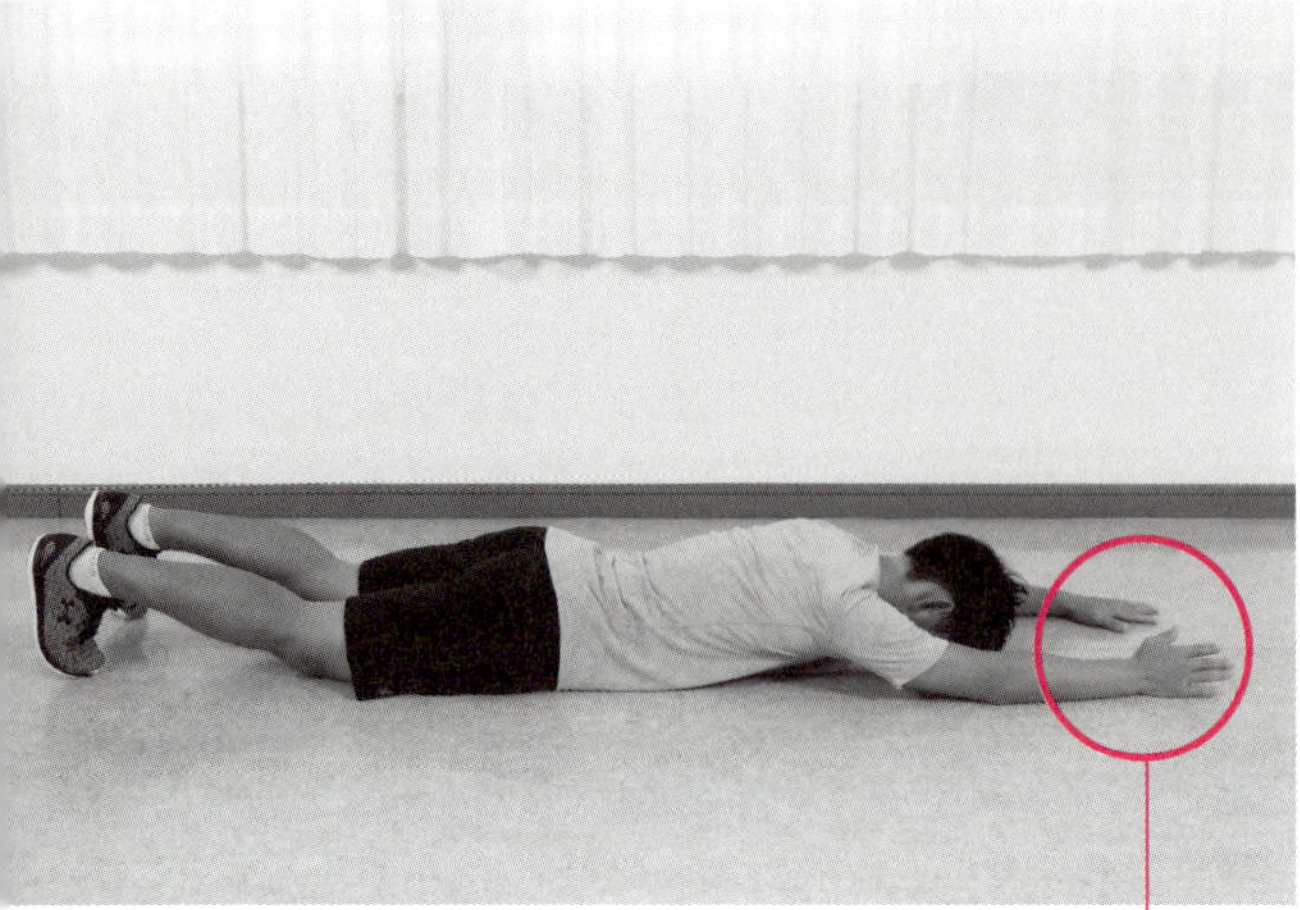

**1** うつぶせの状態から腕を前に伸ばし、足はつま先立ちでスタート。

**てのひらは下向き**

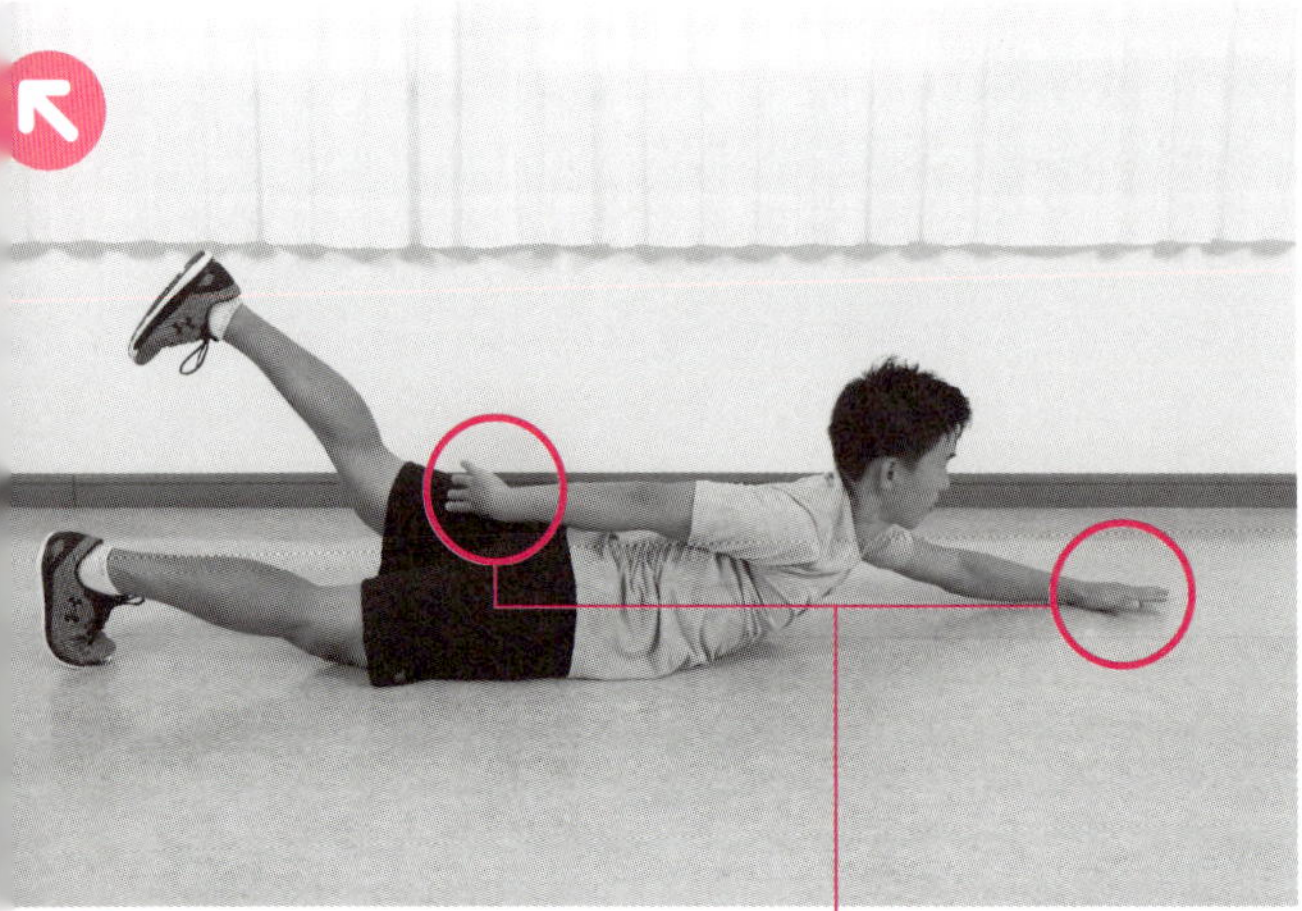

**2** **1**の状態から真横に腕を回し、手首を曲げるようにして背中を触ります。反対側の腕でしっかりと床を押し、同じタイミングで足も持ち上げましょう。このとき頭も上げて、目線は前に向けておきます。

**腕をローテーションさせる**

## 鍛える部位

広背筋、大臀筋

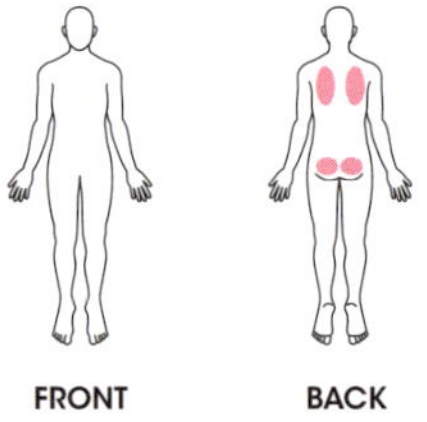

## 3

反対側も同じように行ないます。

## 4

一連の動作を繰り返し行ないます。

## Point!

### 身体の軸をまっすぐにキープ

腕をうしろに回して背中をさわるとき、身体の軸が傾かないように注意します。どちらかに傾いてしまうと、トレーニングの効果が薄れてしまいます。

**FOR SERVE**

胸まわりの柔軟性を高める

# キャットアンドドッグ

胸まわりの筋肉が固まっていると、肩甲骨を動かしながら胸を開き、腕を上げるという一連の動作がスムーズにいきません。そこでここでは、胸の筋肉の柔軟性を引き出すトレーニングを行なってみます。

**1** 四つん這いの状態からスタート。頭からおしりまで、一直線に保ちます。

**2** **1**の状態から背中を丸め、みぞおちの位置をできるだけ高くキープします。このとき頭を下げ、お腹のあたりを見るようにします。

**Point!**

### 骨盤を動かす

背中を丸めたり、反らすときには、骨盤の動きを意識することがポイントです。そうすることで、より胸まわりにストレッチを感じることができます。

**鍛える部位**

腹直筋、脊柱起立筋

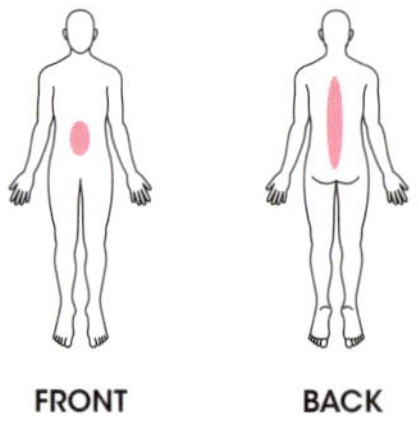

## 3

背中を丸めた状態からゆっくりと元に戻し、今度は背中を反らしていきます。みぞおちの位置が下がり、それに合わせて頭は上がります。この動きを繰り返します。

## CHECK!

### 背中の硬さをチェック

壁から足を30センチくらい離して立ち、おしり、背中、後頭部を壁につけてみましょう。この時点で背中と壁のすき間が大きいほど、背中が硬いといえます。その状態から、前ならえをして、ヒジをできるだけ曲げないよう腕を上げます。背中と壁とのすき間をできるだけなくすようにトライしてみましょう。

FOR SERVE
サーブの構えに効く

# ローオブリークサイドリーチ

サーブでトスを上げているところをイメージしてください。トスを上げた腕の脇が伸びて、反対側は縮んだ状態です。このように、インパクトに向けてパワーがたまっている状態を意識したトレーニングです。

## 鍛える部位

前鋸筋、腹斜筋、腰方形筋

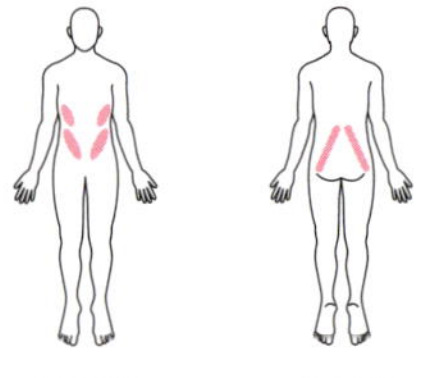


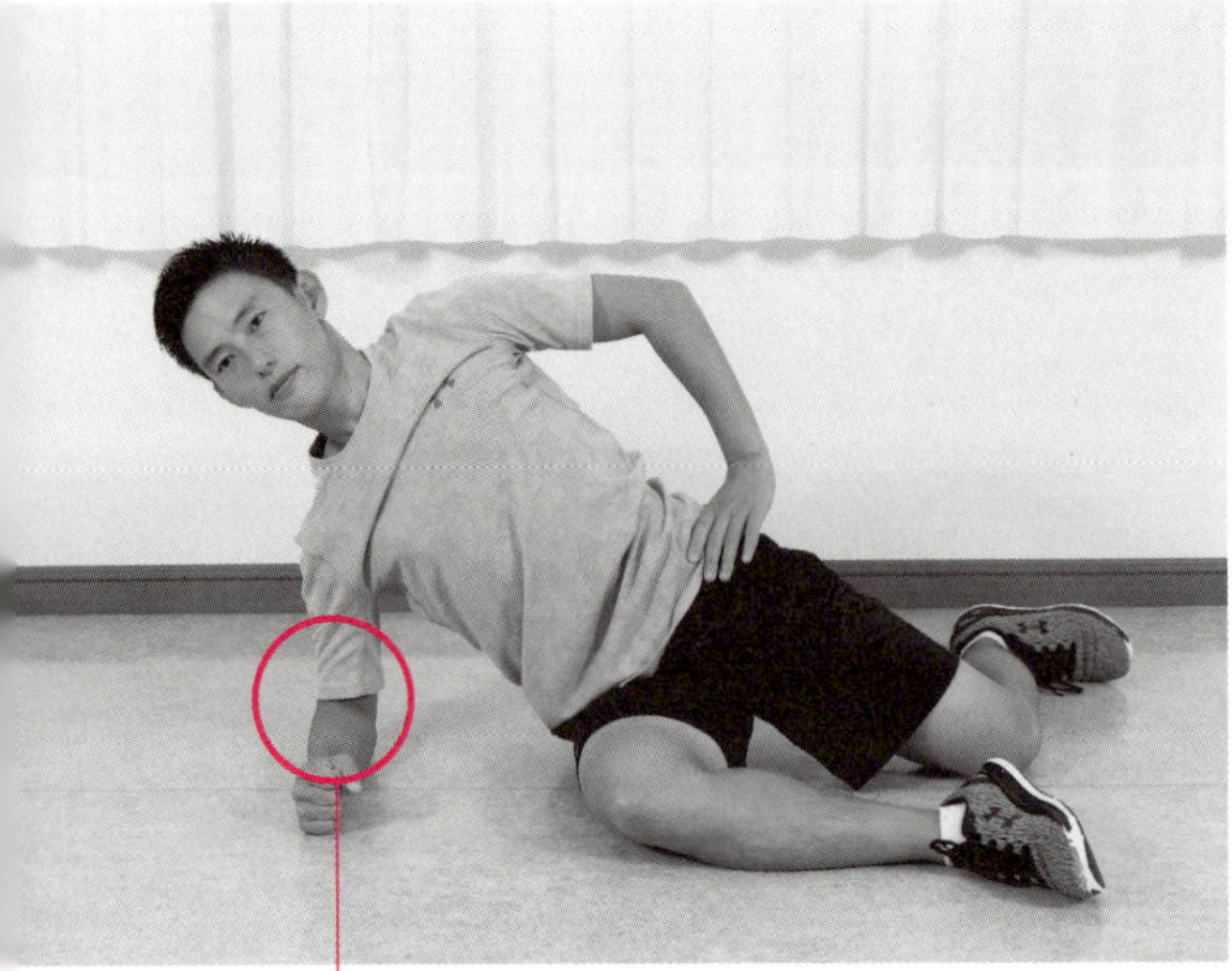


**1** ヒザ、足首を90度にキープして、半身の状態をつくります。ヒジを床につき、もう片方の手は腰に当てます。肩がすくまないように、しっかり腕で支えましょう。この状態ですでに、脇腹に刺激を感じるはずです。

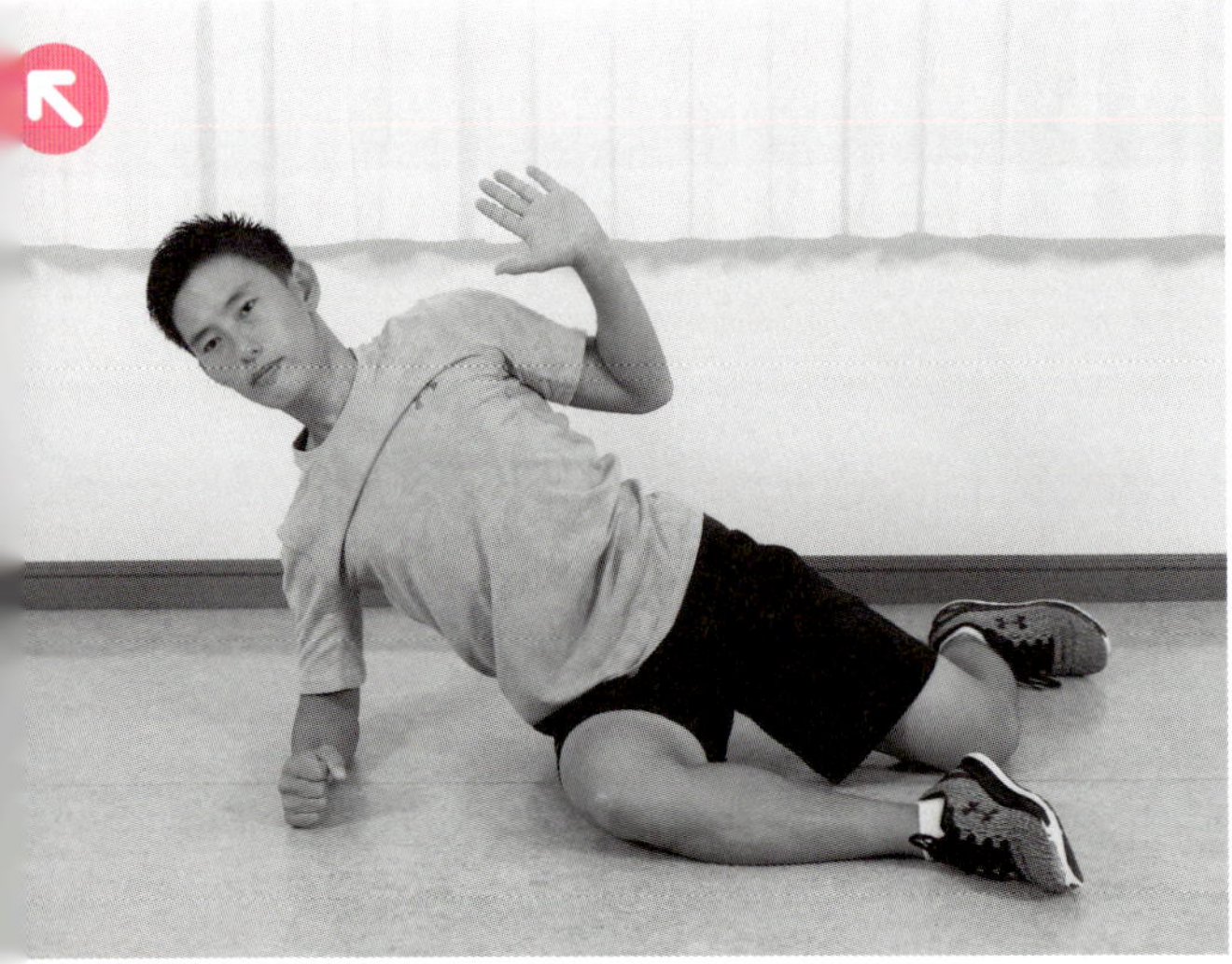

**2** **1**の状態から腰に当てた腕のヒジを曲げ、脇に構えます。上体はぐらつかないように、まっすぐにキープします。

## 3

ヒジで床を押しながら、脇に構えた腕をできるだけ遠くに伸ばしていきます。脇腹が伸びるのが感じられればOKです。この動きを繰り返し行ないます。

腰から
腕のつけねを
開く

### 上体が ぶれてしまう

上体が前に傾いたり、曲がってしまうと、脇にテンションを感じることはできません。上体はまっすぐにキープしておくことが大切です。

**Point!**

### 脇腹をゆるめない

このトレーニングは、ただ腕を伸ばすだけでは効果がありません。脇腹の動きを意識して、しっかり伸びたり縮んだりする感覚をつかむことがポイントです。

FOR SERVE

ヒジの動きを引き出す

# プランクパイク

サーブを打つとき、ヒジの位置が低いと打点も低くなり、強いサーブを打つことはできません。ヒジは、しっかり顔の横あたりまで上げておくのが理想です。そこでここでは、そうした理想的なヒジの動きを引き出すトレーニングにトライしてみます。

背中はまっすぐ

**1** うつぶせになり、肩の下にヒジをつきます。足は閉じてつま先を立て、腕立て伏せのようにお腹を上げます。

**2** 1の状態から、お腹をさらに上げていきます。おしりをうしろに引いて、肩を動かしながら、身体全体で三角形をつくるイメージです。このとき頭は下に向けておきます。

## 鍛える部位

腹斜筋、広背筋

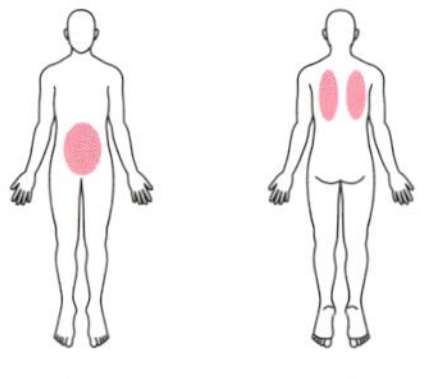

FRONT　BACK

## MORE HARD

1

### 腕立て伏せの状態から

動きに慣れてきたら、腕立て伏せの状態からトライしてみましょう。ヒジ、肩により負荷がかかり、体幹も鍛えることができます。

2

カカトをできるだけ
床に近づける

×

### 肩がすくむ

肩がすくむと、肘も曲がってしまい、肩や肘の動きを引き出すことができません。

**Point!**

### 前鋸筋を意識する

脇腹にある前鋸筋を意識することがポイントです。この筋肉をうまく使えないと、身体は上がりません。また、体幹部分の腹筋、背筋も大切です。お腹でしっかり支える意識で行ないます。

FOR SERVE

サーブの壁を意識する

# トゥタッチヨガプッシュアップ

サーブでは、トスを上げた側にできる壁がポイントです。この壁がしっかりできていることでパワーが溜まり、強いサーブが打てるのです。ここでは、壁をつくり、そこから身体がローテーションしていく動きを意識したトレーニングを行なってみましょう。

## 鍛える部位

広背筋、腹斜筋、僧帽筋

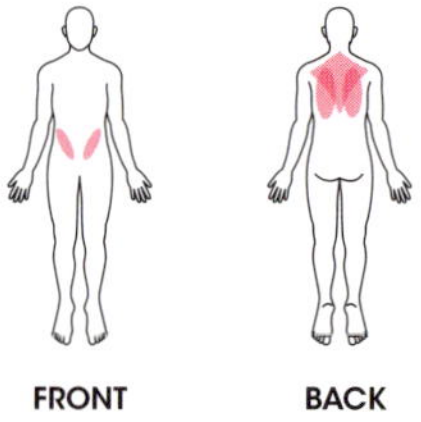

**1** 足は腰幅に開き、腕立て伏せのポジションからスタート。

**2** 1の状態から、おしりをうしろに突き出すように上げていきます。床を押して、頭を下げる動きがポイントです。

**3** おしりを上げたまま、身体をローテーションさせてスネに触ります。これを左右繰り返し行ないます。

## MORE EASY

### ヒザ立ちで行なう

腕立て伏せの姿勢がきつい場合は、ヒザ立ちの姿勢からスタートします。おしりを上げて、スネに触る動きは同じです。

## MORE HARD

### 間に腕立て伏せを入れて

スネを触る前に、腕立て伏せを行ないます。腕、体幹に刺激が入り、かなりハードなトレーニングとなります。

## Point！

### 身体のローテーション

スネを触りにいくとき、身体をしっかりローテーションさせることがポイントです。そのためには、背中をしっかりと一直線に保っておかなければいけません。背中が丸まってしまうとうまくローテーションができず、スネに触ることができません。

FOR SERVE

動きの軸をつくる

# バックランジ＆ローテーショナルリブケージ

どのショットにもいえることですが、安定性を引き出すためには、身体の軸をしっかりとキープすることが大切です。ここでは、動きの軸をつくり、その軸に対して身体をコントロールする感覚を磨いていきます。

## 鍛える部位

全身の筋肉

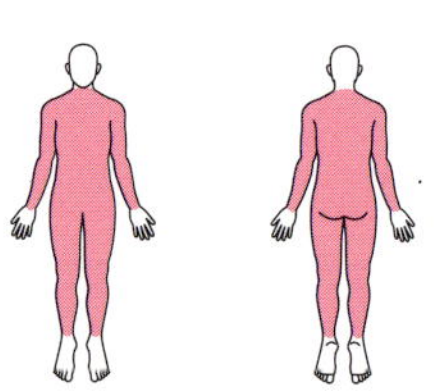

**1** まっすぐ立った状態からスタート。

**2** 上体を前に倒しながら、大きくうしろに一歩踏み出します。このとき、背中はまっすぐにキープします。

できるだけ高く伸ばす

**3** 上体を起こしながら、うしろのヒザを床におろし、腕を上に伸ばします。

## 4

3の状態から身体をローテーションさせて、片手で床に触ります。反対側の手はそのまま高い位置をキープします。

### MORE HARD

**ヒザをつかない**

トレーニングの強度を高めるために、慣れてきたらヒザをつかないで行なってみましょう。バランスに注意してトライします。

### Point!

**腕をしっかり高く上げる**

腕を高く上げることで、胸の開きと上体と下肢のひねりを強く感じることができます。腰のあたりを絞るような意識をもつと、腕の位置を高く保つことができます。

**ヒザが外に開く**

上体をローテーションさせるとき、ヒザが外に開いてしまうと上体と下肢のひねりがあまり感じられなくなってしまいます。

**FOR SERVE**

着地の安定感を高める

# シングルレッグデッドリフト

サーブを打ち終わって着地をするとき、身体がつぶれてしまわないように、しっかり股関節に体重を載せながら、身体をコントロールするトレーニングを行ないます。腰を痛めるリスクも軽減させるトレーニングです。

## 1

腰に手を当てて立ちます。

## 2

サーブをイメージして、片足を少し引きます。

**鍛える部位**

大臀筋、ハムストリングス、脊柱起立筋群

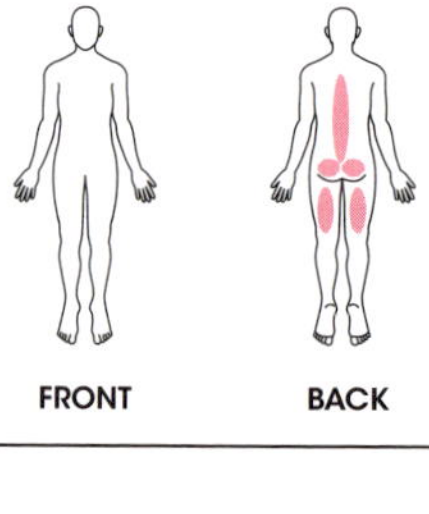

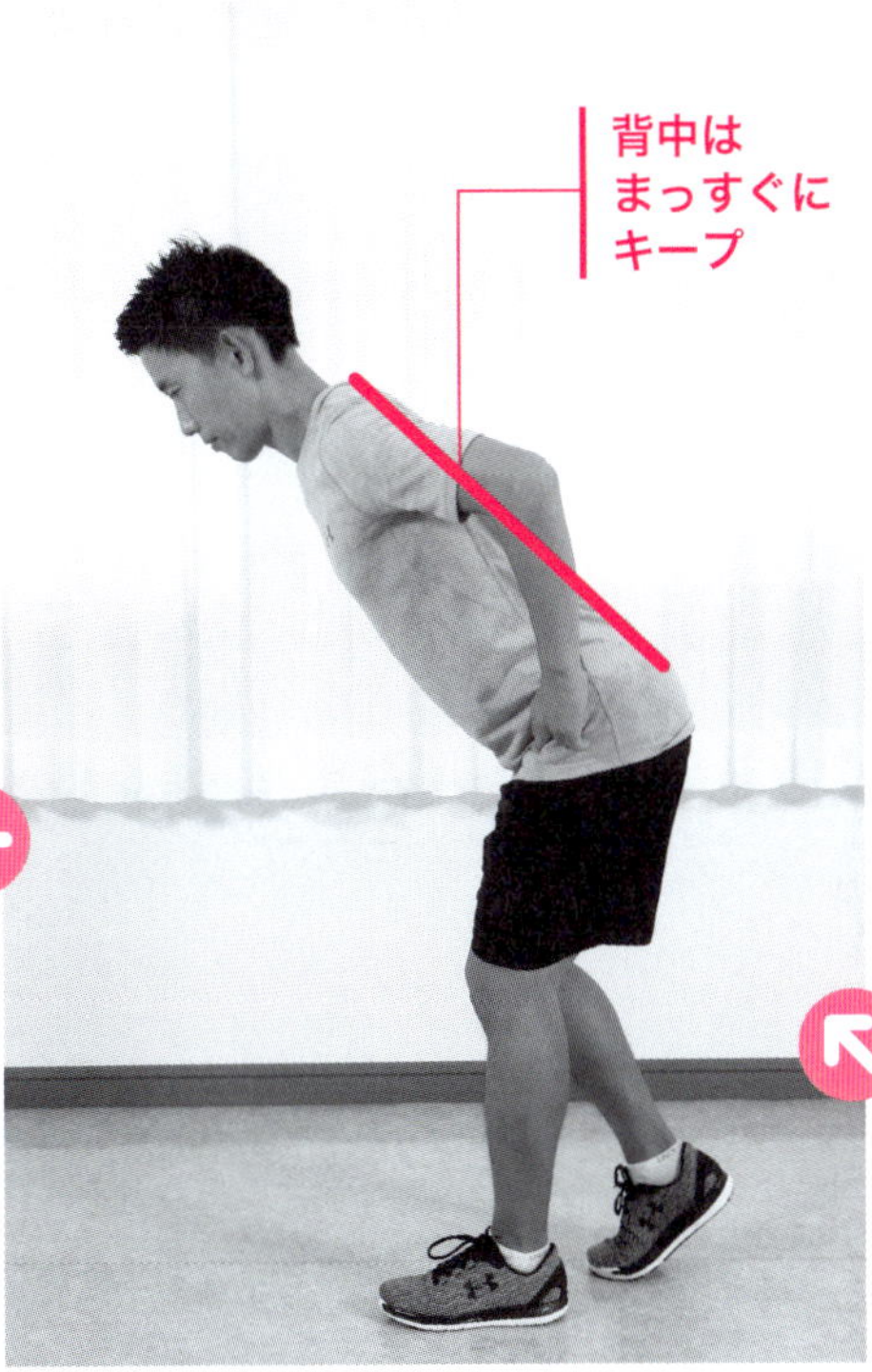


**3** 股関節を曲げて上体を前に傾けます。頭から腰まで、一直線に保ちます。

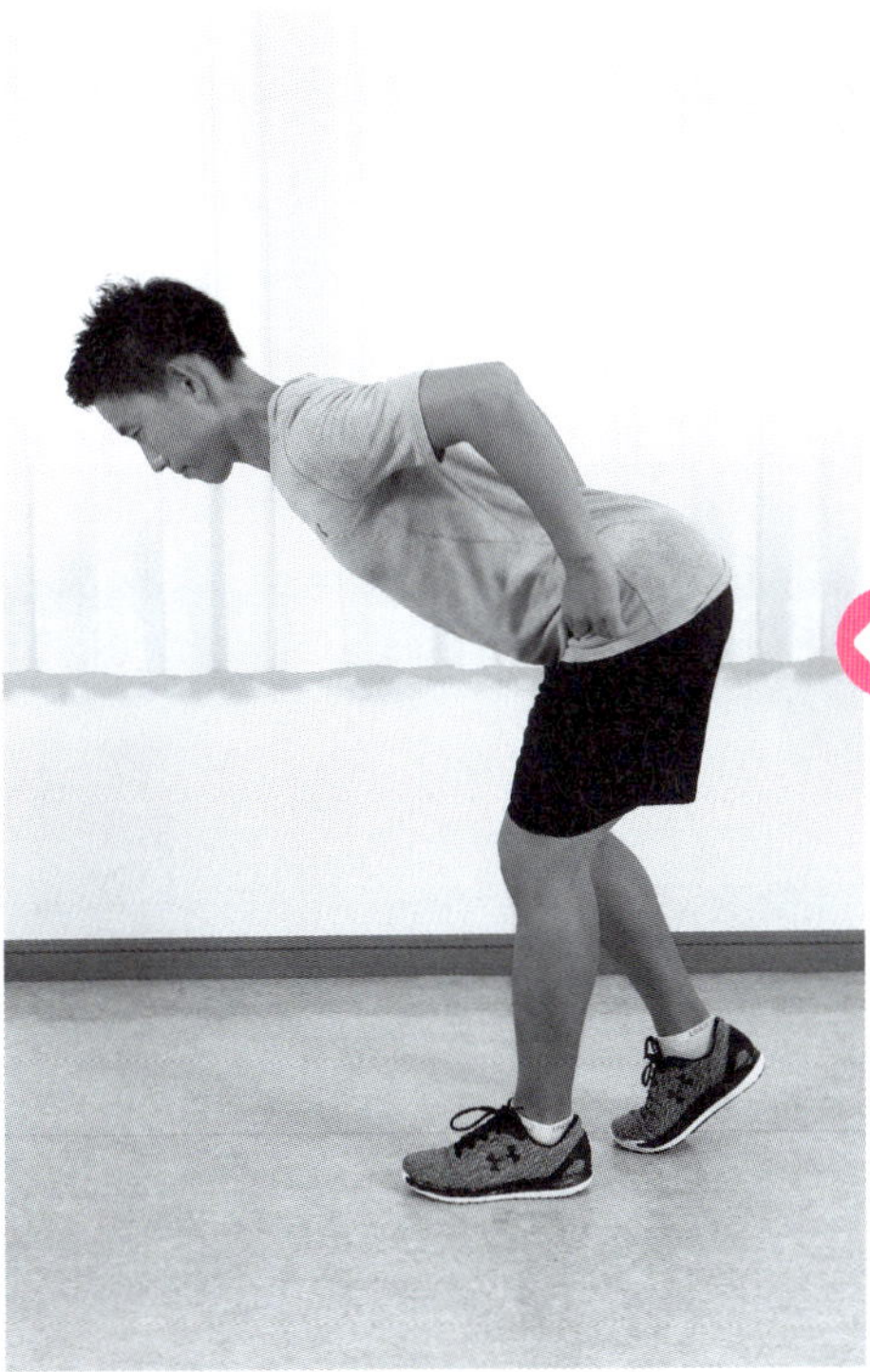

**4** 上体をさらに前に傾けます。このとき、モモの裏、ヒザの裏、スネのうしろにストレッチを感じるようにします。

## Point!

### 股関節から曲げる

股関節から上体を前に倒すことがポイントです。あまり深く曲げようとすると背中が丸まってしまうので、90度くらい倒せればOKです。

### 背中が曲がってしまう

ヒザを曲げて、上体を前に倒すとき、頭が先に動くと背中が曲がってしまいます。これでは、脚部の裏側にストレッチを感じることはできません。

FOR SERVE

ヒザ、足首のストレス軽減

# スクワットボックスタッチ

強いサーブを打とうとするとき、ヒザを曲げてパワーをため、そこから伸び上がるようにインパクトに向かいます。このとき、足首やヒザだけを曲げるとストレスがかかり、怪我につながる場合があるので注意が必要です。ポイントは、少しだけおしりを下げる動きです。

## 鍛える部位

腸腰筋

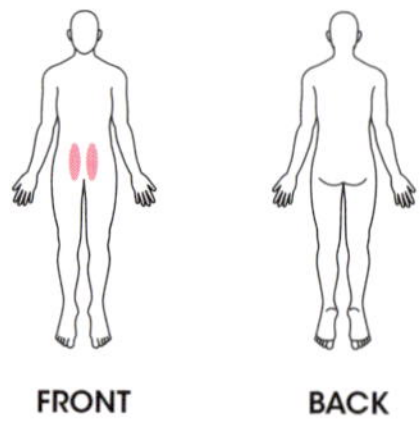


## 1

まっすぐに立った状態からスタート。

おしりを壁につけるイメージ

## 2

身体のうしろに壁をイメージして、その壁におしりをつけるようにします。おしりをつけにいくことで、ヒザと足首が曲がる感覚です。これを繰り返し行ない、おしりを下げることでヒザと足首が曲がる、この感覚を身につけていきます。

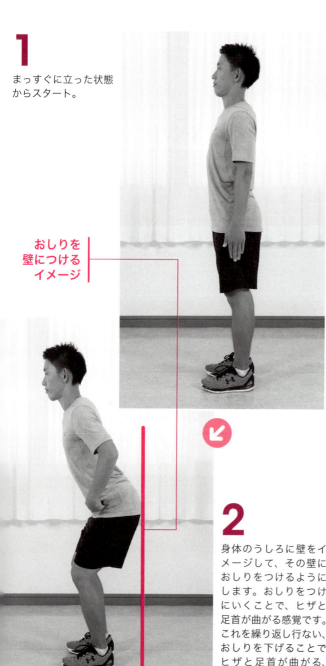

## Point!

### おしりから動かす

ヒザや足首が最初に曲がってしまうと、おしりは壁につきません。鼠蹊部に手を当てて、そこを意識しながら、かならずおしりから動かすようにします。

## MORE HARD

### サーブをイメージして

よりサーブの動きに近づけるために、左右に少し重心を移動させながら行なってみましょう。

1

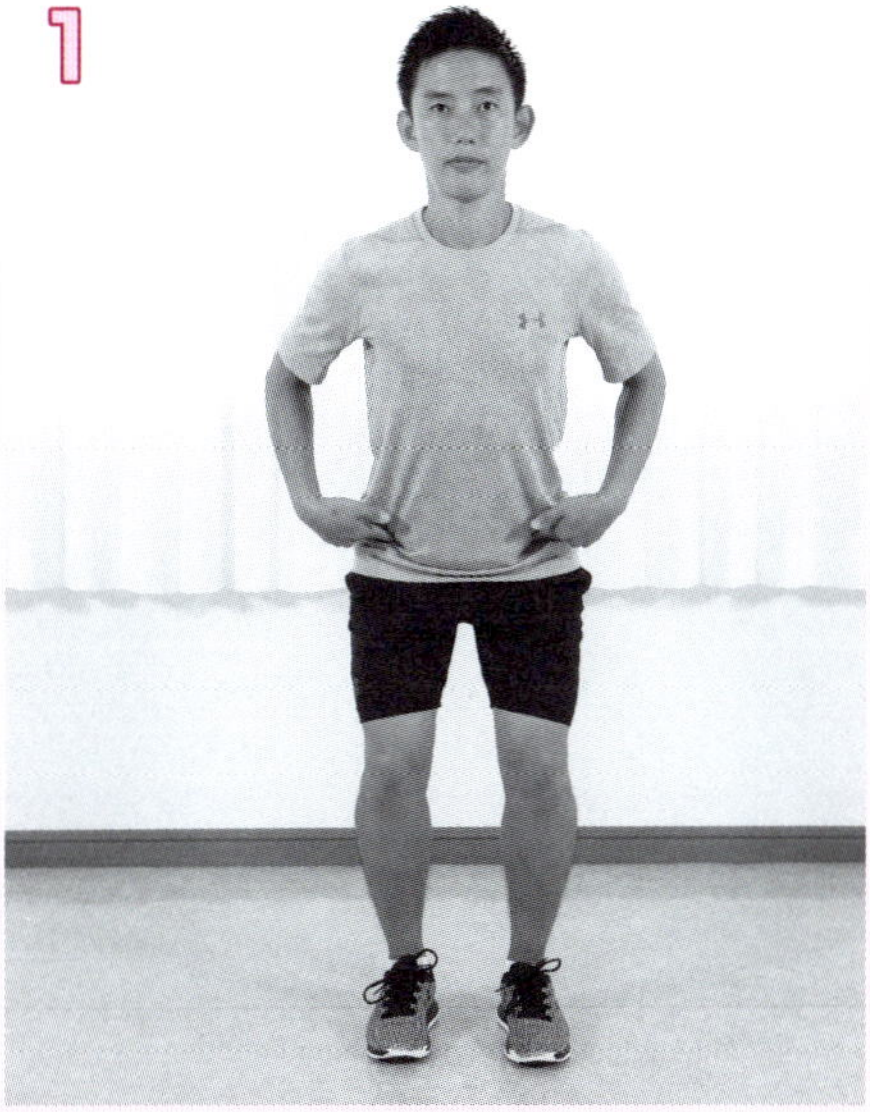

腰に手を当てて、ヒザをややゆるめて、まっすぐに立ちます。

2

サーブをイメージして重心を移動させます。

FOR SERVE

蹴る動きを強化する

# スクワットジャンプ

サーブのテイクバックからインパクトに向けて、ジャンプする動きを強化します。ボールによりパワーを伝えるためのトレーニングです。着地にも注意して、繰り返し行なってみましょう。

## 鍛える部位

全身の筋肉

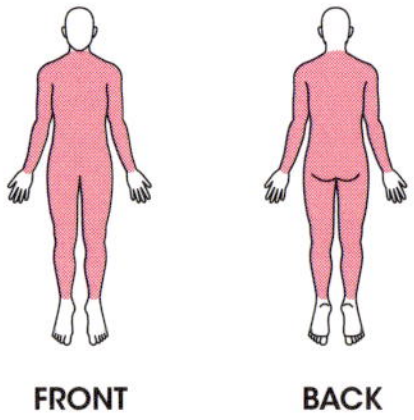


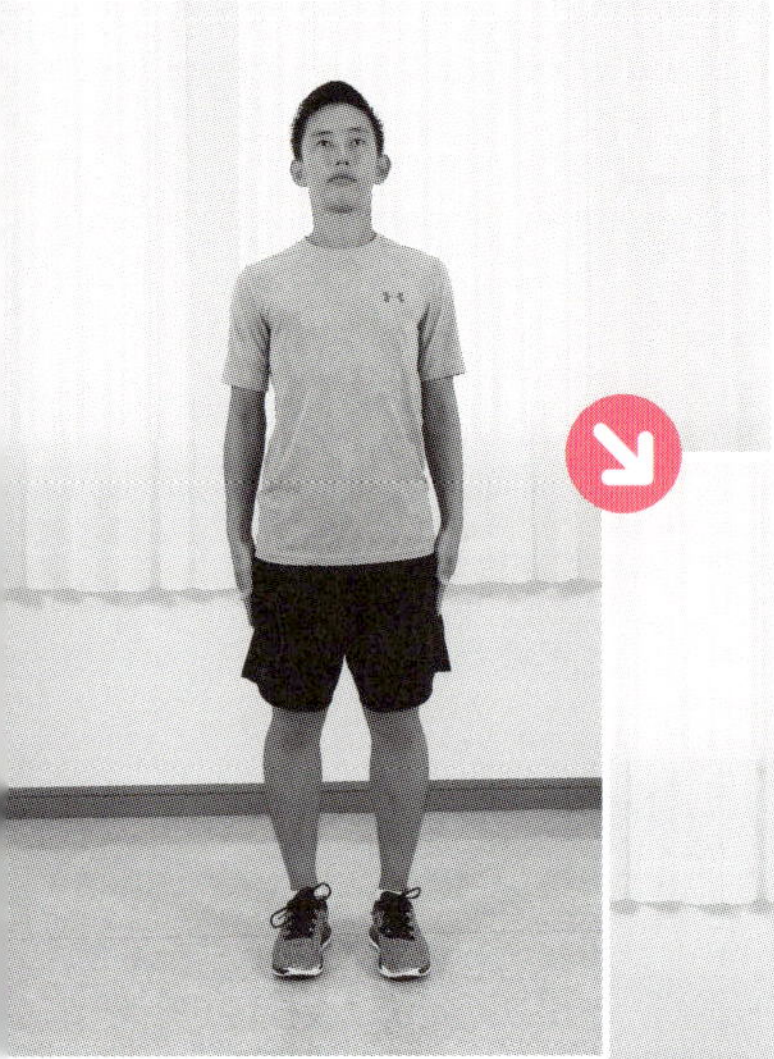

**1**
まっすぐに立った状態からスタート。

**2** ボックスタッチよりも少し深めに腰を曲げ、ジャンプに備えます。

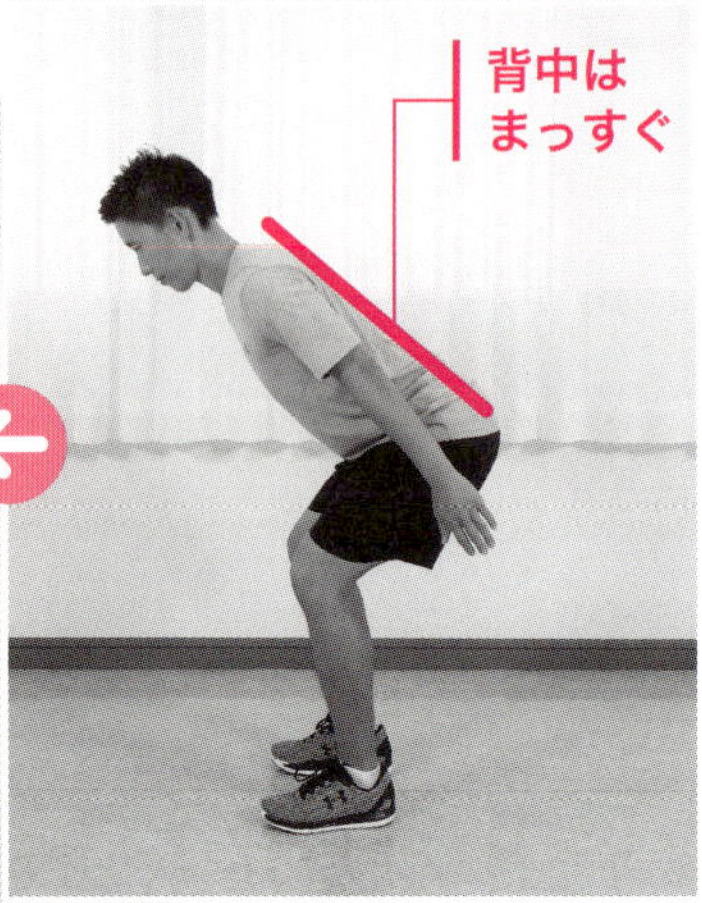

**3**
**2**の状態から腕を大きく振り上げてジャンプします。

**4** ジャンプの前の姿勢を意識して着地します。このとき、ヒザが前に出てしまうとヒザへの負担が大きくなり、怪我につながってしまいます。ヒザでショックを吸収するのではなく、おしりで受け止めるイメージです。

**Point!**

### 実際のサーブをイメージ

サーブの一連の動きをイメージしながら行なうと、より効果的です。ジャンプから着地まで、スムーズに動けるよう繰り返し練習しましょう。

FOR SERVE

手首の柔軟性を引き出す

# 手首の可動域を広げる

全身を使うサーブですが、ここでは手首の動きだけを意識したトレーニングを行なってみます。手首をスムーズに回すためには、前屈、背屈に加えて、横への動きが必要です。ヒジの動きを制限して、手首の可動域を広げていきましょう。

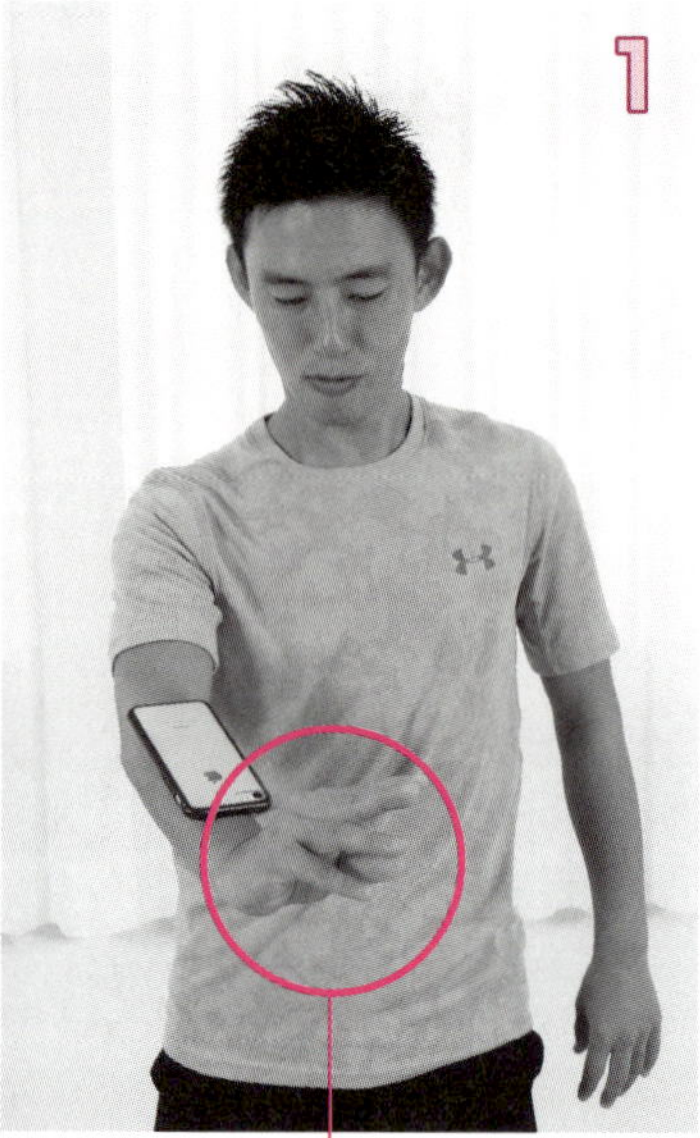


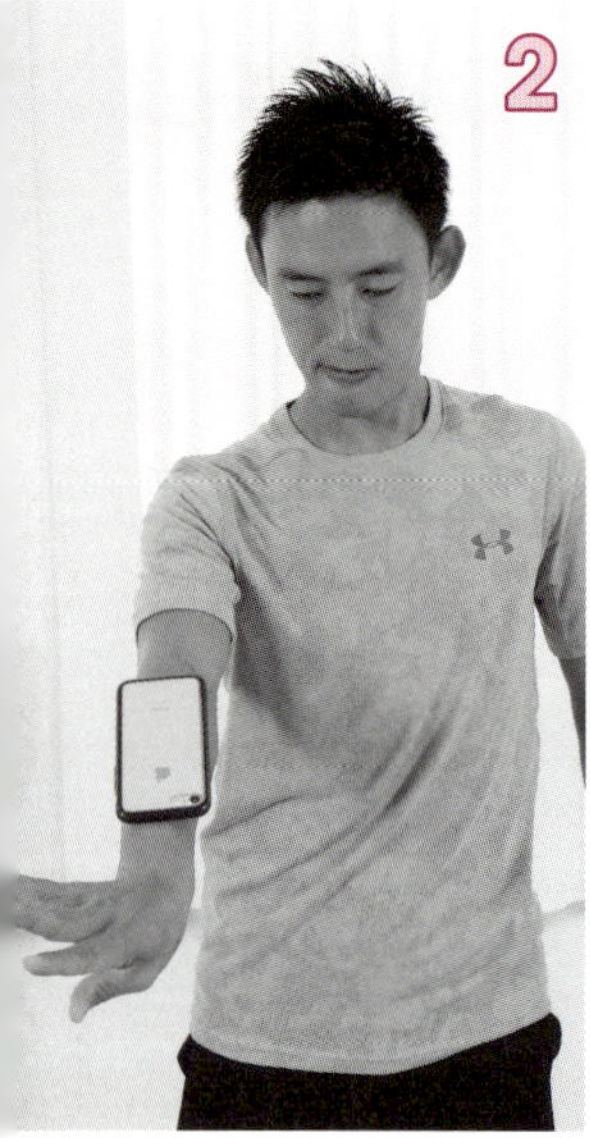


てのひら
全体を使う

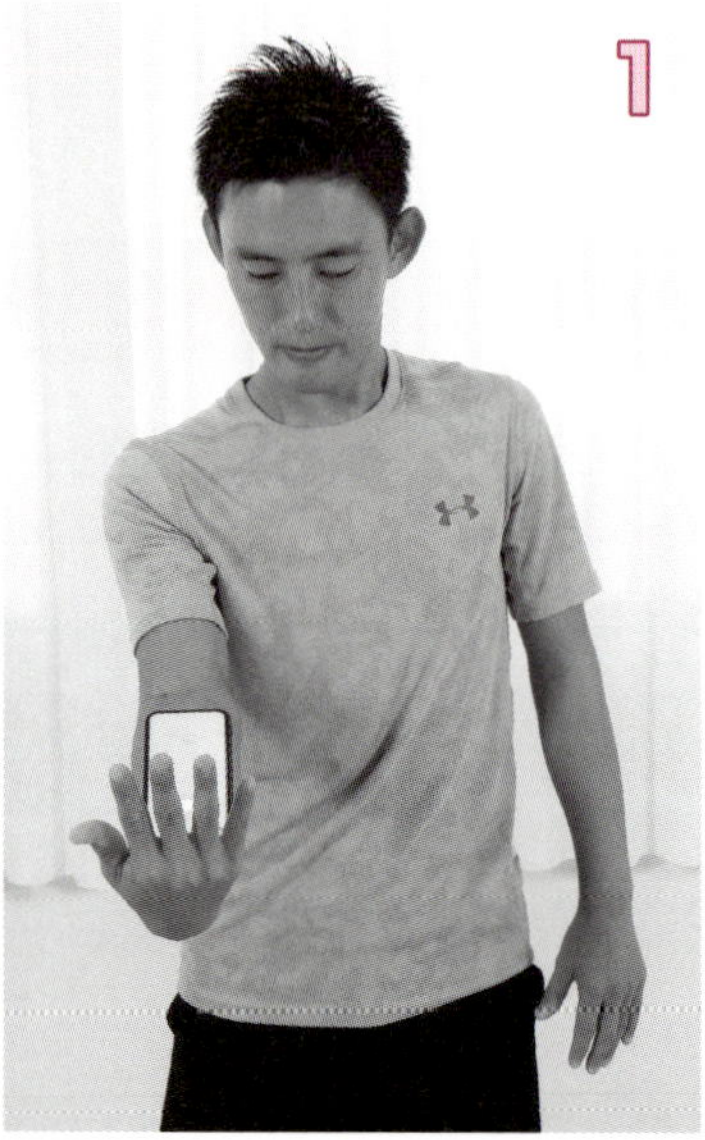


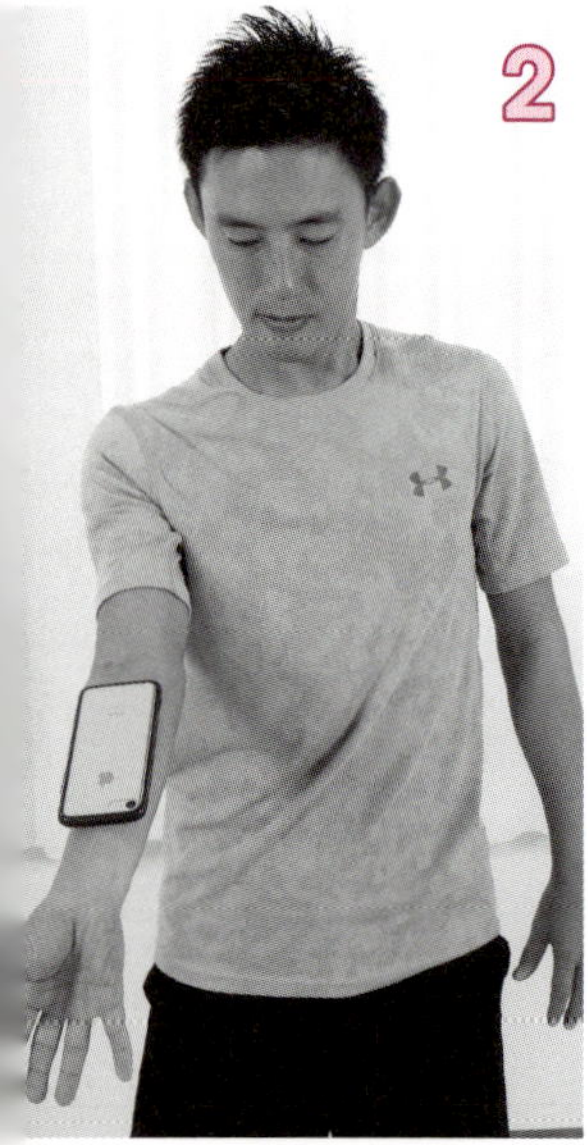


## 鍛える部位

前腕筋群

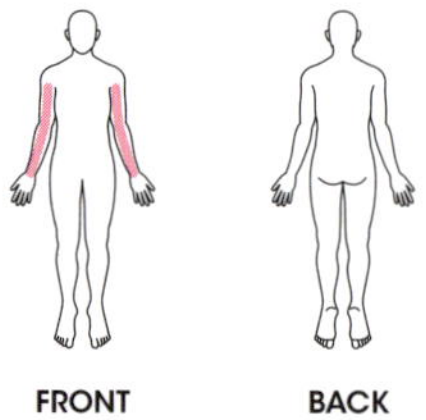

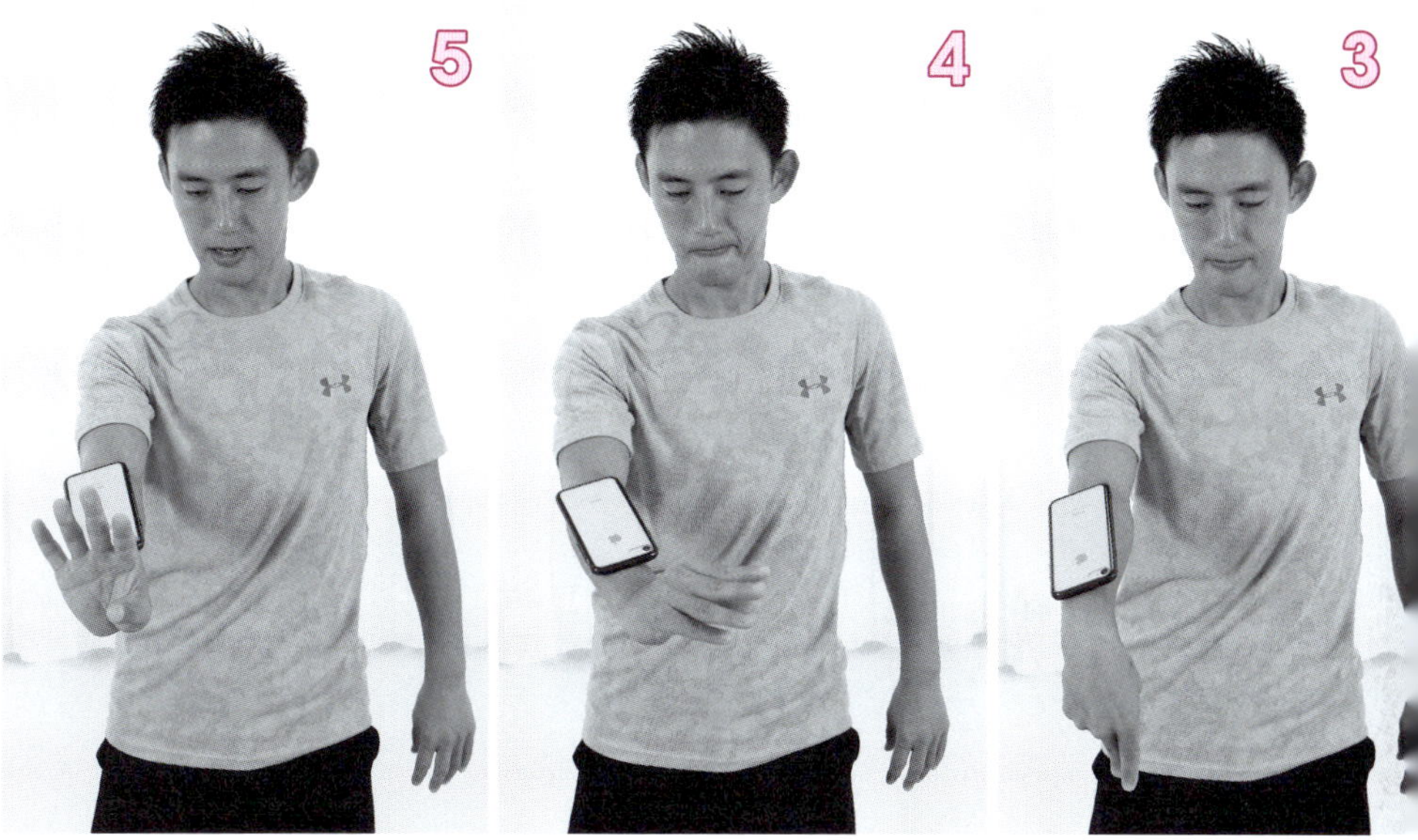


## 1 てのひらを下に向けて

前腕部にスマートフォンなどを乗せて、それが落ちないように、手首を回します。ゆっくりと、できるだけ大きく動かすようにしましょう。指を柔らかく使うのもポイントです。

## 2 てのひらを上に向けて

今度はてのひらを上に向けて同じように回してみます。ヒジが動かないように注意して、ゆっくりと行ないます。

※うまく回せないという人は、まずは、左右の動きと上下の動きをわけて練習しましょう。

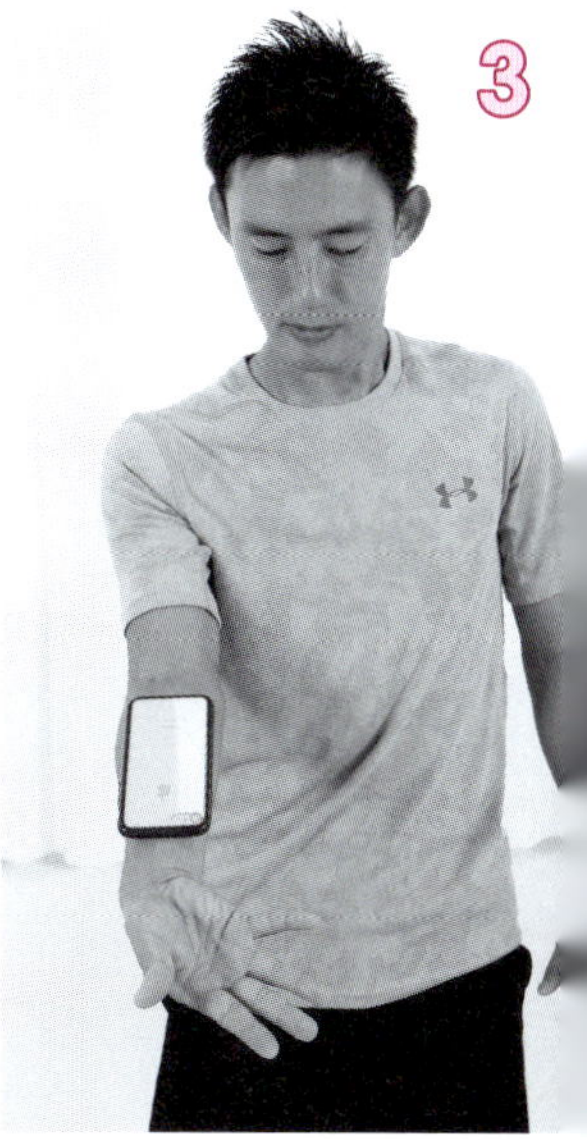


**Point!**

### 関節を回すということ

手首、足首、肩、股関節のすぐれたところは、一方向の動きだけでなく、三次元的に回せるということです。これがうまく機能しないと、他の関節にしわ寄せがきて、痛みや怪我につながります。しっかりとトレーニングをして、柔軟な関節を手に入れましょう。

FOR SERVE

足首の柔軟性を引き出す

# アンクルローテーション

レディポジションや、あらゆるショットで、足首は重要な働きをしています。足首が硬いと動きにスムーズさが失われるだけでなく、ヒザや股関節への負担も増えて怪我のリスクも高くなります。ここでは、足首の柔軟性を引き出すトレーニングにトライしましょう。

## 鍛える部位

下腿部の筋肉

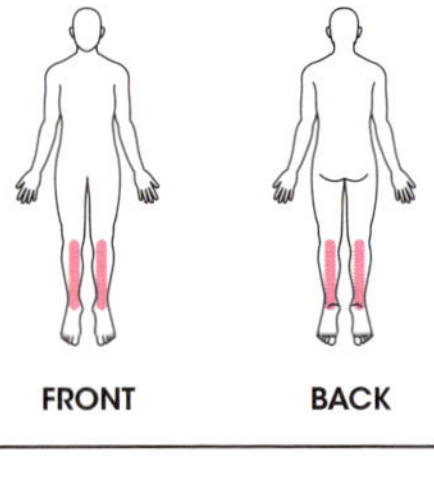

FRONT　　BACK

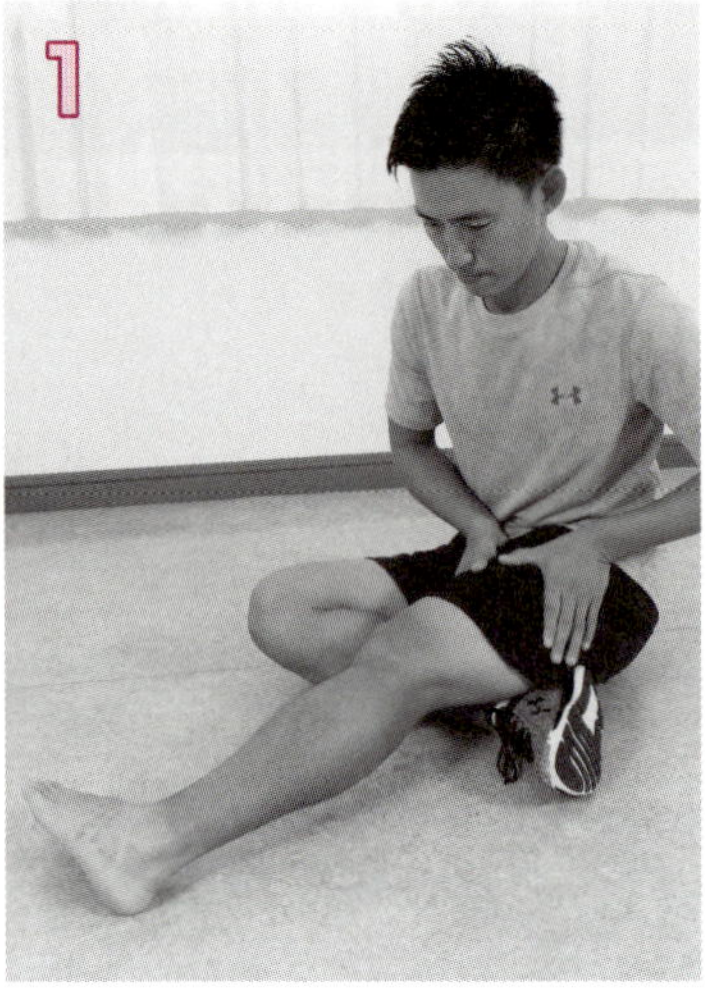


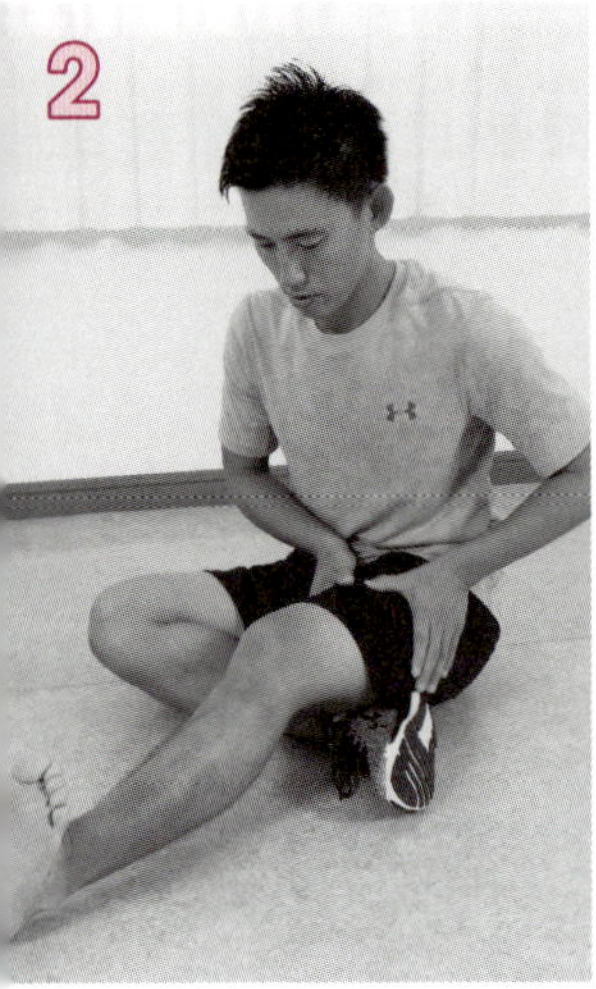


**1** 少しヒザを曲げて床に座り、太モモを押さえて足首を動かします。前、うしろ、内側、外側。できるだけ大きく動かし、最後は足首で円を描くように動かしましょう。同じ方向だけでなく、反対に回す動きにもトライします。

**2** スネが動くとヒザも動き、その動きは股関節まで影響します。スネが動いてしまうときは、太モモよりも下を押さえて、足首の動きだけに集中するようにします。

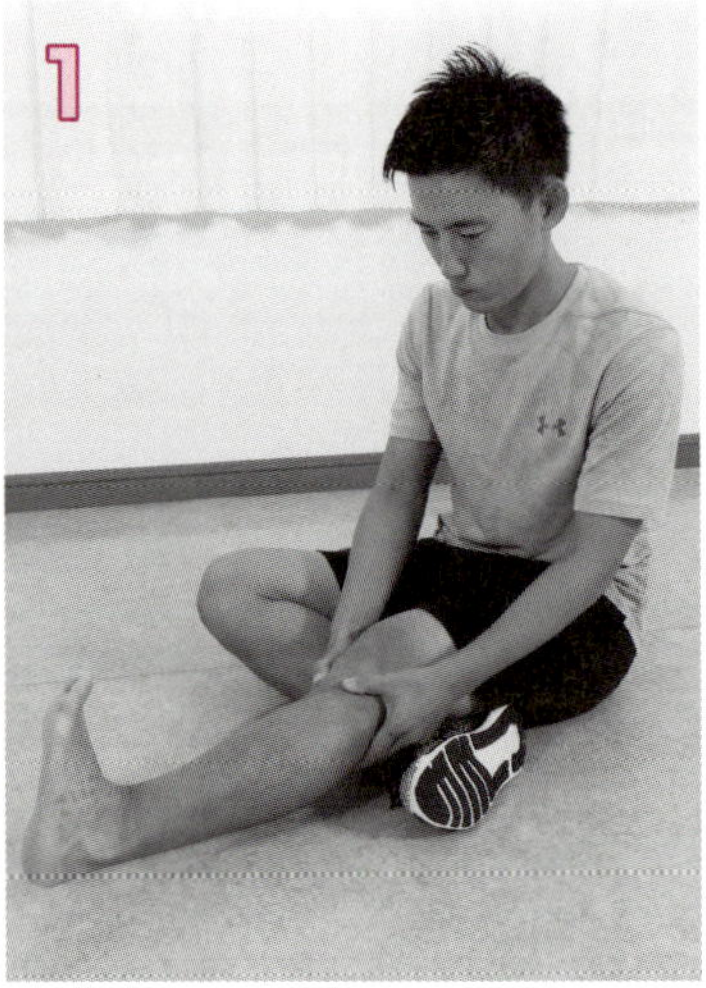


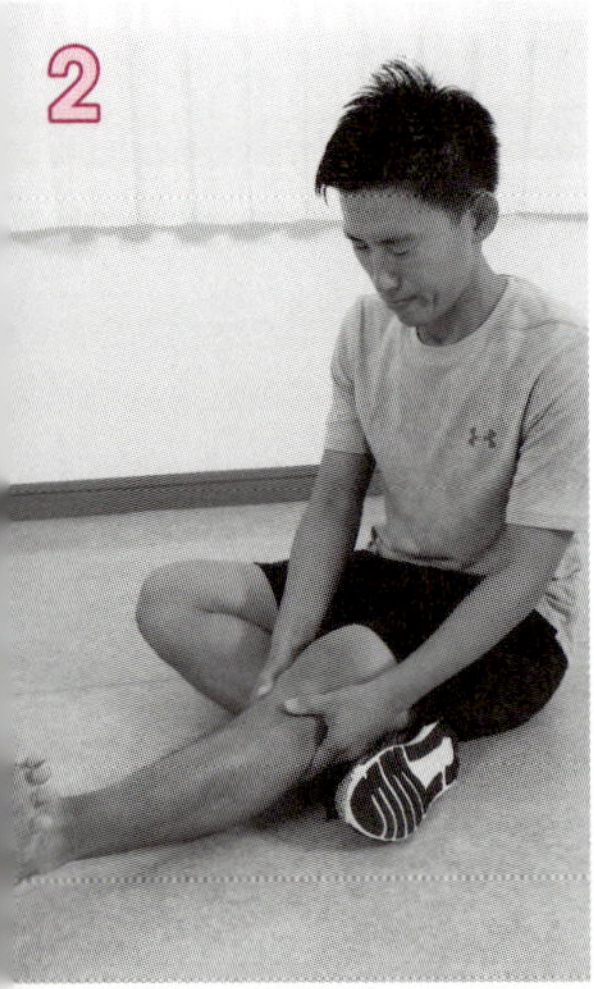

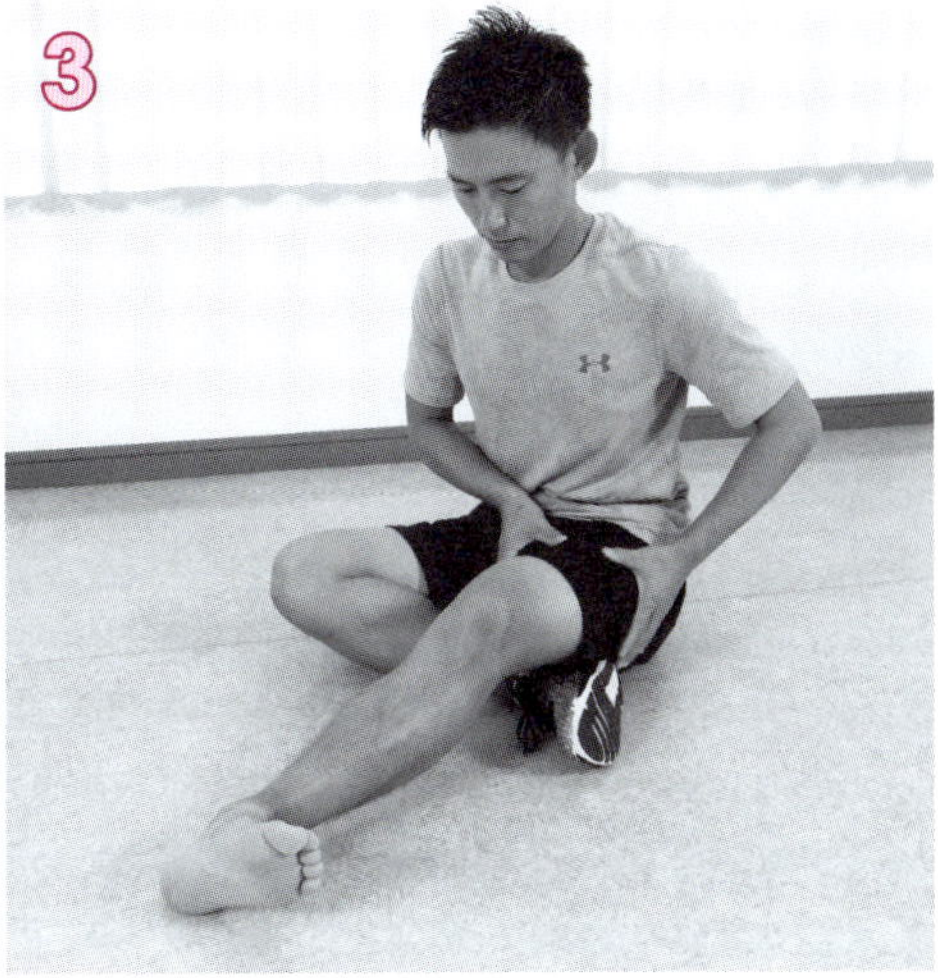


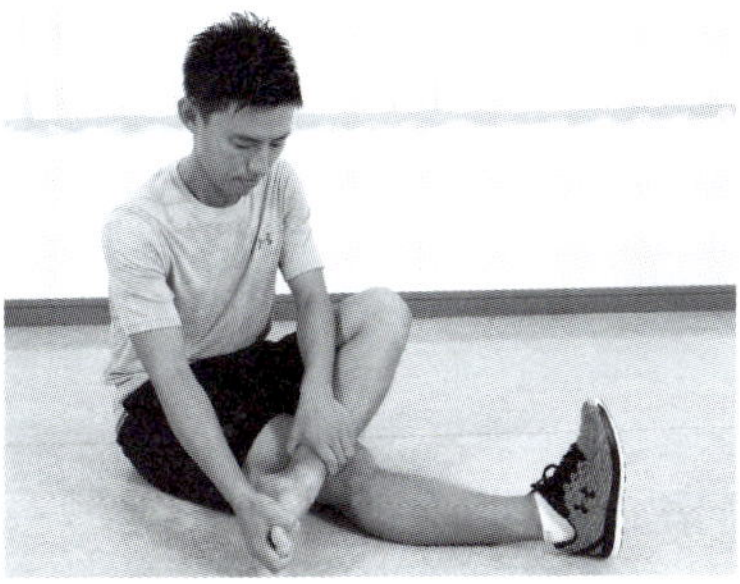

## 足首を握って回す

足首を握って回すのは、柔軟性を高めるためには効果がありますが、足首を回す筋肉に刺激がいかないため、脳がその動きを感知しません。大切なのは、足首を回すときに、どの筋肉が働いているかを脳にわからせることです。

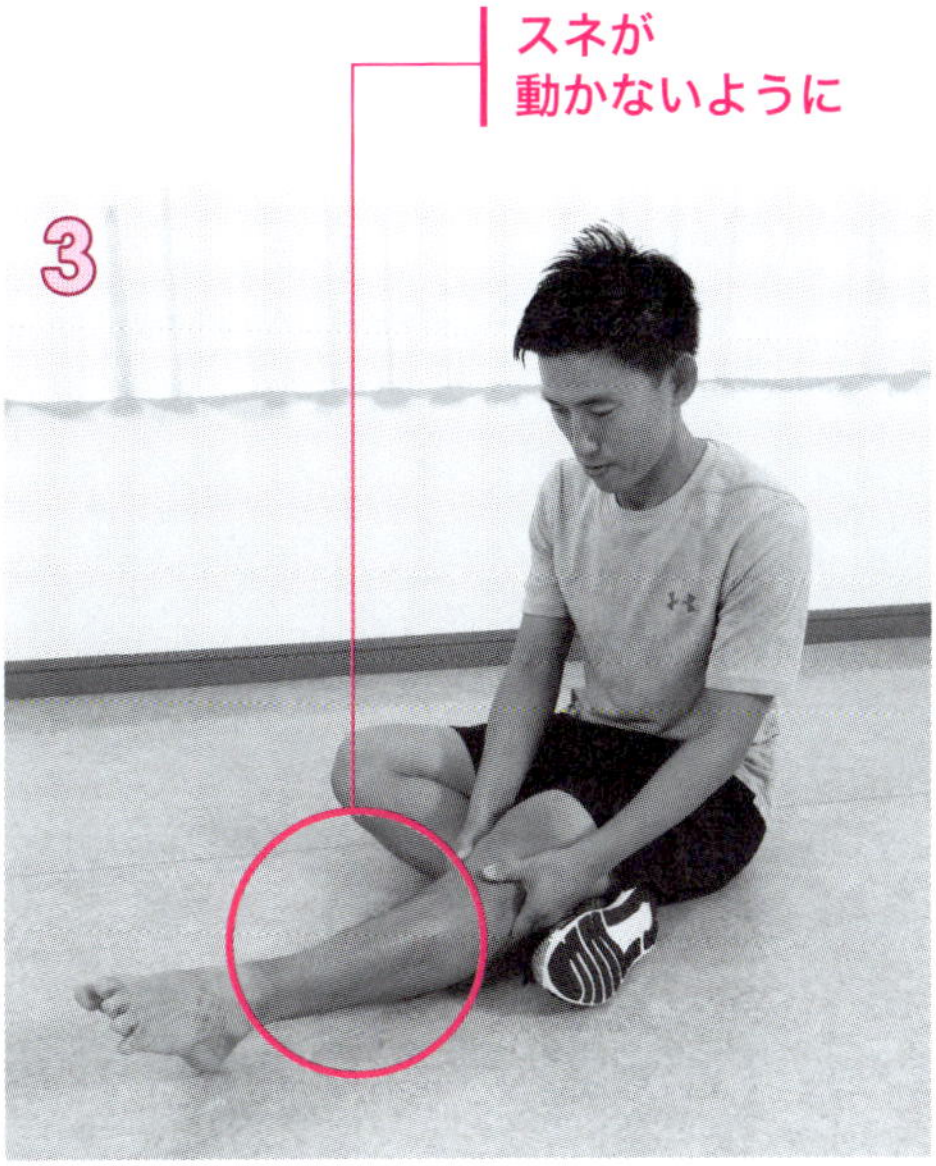


Point!

### 動きのセンサーを活用する

捻挫しやすい人は、足首の動きを司るセンサーが鈍っているのかもしれません。常に足首が内側に傾き、それが原因で捻挫してしまうのです。足首を回すトレーニングで足を外側に引き上げる腓骨筋に刺激を入れ、その動きを脳に覚えさせることが大切です。

FOR SERVE

足裏を鍛える

# ショートフット

足裏の筋肉をしっかりと鍛えるトレーニングです。サーブなどでジャンプしたとき、着地で衝撃を吸収してくれるのは、足底のアーチ、いわゆる土踏まずです。扁平足の方や、土踏まずのアーチが少ないという人は、ぜひトライしてみてください。

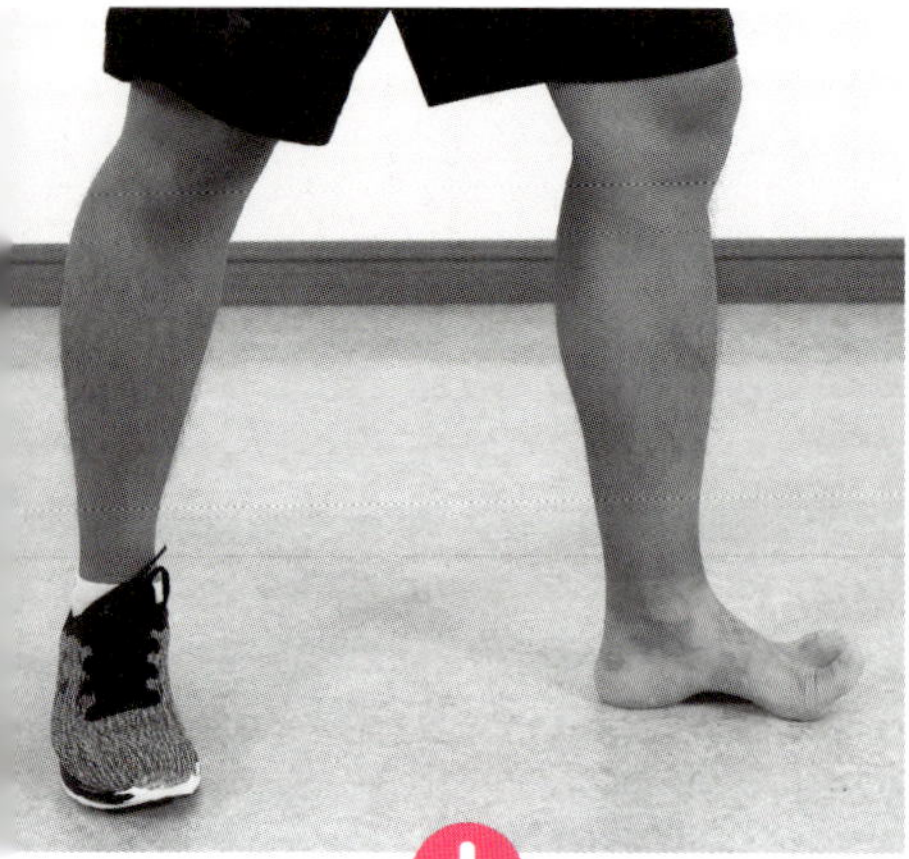

## 1

はだしになって、足の指を動かします。まずは、すべての指を持ち上げてみましょう。この状態は、足底筋が固く縮んでいる状態で、足裏がテントのようになっています。ここがつぶれているのが扁平足です。

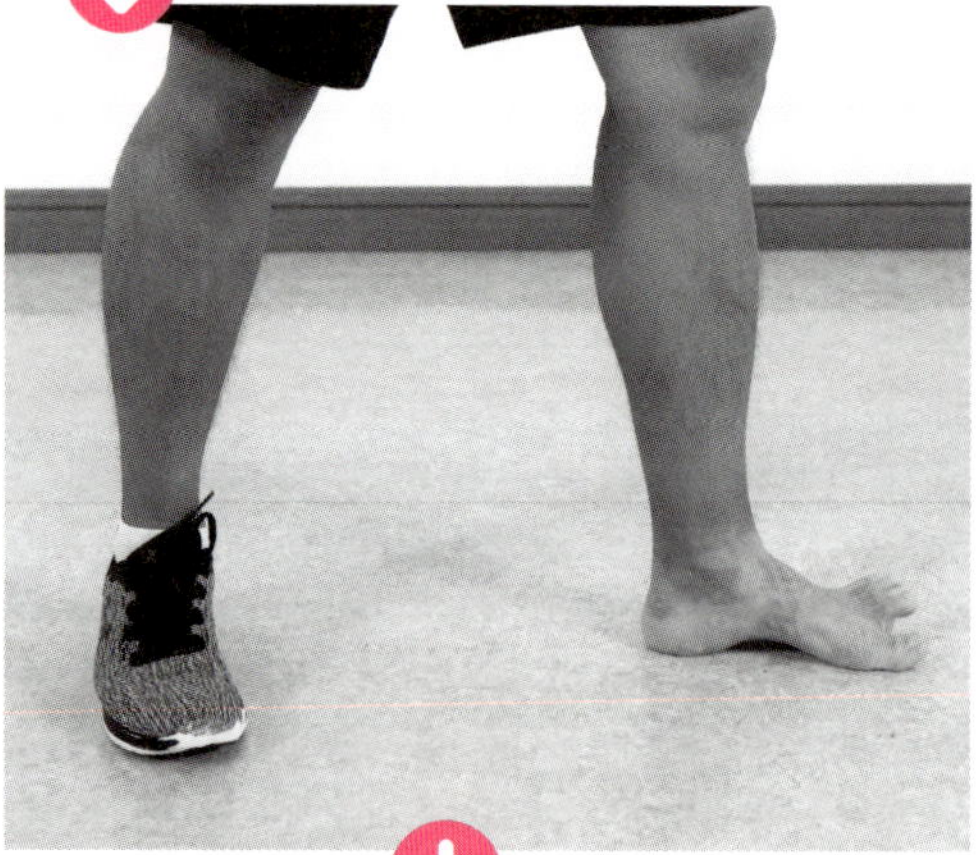

## 2

テントの形をキープしたまま、親指をおろします。

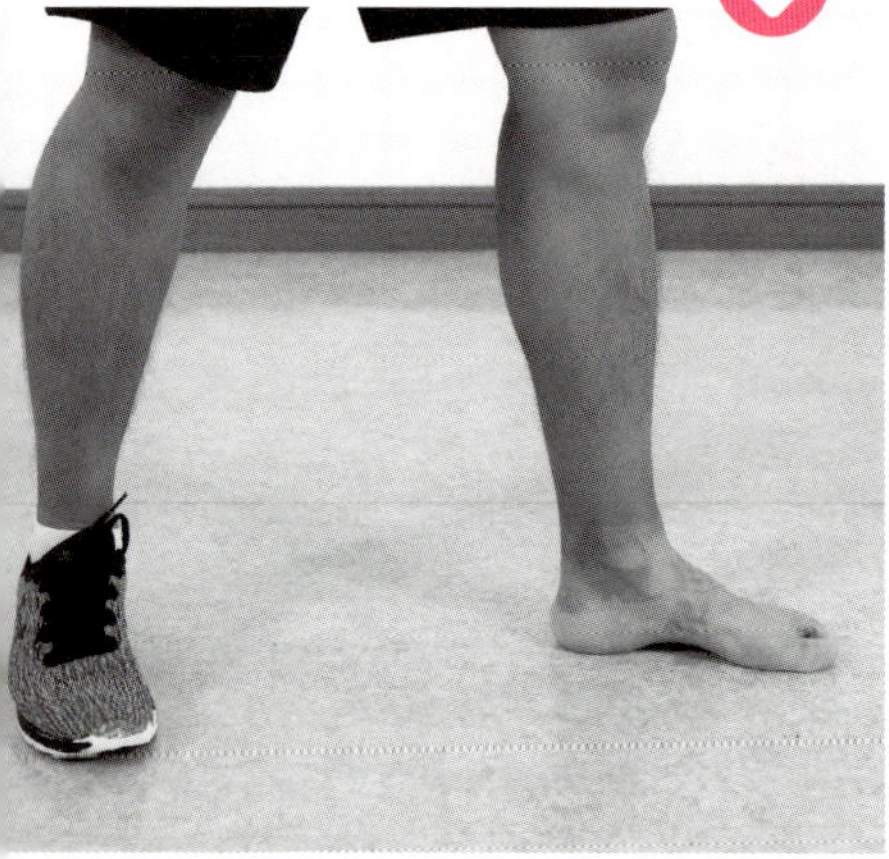

## 3

足底筋にテンションがかかっているのを意識しながら、他の指もゆっくりとおろしていきます。これを繰り返します。

## 鍛える部位

足底部

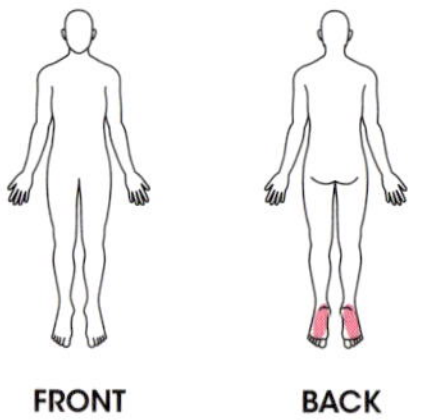

FRONT　BACK

うまくできないという人は、足の指でグー、チョキ、パーを作るところから始めましょう。

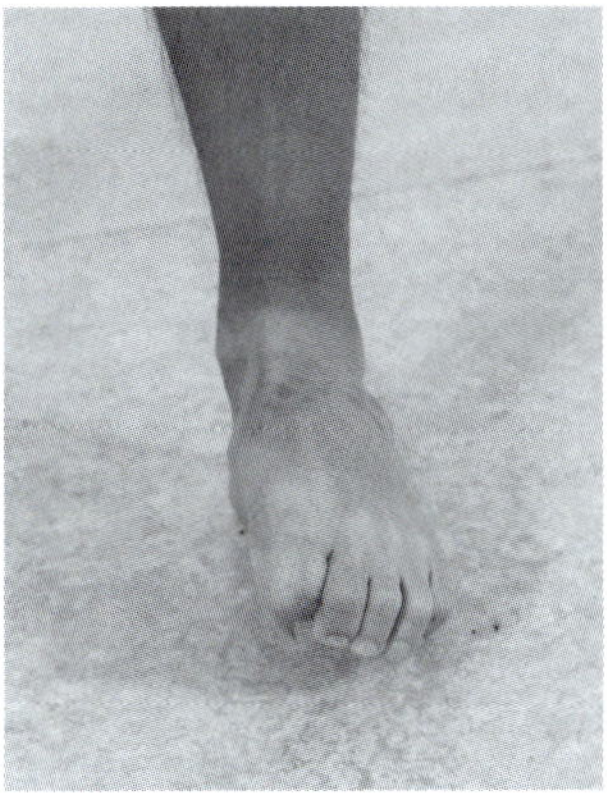

グー

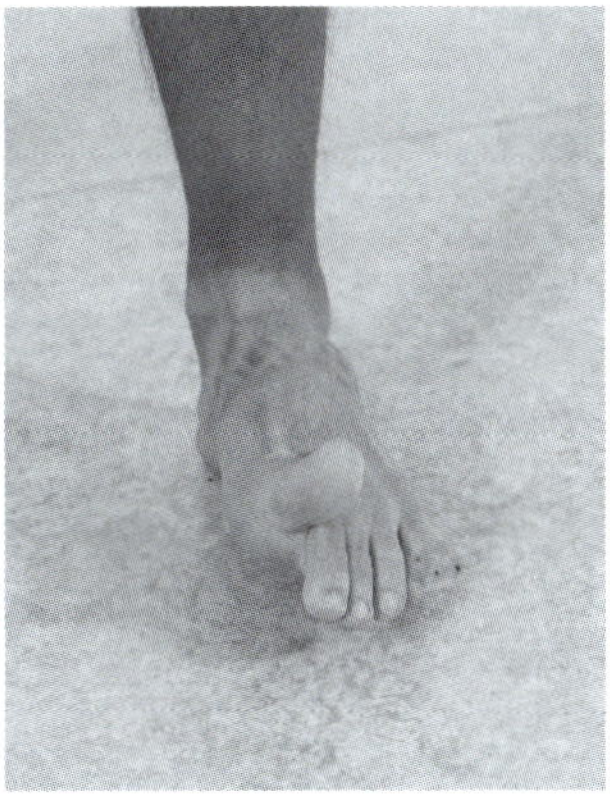

チョキ

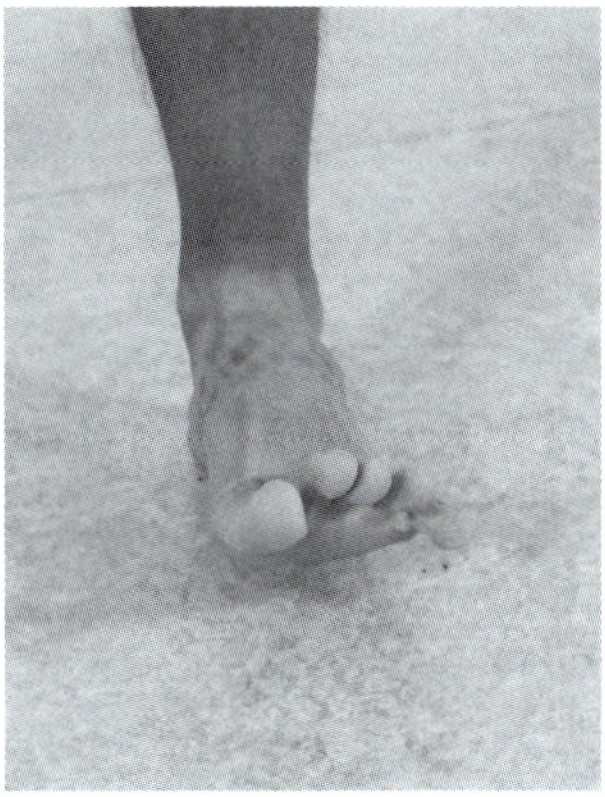

パー

## OTER TRAINING

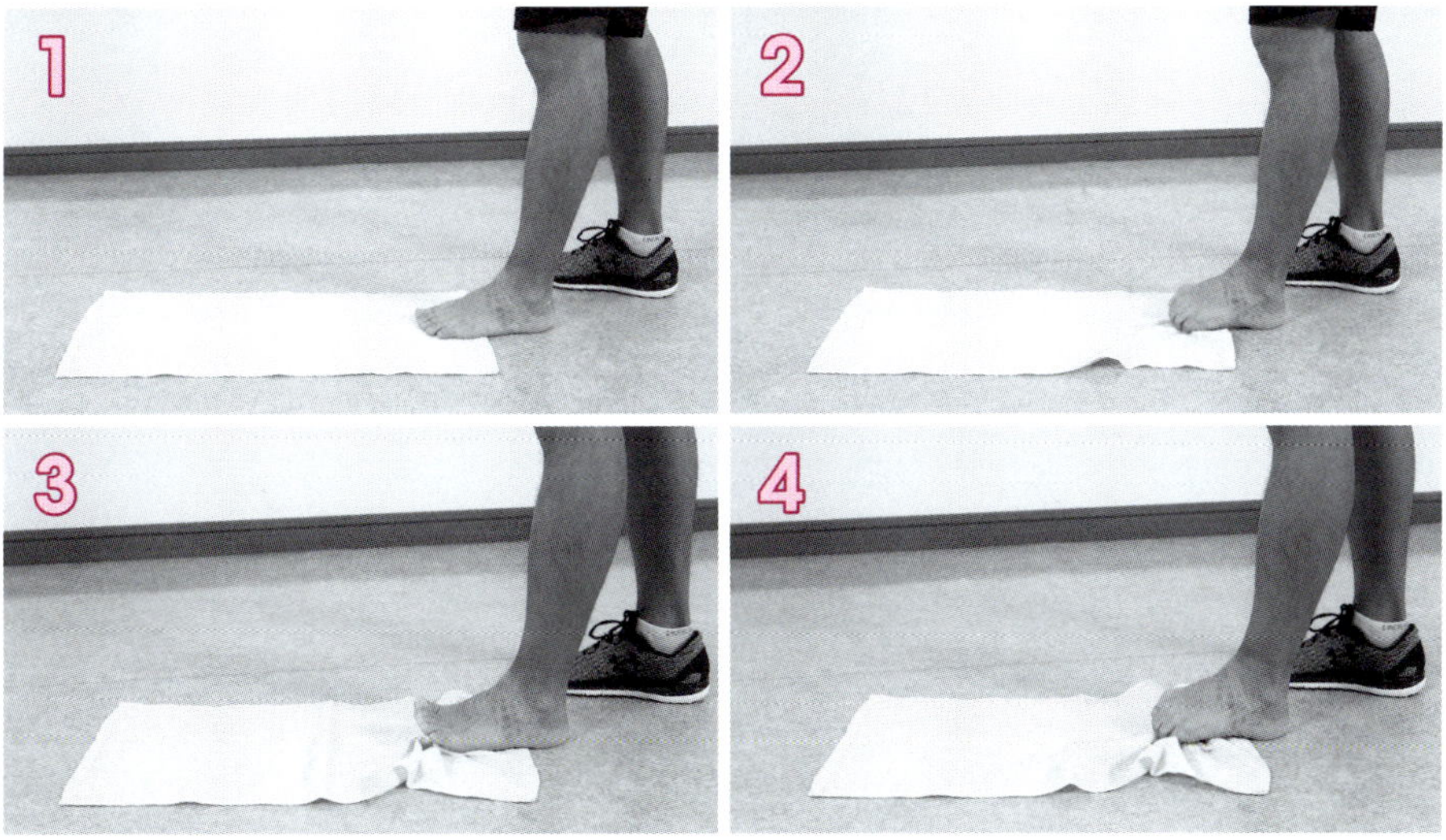


### タオルギャザー

床においたタオルを、足の指を使って手前に引き寄せます。足の指で、グーとパーを繰り返す要領です。こうしたトレーニングを繰り返し行なっていくと、足の指の間も開くようになり、形も変化してきます。

COLUMN 4

# 寝ることも選手の仕事

以前、錦織圭選手がこんなことを言っていたそうです。「オフの日は長くて12時間、毎日最低でも9時間は睡眠をとります。アスリートにとって、寝ることも仕事の一つです」。

錦織選手だけではありません。米プロバスケットボールNBAのレブロン・ジェームズ選手や、テニスのロジャー・フェデラー選手も平均12時間の睡眠をとっているそうです。

さらに、「人類最速の男」ウサイン・ボルト選手、テニスのヴィーナス・ウィリアムス選手やマリア・シャラポワ選手など、さまざまなスポーツのトップ選手が1日平均10時間眠っているという事実があります。

一般の人の多くは、これほど長い睡眠時間をキープすることは難しいと思います。学校や仕事、習い事や趣味など、いろいろなことに時間をとられ、10時間以上も寝ていられないのが現状です。それでも、運動能力を向上させたいと考えたら、どのくらいの睡眠時間をとればいいのでしょう。残念ながら、現時点では、睡眠時間と運動能力の関係性には、明確な答えは出ていません。

しかし、スポーツの能力向上に睡眠が欠かせないということを示す科学的証拠は増え続けています。また、**表1**のように、睡眠不足は日常生活に多大な悪影響をおよぼすことも忘れてはいけません。

「睡眠不足は最大限に身体を使おうと努力したり、運動能力を発揮しようとしたりすることなど、一般的な運動能力には影響を及ぼさないかもしれない。だが、自律神経系や免疫系、思考能力など、運動に直接関連するさまざまな機能を低下させると考えられる。結果として運動能力に悪影響を及ぼす可能性がある」（出典：[redacted]）という論文も発表されています。

もちろん、たくさん寝たからといって試合に勝てるとは限りませんが、練習やトレーニングにかける時間を増やすために睡眠時間を削ることは、間違いなく逆効果です。そうした行動は、ガソリンを入れずに車を無理やり走らせようとするのと同じです。

**表1● 睡眠不足がもたらすもの**

| | |
|---|---|
| 1．死亡の危険性 | 2．交通事故、医療事故 |
| 3．学力低下 | 4．記憶力低下 |
| 5．運動能力低下 | 6．ストレス |
| 7．姿勢の崩れ | 8．判断力低下 |
| 9．肥満 | |

**表2● 理想的な朝食**

- トリプトファンを多く含む食品
  大豆製品（豆腐・納豆・味噌・豆乳など）
  乳製品（牛乳・ヨーグルト・チーズなど）
  鶏卵、魚卵（タラコなど）
  ナッツ類（アーモンド・クルミなど）
  ゴマ、はちみつ、バナナ、白米など
- ビタミンB6（トリプトファンからセロトニン合成を促進させる）を多く含む食品
  魚類（サケ・サンマ・アジ・イワシ・マグロ・カツオなど）、ニンニク、牛レバー、鶏肉など
- 炭水化物（トリプトファンからセロトニンを合成するのに必要なエネルギー源）

## 朝食をしっかりと摂る

スポーツにとっても欠かせない睡眠ですが、その質を上げるために、理想的な食事について考えてみようと思います。眠りの質に大きく影響を与えているのがセロトニンという物質です。

セロトニンとは人間の体内に存在する神経伝達物質の1つで、正常に分泌されることにより、睡眠ホルモンと呼ばれるメラトニンが脳から分泌されます。メラトニンが分泌されると、脈拍、体温、血圧などが下がり、自然な眠りにつくことができます。

眠りを誘うセロトニンの原料はトリプトファンという必須アミノ酸です。このトリプトファンがないと、セロトニンは生まれません。トリプトファンは体内で生成されませんから、質の高い眠りを手に入れるためには、食品からトリプトファンを摂取することが重要なのです。

**表2**にあげた3つが、脳内物質セロトニンを増やすのに不可欠な要素です。良質な睡眠を手に入れて、パフォーマンスを向上させるためにも、朝食をしっかり食べて、トリプトファンを摂取していきましょう。

CHAPTER

# 5

# 試合でバテないために スタミナアップ

ジグザグダッシュ

# テニスに必要なスタミナの話

**テニスに必要なスタミナとは、どのようなものでしょうか。スタミナをアップするトレーニングとともに紹介していきましょう。**

テニスに必要なスタミナは、長時間戦うための筋持久力と、試合中ストップ&ダッシュを繰り返しても息の上がらない心肺能力です。これらを鍛えるための方法として、HICT（高強度サーキットトレーニング）と呼ばれるトレーニングがあります。高負荷の筋力トレーニングと有酸素運動を繰り返し行ない、短時間で身体を追い込む方法です。いつでもどこでも、道具を使うことなく行なえるため、テニスのトレーニングとしても効果的です。

## ●出力をコントロールする

このようなサーキットトレーニングは、出力をコントロールする能力を鍛えるためにも役立ちます。テニスの場合、1ポイントが20秒から30秒ほどで決まりますが、この間、ずっと筋肉をフルに動員していては身体も頭ももちません。たとえば、クロスのゆっくりとしたラリーとか、少しペースが落ちたときに、うまく身体を休められるかどうかが大切なのです。

プロの選手であれば、ゲーム中に「ここは少し抑えよう」とか、「ここは一気にいこう」といった切り替えが可能ですが、一般のプレーヤーではなかなかそうはいきません。そこで、筋力強化のトレーニングの間に有酸素運動であるアジリティ・ステップを入れ、少し筋肉を休ませる要素をプラスしたサーキットトレーニングが効果を発揮するのです。ステップの間は、それまで使っていた筋肉を休憩させて、心肺機能だけを高める意識で行ないます。そうしてオンとオフの使い分けを身につけていくのです。

テニスはマラソンとは違います。マラソンは、最後のスパートを除けば、そのペースがいきなり上がったり、いきなり下がることはありません。そうした出力の変化が大きいのがテニスなのです。

## 筋神経系トレーニング

ここで紹介するトレーニングは、単に筋肉を増加させるためのトレーニングではありません。筋肉を肥大させるためには、3ヶ月ほどかかりますが、筋神経系のトレーニングは筋肉そのものを鍛えるのではなく、脳から筋肉への指令をよりスムーズにするためのものなので、比較的短時間で効果があらわれます。

たとえば、もっと速くスウィングをしたいと考えたとき、これまで経験のない動きですから、最初はその感覚がつかめません。ただし、その動きをなんども繰り返していると、その動きがだんだん苦にならなくなってきます。これは、筋肉への指令が、脳にインプットされたからです。

この筋神経系は、やればやるほど向上します。やっていくうちに筋肉が動く幅も大きくなり、それにともなってスタミナもアップしていきます。毎日5～10分、休まず行なうと効果的です。

### HICT
（高負荷サーキットトレーニング）

有酸素運動であるアジリティ・ステップと筋力トレーニングを組み合わせたHICT（高負荷サーキットトレーニング）は、短時間で身体機能をアップさせる効果が期待できます。さまざまな違った動きを連続させることで、脳から筋肉への伝達機能を高めることもできます。

アジリティ・ステップ（有酸素運動）

プッシュアップ（筋力トレーニング）

# インターバルトレーニング

30秒の有酸素運動と、30秒の筋トレを組み合わせて行ないます。持久力を高めるとともに、テニスの試合に必要なスタミナをアップする効果も期待できます。

**プッシュアップ**

腕をしっかりと曲げて（30秒）

**Point!**

アジリティステップを含め、一つひとつのトレーニングで力を抜いてしまっては、効果は半減してしまいます。刺激が入っている筋肉を意識して、しっかりと動くことがポイントです。

**アジリティステップ**（30秒）

**デッドバグ**

腕、脚をしっかりと上げる（30秒）

**スクワット**

背中が曲がらないように注意（30秒）

2

**アジリティステップ**（30秒）

細かいステップを踏み、その後膝の角度が90度になるようにモモ上げダッシュをその場で行なう

3

**プローンプランク**

身体の線を意識（30秒）

4

**アジリティステップ**（30秒）

5

**ランジ**

足をしっかり大きく踏み出す（30秒）

筋力トレーニングは、プッシュアップ、プローンプランク、ランジ、腕の幅を広げたプッシュアップ、デッドバグ、スクワットの順番で行ないます。それぞれ動きが流れてしまわないように、しっかりと行なうことがポイントです。そして、その間に有酸素運動であるアジリティステップをはさみます。かなりハードなトレーニングですので、きついようであれば、最初は時間を少し短くしてトライしてみてください。

6

**アジリティステップ**（30秒）

7

**腕の幅を広げたプッシュアップ**

背中をまっすぐにキープ（30秒）

8

**アジリティステップ**（30秒）

# スパイダー

ボールを拾って前後左右に素早く動くトレーニングです。

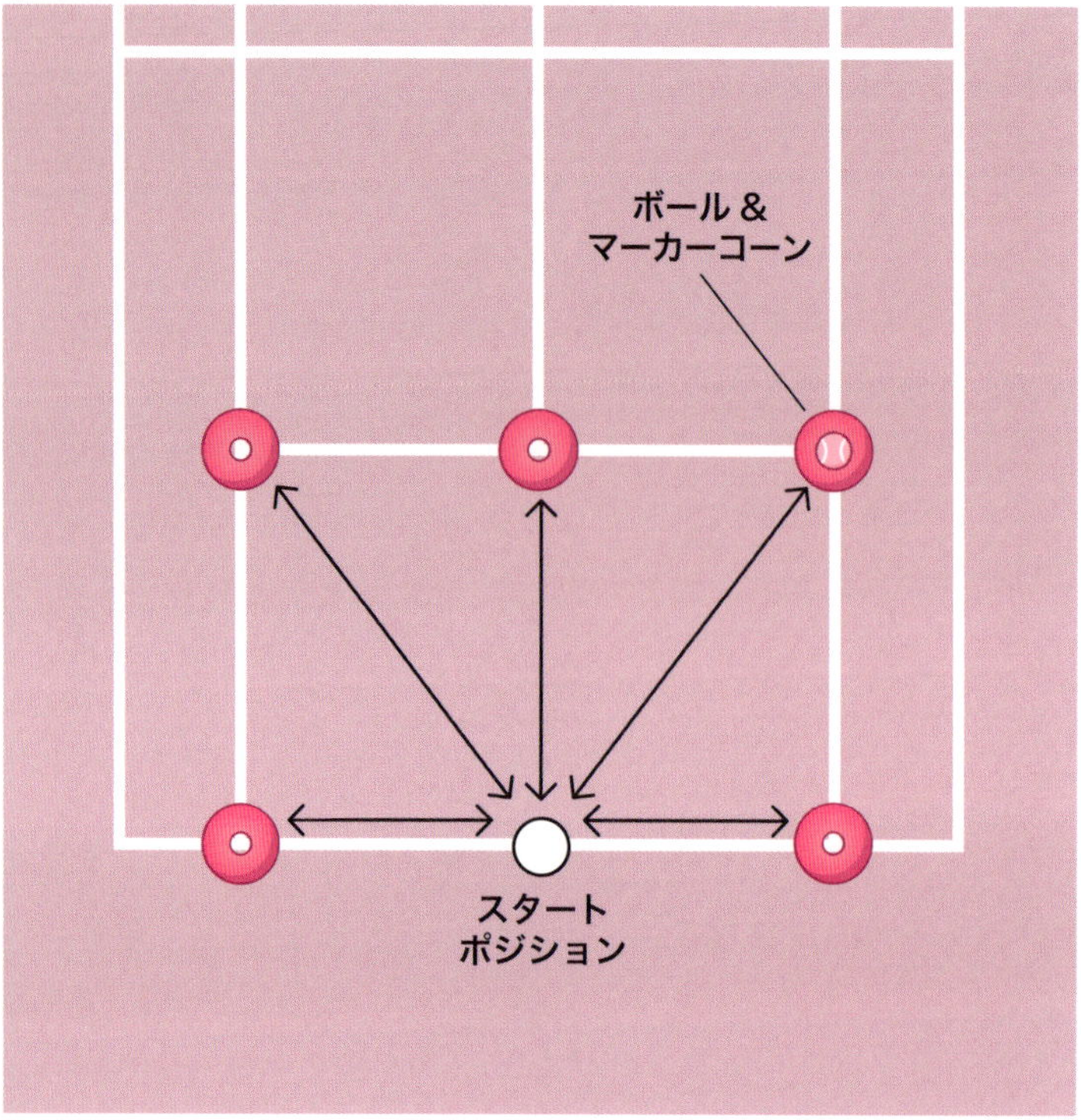


テニスは、前後左右に動くスポーツです。また、止まってからすぐに動き出す瞬発力も求められます。スパイダーでは、ハーフコートの５箇所にボールをセットし、そのボールを拾ってスタート位置に戻ります。まっすぐに、横に、斜めに、さらにうしろストップ＆ダッシュすることで、あらゆる方向に対応できる筋力と持久力を鍛えることができます。

**Point!**

メリハリのあるストップ＆ダッシュを意識しましょう。

コーン上のボールをピックアップしてスタートポジションのラケットのところに集める

DEVELOP STAMINA

オンコート

# ジグザグダッシュ

マーカーコーンを目印に、ジグザグにストップ&ダッシュを繰り返します。

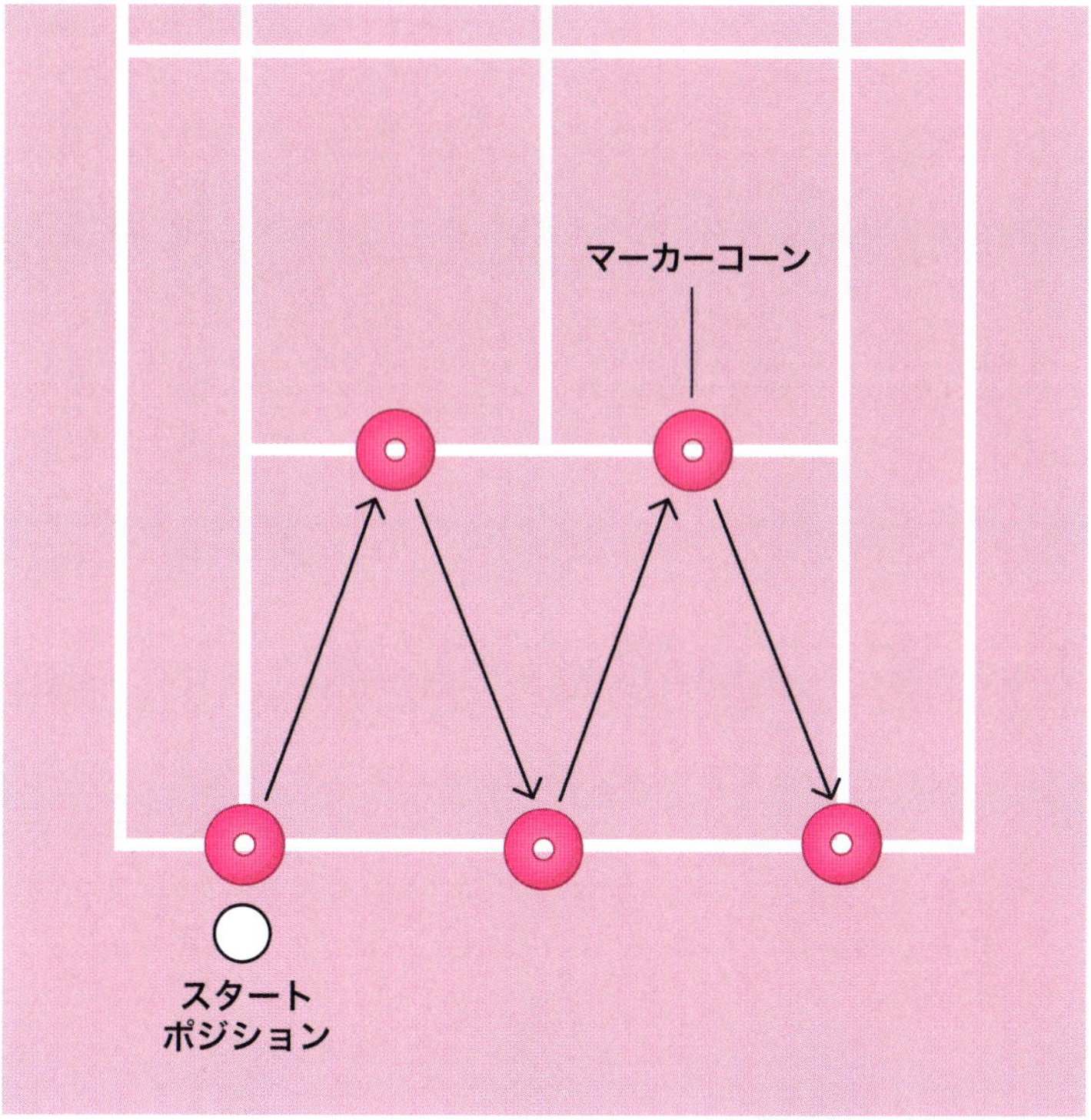


コート上にマーカーコーンをセットして、それを目指してジグザグにダッシュを繰り返します。コーンのところで動きが止まってしまわないように、できるだけ素早く動くようにします。下半身だけでなく、心肺機能を高めることができます。コーンをまたいで戻るときはうしろ向きにダッシュします。

**Point!**

コーンのところで止まらずに、動きを連続させることがポイントです。

コーンをまたいだらうしろ向きにダッシュ

# サイドステップ

サイドに移動しながら素早い切り返しをトレーニングします。

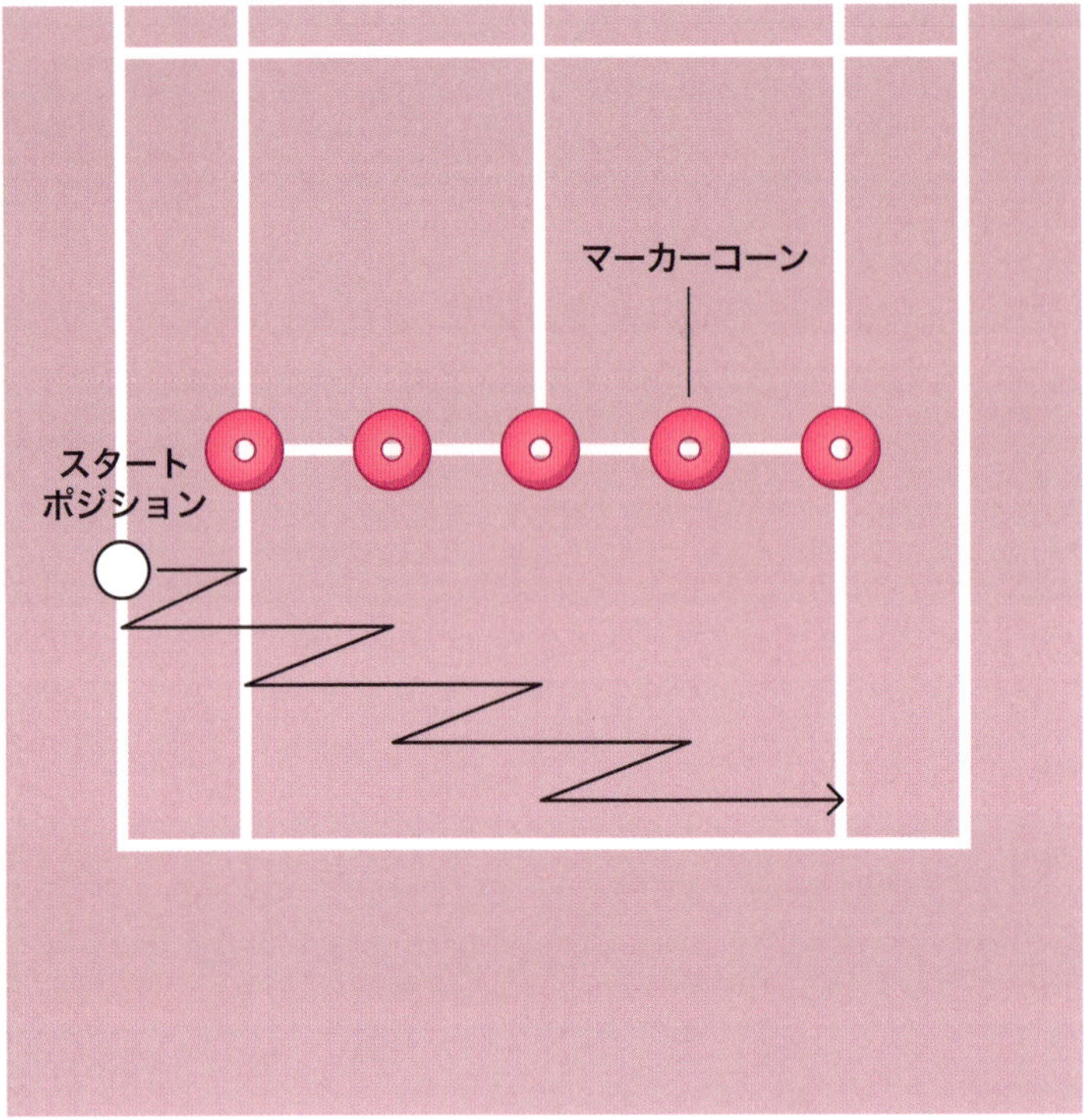


マーカーコーンを直線にセットし、それを目印に素早い切り返しを練習します。重心の位置を身体のセンターに置き、上体がぐらつかないように注意します。切り返しのところで、小指側に荷重が乗りすぎると捻挫するリスクが高くなります。拇指球への荷重を意識して、安定した切り返しを目指します。

**Point!**

重心の位置は身体のセンターにキープ

切り返しのときに捻挫しないように注意する

CHAPTER

# 6

# 試合の前に行なうと効果的なウォーミングアップ

ジャンピングジャックス

肩甲骨を左右に動かす

肩甲骨を前後に動かす

# ストレッチでスイッチオン

**試合の前に行なうストレッチについて考えてみましょう。試合に向けて徐々に身体を温めるという意味合いから、同じ姿勢をキープする静的ストレッチよりも、少し動きをともなう動的ストレッチが適しています。**

試合に備えて、ダイナミックストレッチ（動的ストレッチ）を行ないます。スタティックストレッチ（静的ストレッチ）よりも身体を温めやすく、テニスの動きに近い動きを取り入れることで、プレーへの導入をより自然なものにしてくれます。

朝一の試合であれば、まだ身体が運動する状態になっていないので、軽くジョギングしたり、縄跳びなどを行なって、少し筋肉を温めて準備します。最初は大きいところから、身体の中心である背骨や肩甲骨、骨盤から動かしていきます。そして徐々に細かい部位に移っていきましょう。最後は素振りでもいいので、テニスにより近い動きを行なうようにします。

大きな筋肉から刺激を入れていくのですが、しっかりと動かす意識がないと効果は期待できません。肩甲骨を左右に動かすストレッチで、腕だけを振っていても意味がないのです。動かす筋肉を意識して、身体に刺激を入れることが大切です。

## ●ストレッチをやらないと

ストレッチを行なわないと、各関節の可動域が狭い状態になり、怪我のリスクが高まります。また、全体的なプレーのパフォーマンスも下がってしまうので、プレーの前は必ず行なうようにしましょう。プレーの30分くらい前からはじめて、一度呼吸を上げておきます。10分から15分くらい行なったらウエアを着替えて、呼吸を落ち着かせてプレーに入ります。あまり早く切りあげてしまうと、身体が冷めてしまうので注意が必要です。

呼吸を止めないこと、少し汗ばむくらいを目安に、大筋群から動かしていくことがポイントです。

## 筋肉の伸び縮みを引き出す

プレー中は、筋肉は伸びたり縮んだりします。この筋肉の伸び縮みを意識することで、ストレッチの効果はより高まります。スタティックストレッチの場合は、筋肉を伸ばすストレッチですから、伸ばしている方の反対側の筋肉は休んでいる状態です。ダイナミックストレッチのように、動きを取り入れて筋肉の伸び縮みを引き出すものとは、似ているようですがその効果は異なります。ゴムは伸び縮みしますが、筋肉は基本的に縮むだけで自ら伸びることはありません。ダイナミックストレッチによって、しっかりと伸ばしてあげることで、縮むパワーも増幅します。

スタティックストレッチは、怪我などをしている場合には有効ですが、スポーツ前には、ダイナミックストレッチをお勧めします。

## ストレッチの心得

**POINT 1**

### プレー開始の30分前から

あまり早く始めてしまうと、
身体が冷えてしまうので注意が必要です。

**POINT 2**

### 大きい部位から動かす

肩甲骨や骨盤など、
身体の中心である大きい部位から行ないます。

**POINT 3**

### 呼吸を止めずに汗ばむ程度に行なう

呼吸を止めてしまうと、
筋肉に力が入りストレッチが効きません。
ゆったりと呼吸しながら行なうようにします。

# ジャンプ

**背中が丸まらないように、まっすぐな姿勢でトライ。**

## 1

リズミカルに、軽くジャンプをします。全身をリラックスさせて、弾むように動くことが大切です。

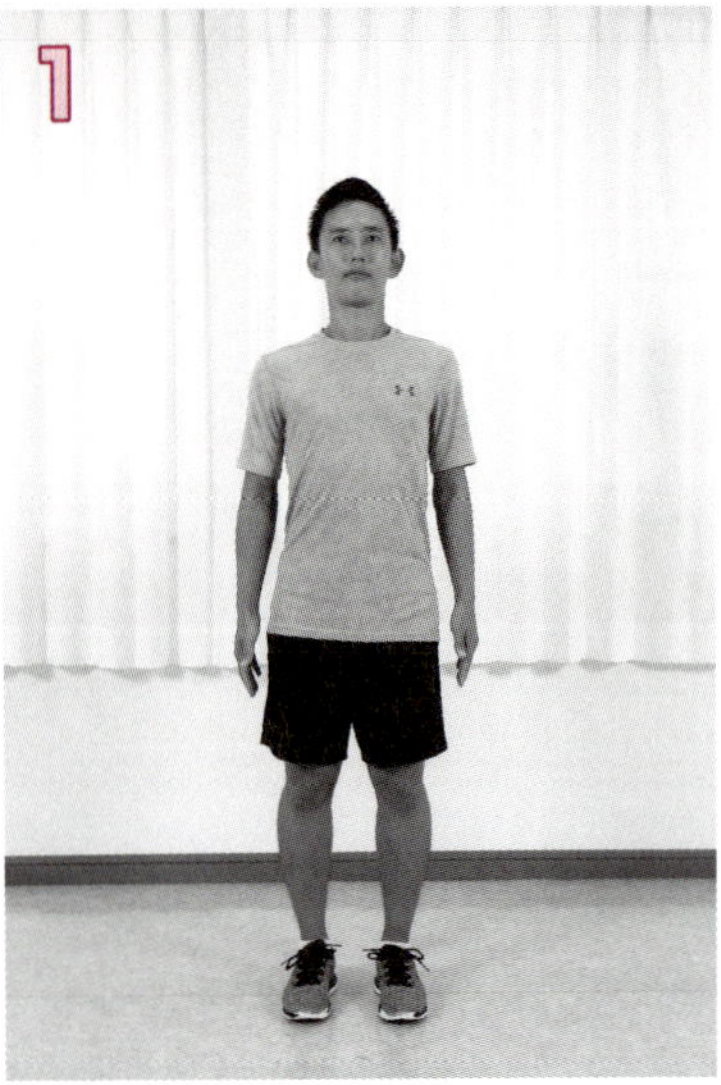


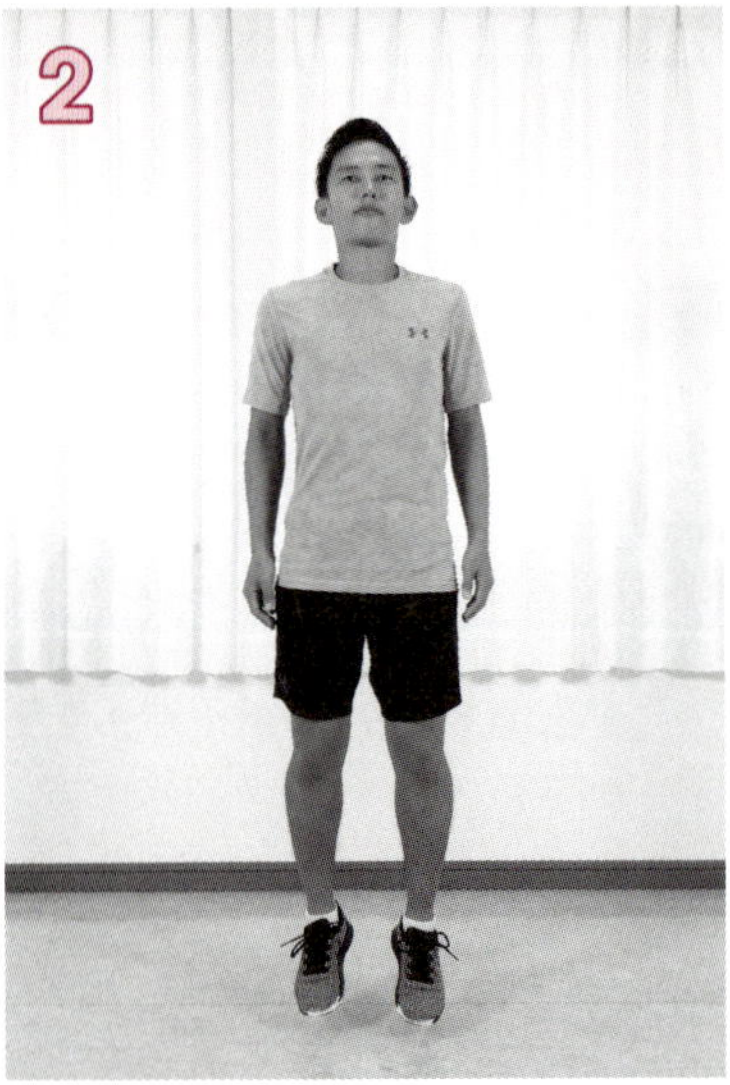


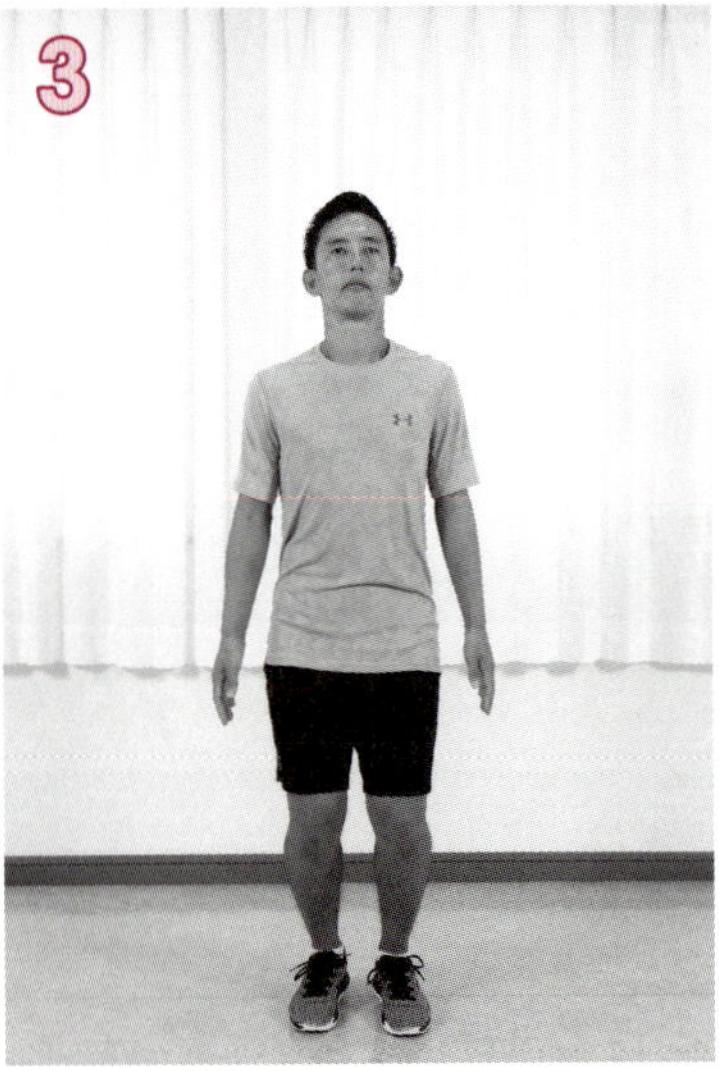


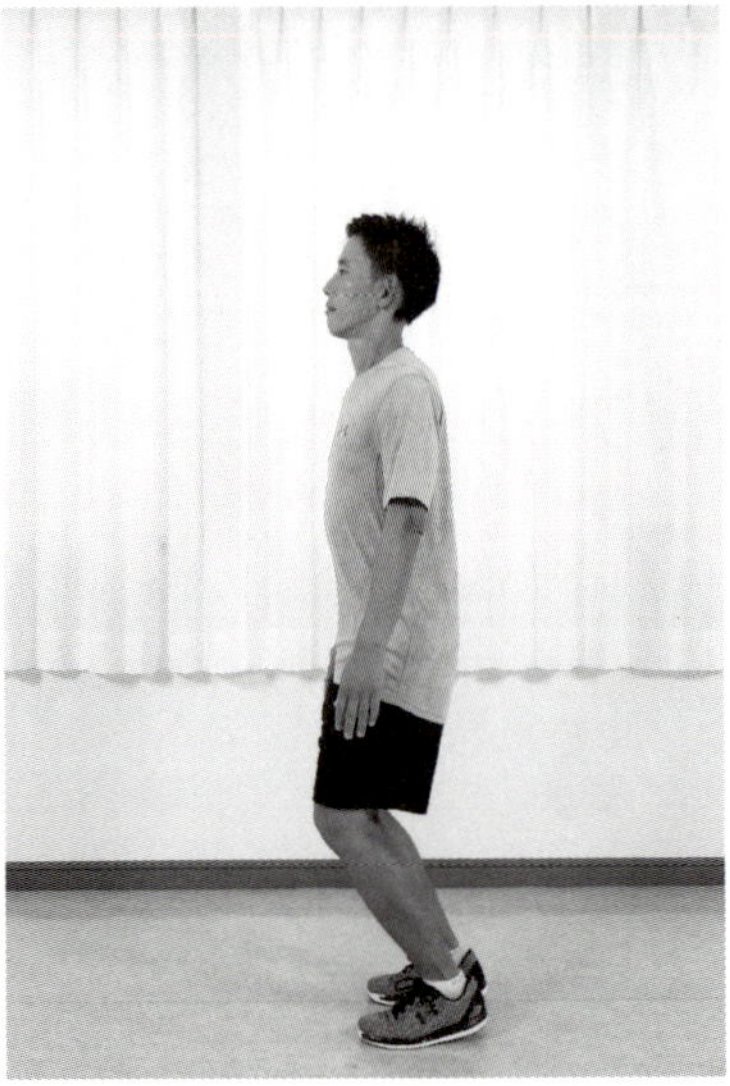

## 2

少し、ヒジの曲げ伸ばしも使って肩甲骨を上下させるように、やわらかい動きを心がけましょう。ヒザも伸ばしたままではなく、床からの衝撃をうまく吸収できるように使います。

**Point!**

身体に振動を与えて、血流を促すことがポイントです。

WARM-UP
身体をリラックスさせる

# シザースジャンプ

足を前後に踏み替えながらジャンプします。

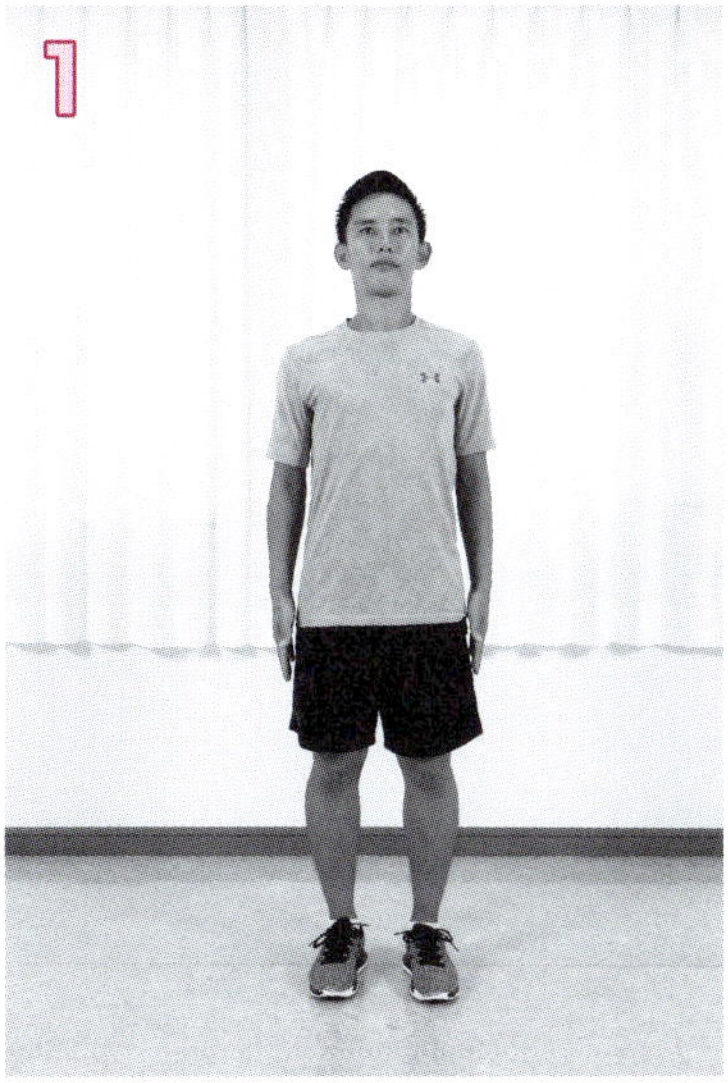


**1** あまり顔の位置がぶれないように、身体の軸を意識してジャンプします。上体をリラックスさせて、腕を前後に振りながら行ないます。

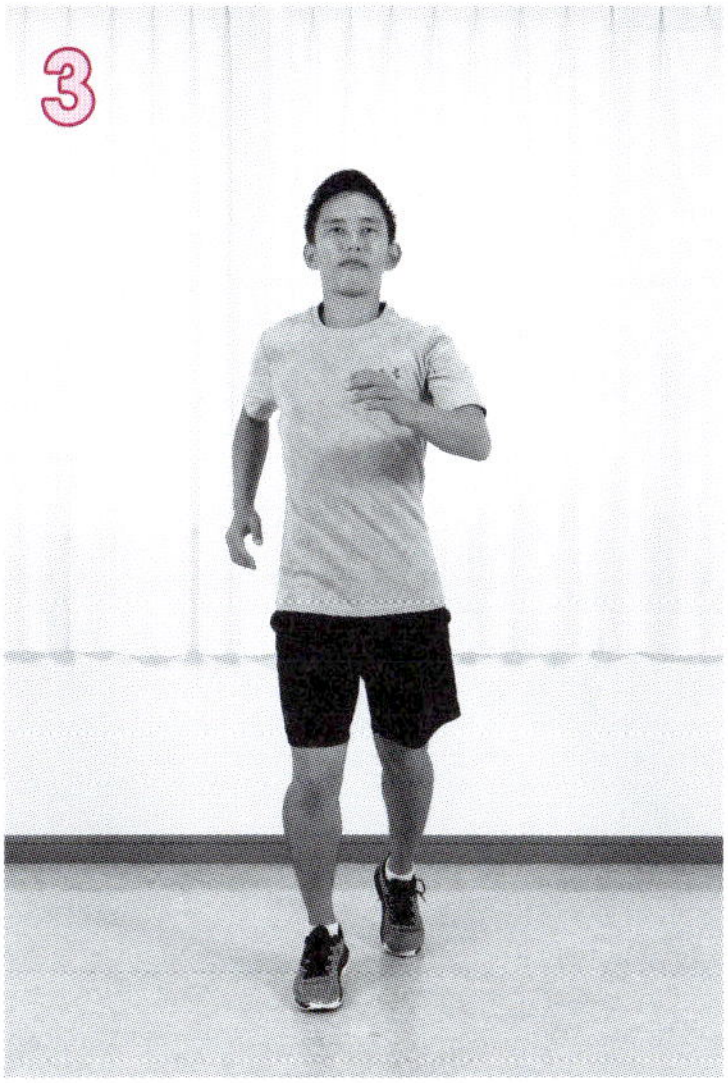

**2** ジャンプをするとき、腕を振りながら股関節を前後に揺するようにジャンプすると、足の踏み替えが自然に行なえます。できるだけ全身をリラックスさせて、弾む感覚をつかみましょう。

**Point!**

ジャンプするというよりは、全身でたわみを引き出す感覚がポイントです。

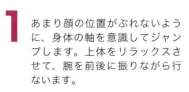

# ジャンピングジャックス

**ジャンプをしながら腕や足を動かします。**

**1** ジャンプに合わせて足を広げたり、腕を大きく振って、上体、背中、股関節全体をゆるめます。タイミングよく足を広げ、手を頭の上でタッチする運動をリズミカルに繰り返します。動きはそれほど早くなくてもOKです。

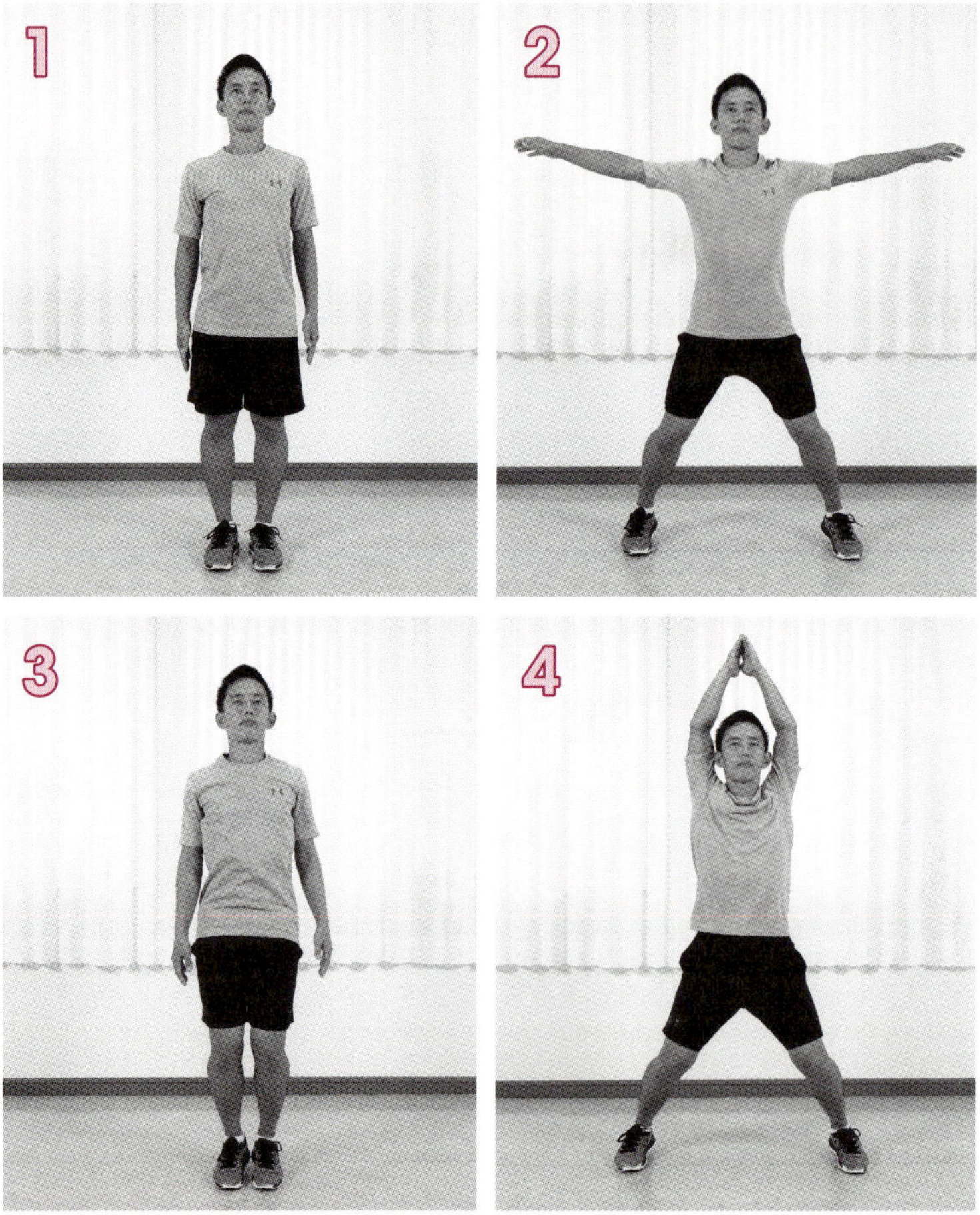


**Point!**

あまり高く飛ぶ必要はありません。足首をリラックスさせて、軽く使うことがポイントです。ドスン、ドスンではなく、靭帯の弾力を利用して、床からのショックを吸収します。

**ヒジが曲がってしまう**

タッチの際、ヒジが曲がっていたり、位置が低いと肩の運動になりません。ヒジはできるだけ高い位置にキープすることが大切です。

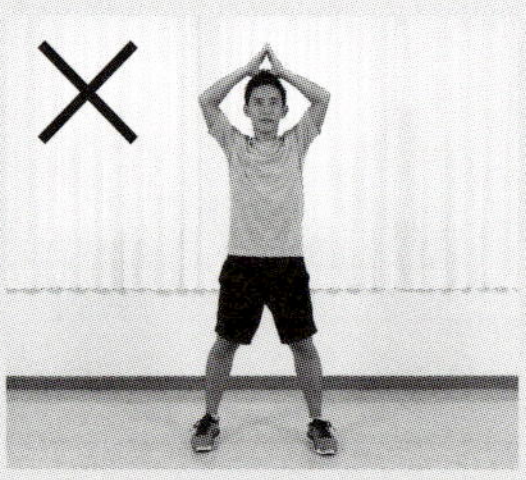

WARM-UP
股関節をゆるめる

# 前後屈

**お尻の位置が前後するイメージで行ないます。**

## 前屈

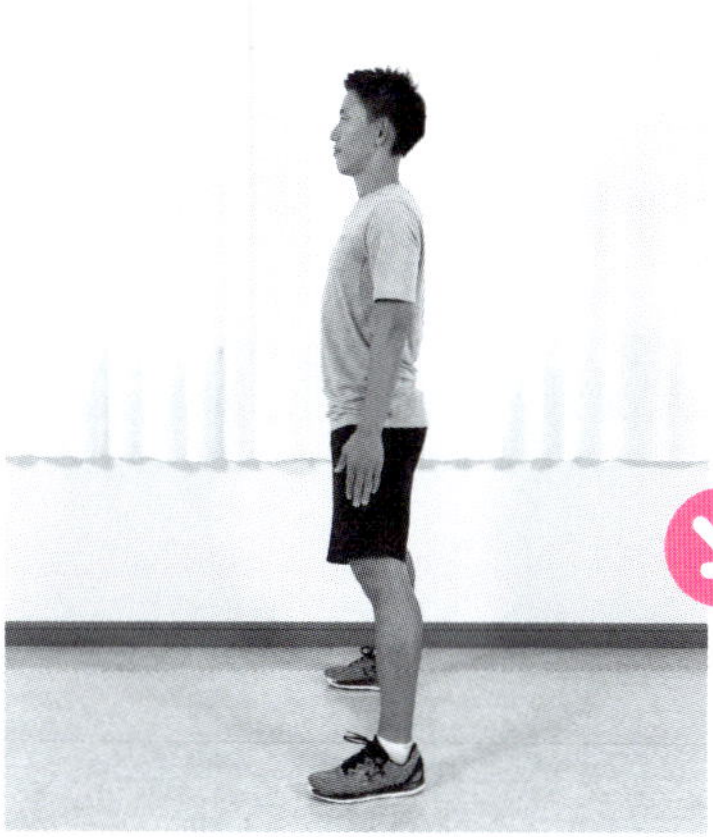

**1** 足は腰幅の1.5倍から2倍に開きます。

**2** 骨盤からおじぎをするように上体を前に倒します。その後、上半身の力を抜いて、うしろにテンションをかける感覚です。

**3** 曲げたまま上体を左右に振り、肩周り、腕まわりもリラックスさせましょう。

## 後屈

**1** 腰に手を当てて構えます。

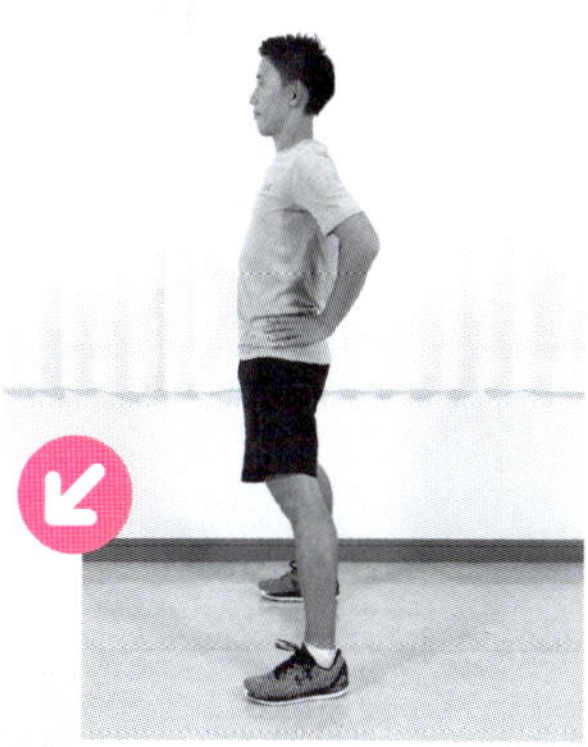

**2**

腰を前に出す動きとバランスを取るために、上体がうしろにいくというイメージで行ないます。腰を動かさないで後屈しようとすると、逆に緊張してしまうので注意が必要です。

**Point!**

前屈ではおしりがうしろに下がるイメージ、後屈はおしりが前に押されるイメージがポイントです。股関節を前後に動かす感覚で行なってみましょう。

WARM-UP

背中をゆるめる

# 肩甲骨を左右に動かす

背中がひねられるようにスウィングします。

**1** 足は腰幅よりも少し広く開いて構えます。少し背中を丸め、上体をリラックスさせます。

**2** **1**の状態から手を身体の前で組んで、左右にスウィングさせます。軽く、気持ちよく揺すりましょう。背中がひねられて、足もそれに合わせて動くイメージです。

**3** 肩甲骨がしっかりと動くように、ヒジをできるだけ遠くに動かします。

**4** スウィングが大きくなったら、そのまま腕を回します。背中が動いていることを意識して、大きく回すことが大切です。腕の動きが大きくなると、それに合わせるようにかかとも上がります。動きを足裏に伝える意識も大切です。

**Point!**

体が硬い人は、動きは小さくても構いません。無理をしないように、少しずつ動きを大きくしていきましょう。

×

手だけがぶらさがり、背中が動かない。

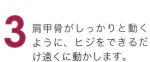

WARM-UP
肩甲骨をゆるめる

# 肩甲骨を前後に動かす

肋骨の柔軟性を同時に引き出します。

**1** まっすぐに立って、腕を斜め前に出します。

**2** 1の状態から、肩甲骨を前に引っ張り出すようなイメージでさらに腕を前に伸ばします。このとき、胸が張っていると肩甲骨を引き出すことはできません。肩甲骨とともに、肋骨の柔軟性を引き出すイメージで行ないます。

腰の前後で腕を前に出したり、引いたりしています。これでは、肩甲骨は動いてくれません。

**Point!**

腕を前に伸ばすとき、肩がすくんでいると首まわりにテンションがかかってしまい、肩こりにつながるので、できるだけリラックスさせて行ないます。

**3** ヒジを90度に曲げ、腕を左右に広げ、肩甲骨を寄せていきます。胸が縮んでいると肩甲骨は寄りません。しっかり胸を開くことが大切です。

# 腕の回旋

**腕をしっかり回旋させます。**

## 1

腕を左右に伸ばして、まっすぐに立ちます。

## 2

伸ばした腕を、つけねから前後に回旋させます。意識は腕のつけねにありますが、胸の筋肉、腕の筋肉は胸骨から腕につながっているので、腕を回したり、あげたりするときは、必ず鎖骨が動きます。このトレーニングは、鎖骨から動きを作るイメージで行ないます。

## 3

今度は、左右逆向きに回旋させます。腕を伸ばして回旋させるとき、鎖骨が動いているかどうかをチェックしながら行ないます。

**Point!**

**どこから動かすか**

どこが動いているかではなく、どこから動かすかということを意識することがポイントです。

手首だけが動き、二の腕が回っていません。二の腕、鎖骨でしっかり動きを連動させることが大切です。

WARM-UP
身体に信号を送る

# 骨盤回し

## ゆっくりと円を描くイメージ。

**1** 足幅は骨盤よりもやや広めにキープします。その状態から、うしろから前、前からうしろへお尻の位置を移動させます。ゆっくりと円を描くイメージです。全方向に移動させることで、靭帯がゆるんだり、テンションがかかるのを感じながら行なってください。ヒザをやわらかく使うことも大切です。

1

2
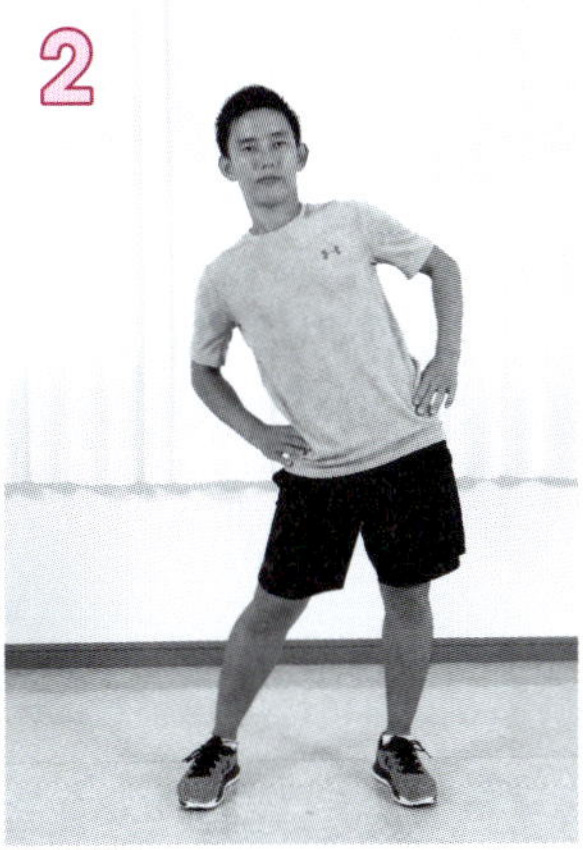

3

4

5

**Point!**

うまく回せないという人は、あまり大きく動かす必要はありません。小さな動きで、足裏で、体重のかかる部分を感じながら行なってみます。

# 四股踏み

安定したストロークや、素早いステップの切り返しなどには、股関節の柔軟性が欠かせません。ここでは、相撲の四股を踏む要領で、股関節の柔軟性を引き出すトレーニングにトライします。

## 1

身体をまっすぐに保ち、両足を大きく広げたところからスタートします。

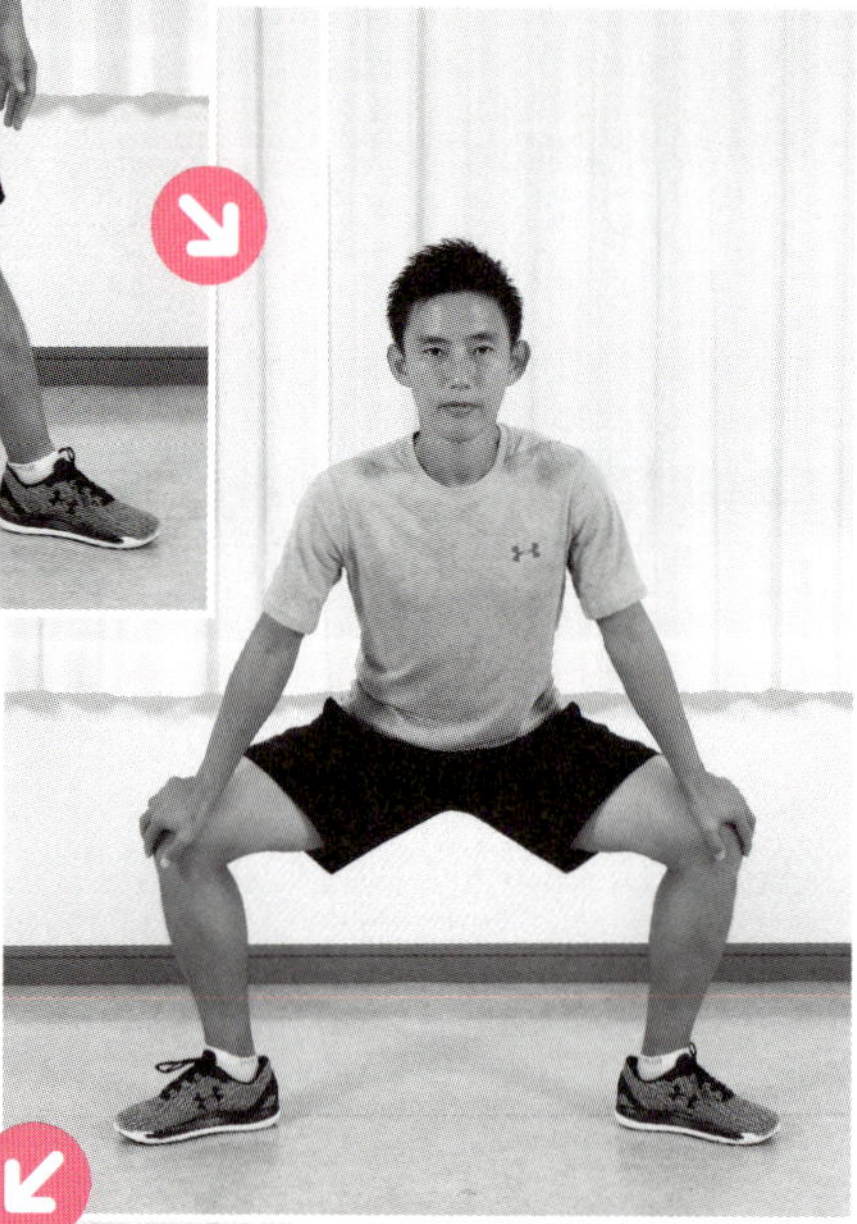

## 2

1の状態から腰を落とし、両手をヒザに当てて四股踏みの態勢を作ります。このときつま先は適度に開いておきます。

## 3

上体をローテーションさせて、しっかりと肩を内側に入れます。顔の向きも上体に合わせて動かします。

手でヒザを
外に押す

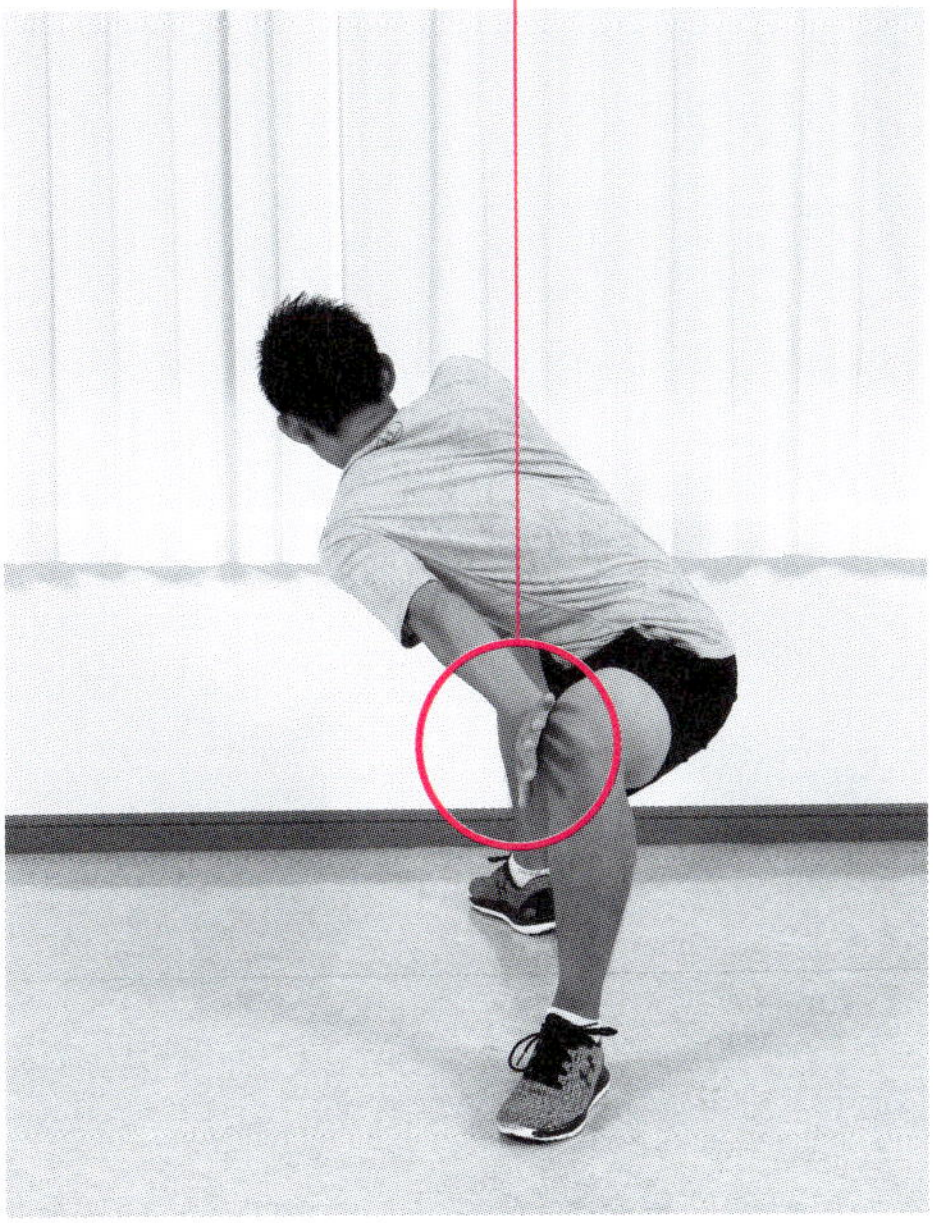

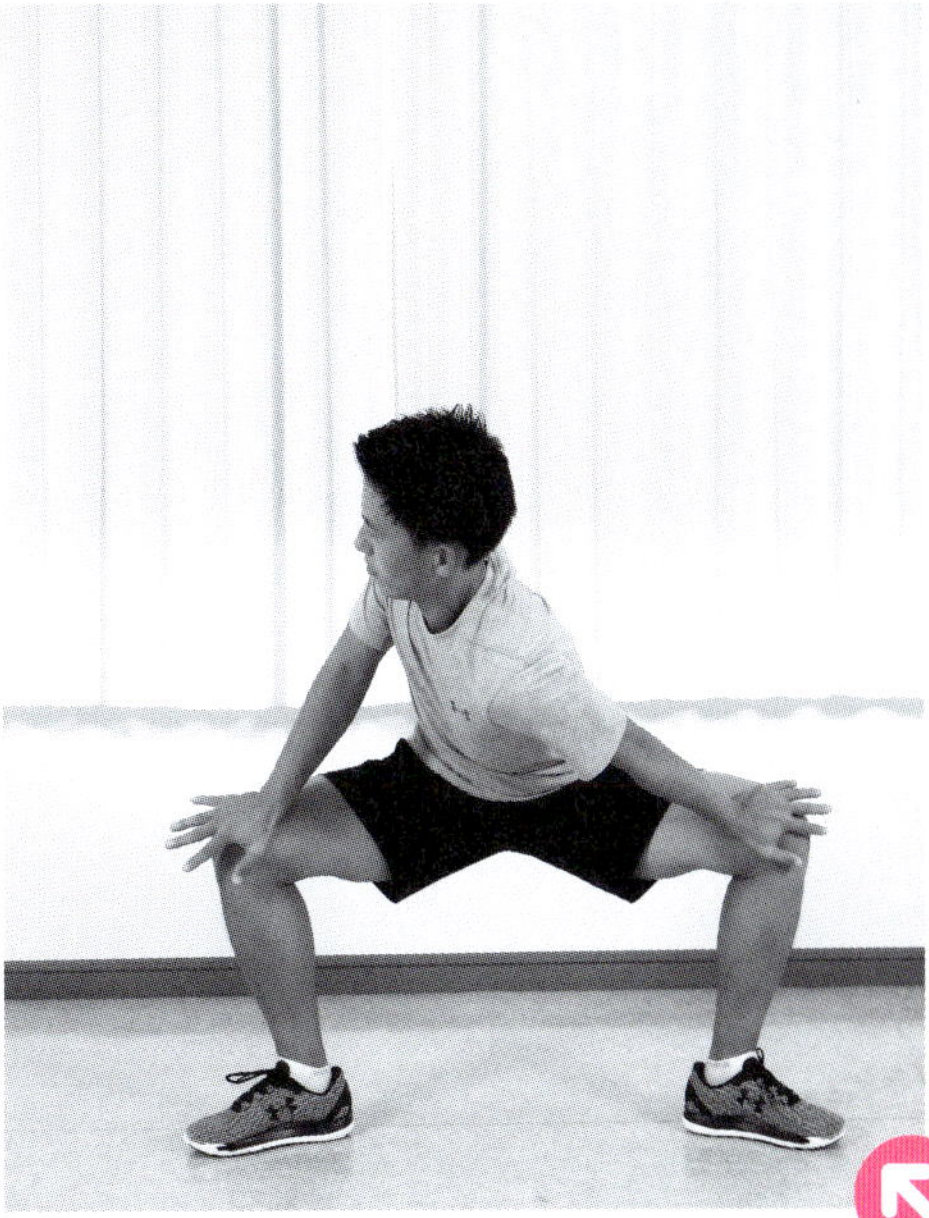

## 4

反対側も同じように
行ないます。

### Point!

**ストロークの
構えにつながる**

しっかりと身体を起こした状態から肩を入れます。こうすることで、モモから脇、背中にかけて刺激が入ります。この状態が安定したストロークの構えにつながります。

×

**背中が
丸まってしまう**

背中が丸まってしまうと、股関節にも、背中にも刺激が入りません。十分な効果を引き出すためにも、背中はまっすぐに保つようにします。

COLUMN 5

# 「痛み」は身体が発するサインです

私は、肩やヒジ、手首に違和感があったり、足首を捻挫しているなど、どこかしら不調や痛みを抱えている選手を数多く見てきました。そんな選手の多くは、怪我がそれほど深刻でない場合、とくに治療もせず、時間の経過とともに痛みがなくなったから大丈夫だと思っています。しかし、本当に大丈夫なのでしょうか？

本人は気づいていませんが、そうした不調は確実に普段の生活やテニスのプレーに影響をおよぼしています。人は、痛みを感じると動き自体が変わってきます。それは不自然な動きであり、痛みを抱えてプレーし続けることにメリットがないことは明白です。

## 負の運動連鎖

男子のジュニア選手で、ヒザの調子があまり良くない選手がいました。試合が重なったため、根本的な治療を受けないままプレーを続けていましたが、試合の前後はしっかりとケアをしていたので、慢性的な痛みにつながることはありませんでした。

しかし、実際にプレーを見てみると、ヒザの影響でうまく踏ん張ることができず、フォームが崩れていました。心配になって選手の身体をチェックすると、腰が本来の位置からずれて、胴体から肩、頭の位置まで歪んでいることがわかったのです。

私が「膝はどう？」と聞くと、彼は「そんなに気になりません」と答えます。さらに「肩は痛くない？」と聞くと「痛いときがあります」と答えていました。これは、完全な負の運動連鎖の兆候です。

ヒザの痛みを避ける動きを身体が自然に選択し、フォームの崩れへとつながったのです。こうなると、最初の症状とは違う所に痛みが発生します。人間の身体は非常にうまくできていて、どこか一部に機能不全が起きても、それを補って、なんとか辻褄を合わせようとします。これが身体全体のバランスを崩し、予想もしなかった部位の痛みを引き起こすのです。

## 左右の非対称性を理解する

テニスは、左右非対称性が高い競技です。そのため、何もケアをせずに毎日を過ごしていくと、身体はどんどん歪んでいきます。痛みを初期段階で食い止め、負の運動連鎖のパターンに陥らないためには、身体を左右対称の状態にもどし、正しい運動パターンを再学習させる必要があるのです。

痛みは、私たちの身体に迫る脅威を知らせる重要なサインです。痛みが感じられなかったら大変なことになります。うまくなりたい、試合に勝ちたいと思う心は、選手として当然の思いです。しかし、楽しくプレーを続けるためには、痛みや違和感を感じたとき、すぐに適切に対処することが必要なのです。

「後悔先に立たず」

ちょっとした痛みや違和感を見逃してはいけません。痛みを感じたら、すぐに専門の治療院で診断を受けることが大切です。

CHAPTER

# 7

# 試合の次の日に疲れを残さないクールダウン

ソラシックローテーション

二の腕のストレッチ

ヨガストレッチ

# 疲労回復を促すクールダウン

**プレーで疲れた筋肉をほぐすことは、疲労回復にも大きな効果があります。使いっぱなしではなく、明日に疲れを残さないためにも、しっかりクールダウンを行ないましょう。**

## ●クールダウン・ストレッチ

お尻まわり、広背筋、モモのまわりの筋肉をゆっくりと伸ばします。筋肉を使ったということは、縮ませたということですから、ゆっくりと呼吸しながら、正しい長さに戻す必要があります。無理せず、だらーんと、リラックスして行ないましょう。

使った筋肉をそのままにしておくと、縮んだ状態で筋肉が硬くなってしまい、関節の可動域も狭くなってしまいます。疲れがとれないばかりか、プレーのパフォーマンスを大きく落とすことにつながるので注意しましょう。

また、筋肉を動かすと、そこに血液や組織液が流れます。激しい運動で疲労した筋肉は、わずかな筋拘縮を起こした状態です。プレーのレベルに関係なく、筋肉をゆっくりと伸ばしながら呼吸することで、そこに血液や組織液が送り込まれ、疲労の回復と補修が促されるのです。

## ●スイッチをオフにする

プレー後のジョギングは、メンタルを落ち着かせる意味もあります。試合で緊張したモードをオフにするということです。ゆっくり試合の反省をしながらジョギングをしましょう。身体とともに脳も休ませてあげる、それもクールダウンのうちです。

筋肉を包んでいる筋膜や皮膚は、熱を入れることで拘縮が解けていきます。試合後のクールダウンはもちろんですが、家に帰り、お風呂に入って筋肉がゆるんだところで、ゆっくりストレッチをしてあげると、次の日に身体がぐっと楽になります。

## 試合中に痛めてしまったら

どこかを痛めてしまったら、試合後すぐにアイシングを行ないます。アイシングを施すとまわりの健康な組織も硬くなってしまうので、10分、15分アイシングしたら一度はずして、痛みのないところはほぐしてあげることが大切です。少し熱を入れてあげるように、皮膚を動かすだけでも効果があります。それを3、4回繰り返すことで、患部に血液も通いやすくなり、患部以外が固まるのを防いでくれます。

## ダメなクールダウン・ストレッチ

### 1
### 力んでしまう

伸ばそうとして身体に力みが入ったり、
呼吸が浅くなるのが一番ダメなパターンです。
リラックスしたいのに、
スイッチが入ってしまうからです。

### 2
### 痛みを感じる

痛みを感じるようではいけません。
少しつるような感じはあると思いますが、
それが強すぎると痛みにつながります。
痛気持ちいいくらいがちょうどいいでしょう。

### 3
### 呼吸が安定しない

呼吸が乱れるとリラックスできません。
ゆっくりとした呼吸で、交感神経、副交感神経を
司る脳を休めてください。

COOL DOWN

背筋を伸ばす

# 背中のストレッチ

**四つん這いの状態で、背中の部分のストレッチを行ないます。**

**1** 四つん這いの姿勢からスタート。

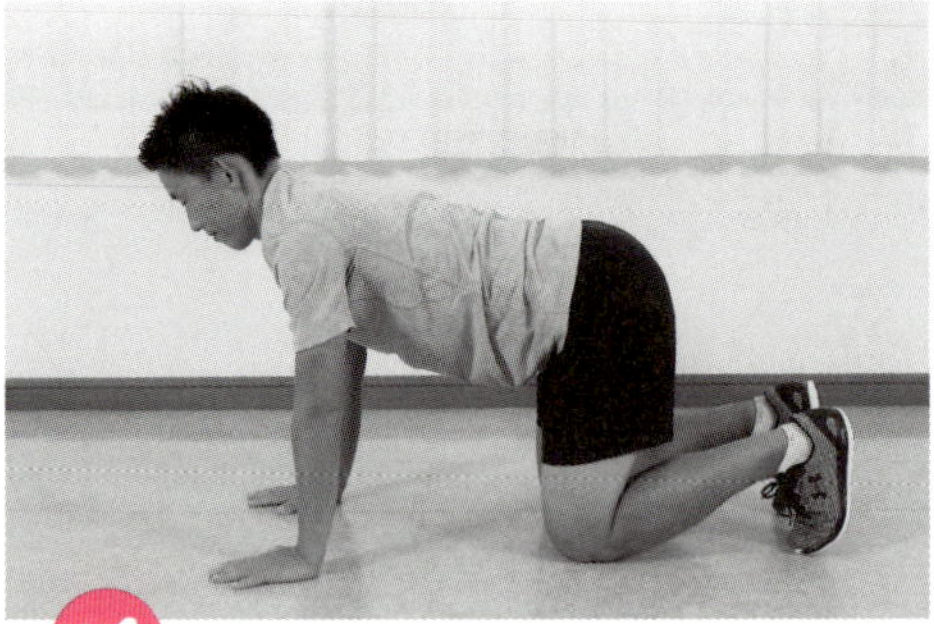

**2** **1**の状態から、手の位置は変えずにそのままおしりをうしろに引いていきます。

**3** 頭の位置も下げて、おしりをかかとにつけるようにすると、腕のつけねから脇腹が伸ばされます。

**4** 伸ばしていた腕を引きつけ、みぞおちを持ち上げるようにします。大きく肋骨が動いているのを意識しながら鼻から息を吸って、口から吐きます。20秒くらい、ゆっくりと繰り返します。

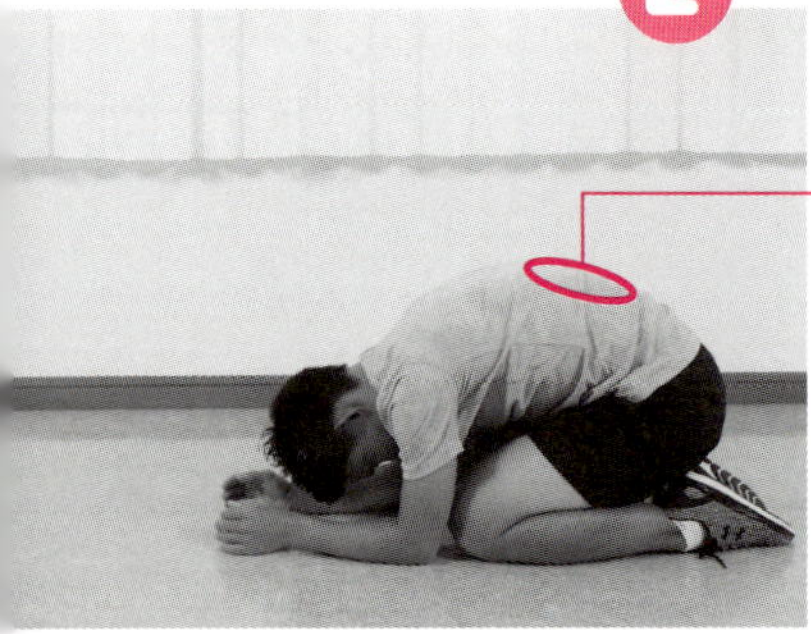

背中に呼吸のスペースをつくる

**Point!**

おしりをうしろに引いたとき、手が動いてしまうとストレッチになりません。手の位置は動かないように注意します。

COOL DOWN

胸筋を伸ばす

# ソラシックローテーション

**背中と同様、胸の筋肉を伸ばすストレッチです。**

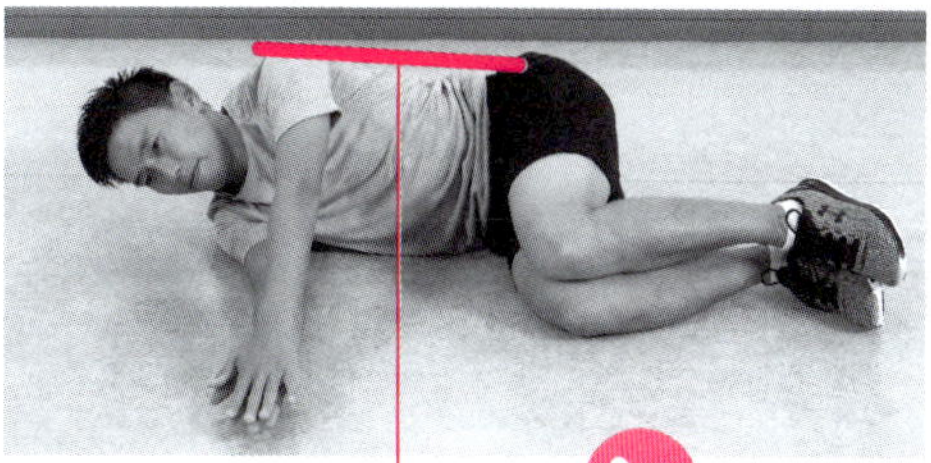

背骨は
まっすぐ

**1** 横向きに寝て腕を前に出し、股関節とヒザを90度に曲げます。頭をしっかりと起こして、背骨を一直線にキープします。つらい場合は、頭に枕などを当ててもOKです。

**2** 片腕を上げます。このとき、手の先を見るように首と目線も動かしていきます。

**3** そのまま胸を開いて、腕を反対側まで広げます。顔も反対側に向けて、上体と下肢のねじれを感じるようにします。

手を動かしたとき、手だけが落ちると肩を痛めます。肩甲骨と手は一直線にキープして、胸を開くことで手を移動させる意識がポイントです。

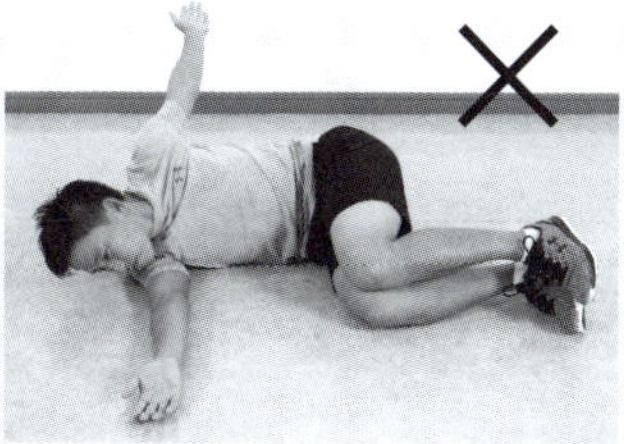

## Point!

足を揃えていると浮いてしまうという人は、クロスさせても構いません。

COOL DOWN

腰回りを伸ばす

# 股関節まわりのストレッチ

**無理をせず、ゆっくりとした動きでトライします。**

## 1

仰向けに寝て腕を大きく広げ、胸を開きます。両ヒザを立てた状態からスタート。

肩が床から離れないように

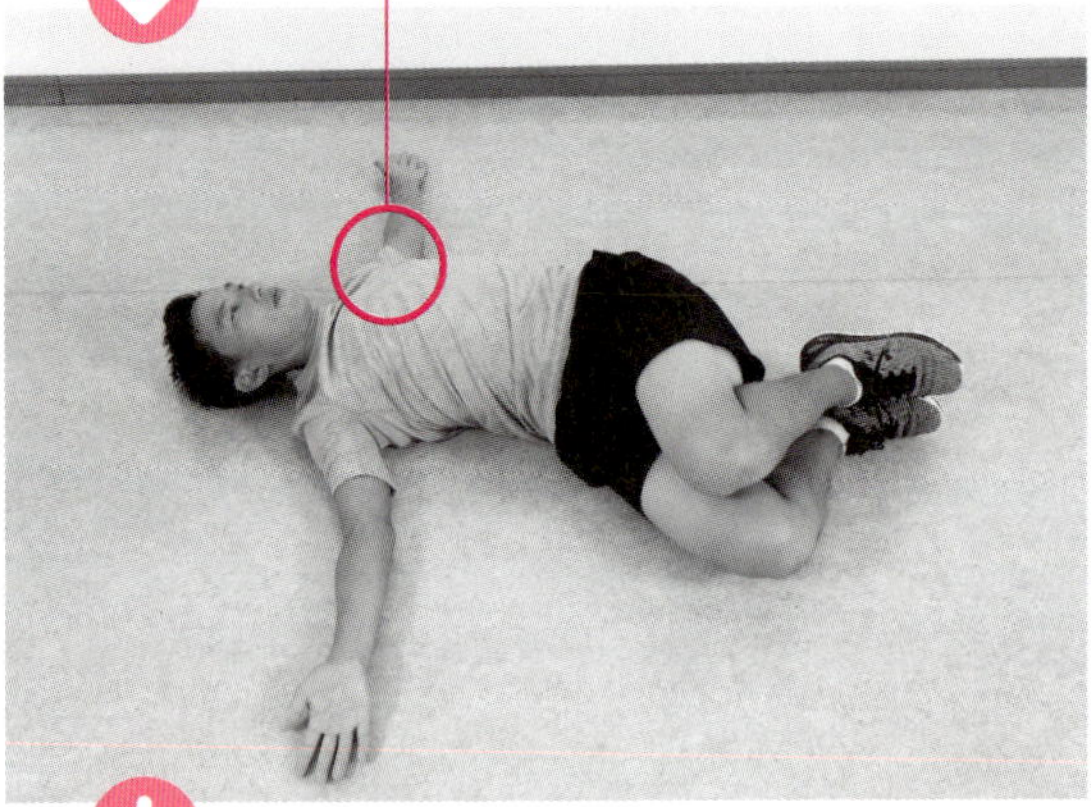

## 2

1の状態から、左の肩甲骨が床から離れないように、両足を右に倒します。腰のまわりにストレッチを感じるようにします。

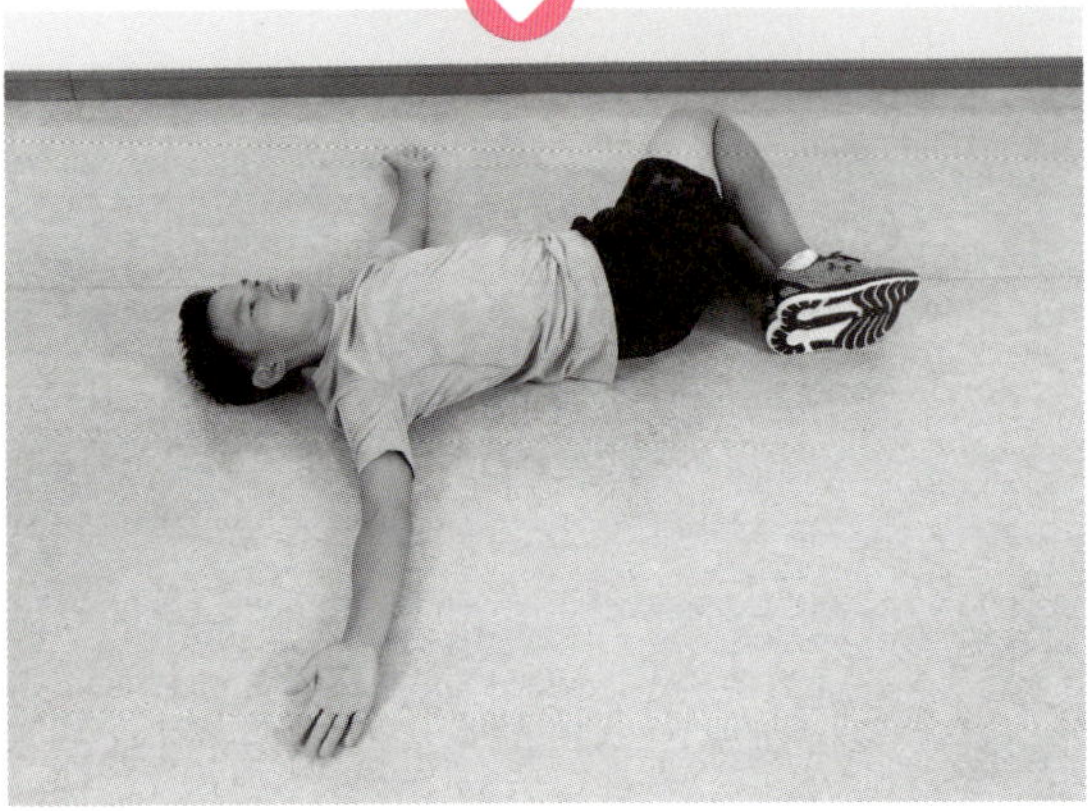

## 3

腰のまわりにストレッチを感じたら、ゆっくりと1の状態に戻し、反対側も同じように行ないます。

### Point!

慣れてきたら、上の足だけ伸ばすと、臀部の裏側のストレッチにもなります。倒したときは、少しヒザを曲げても構いません。呼吸を止めないように、ゆっくりと行なってください。

COOL DOWN

脇腹を伸ばす

# フォースタンスストレッチ

**腕のつけねから脇腹にかけてストレッチを感じます。**

**1**

四つん這いの姿勢からスタート。

**2**

四つん這いの状態から、左手を前に出して、そのままおしりをうしろに引いていきます。手をクロスさせることで、より広背筋腕のつけねが伸びてくれます。

**3**

さらにおしりをうしろに引き、腕のつけねから脇腹にかけてストレッチを感じるようにします。鼻から息を吸って口から出して、大きく肋骨が動いているのを意識してください。

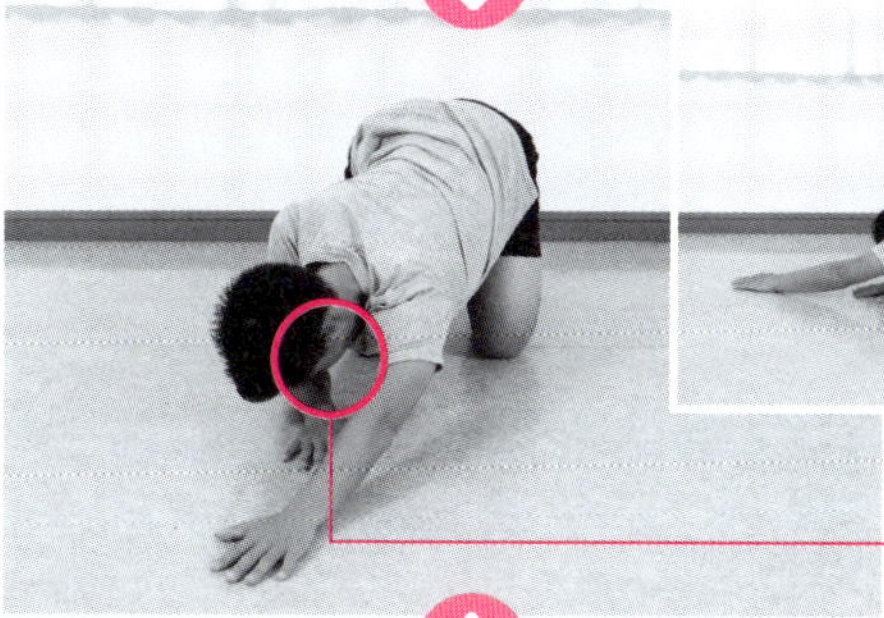

呼吸を止めない

**4**

反対側も同じように行ないます。

**Point!**

おしりをうしろに引いたとき、手がついてきてしまうとストレッチになりません。手の位置は動かないように注意しましょう。

# モモの前のストレッチ

## 骨盤を起こす意識でモモの前をしっかり伸ばします。

**1**

足を前後に開いて90度に曲げ、片ヒザを床につけます。このとき、骨盤をしっかり起こすことがポイントです。

**2**

腰に手を当てて、ゆっくりと体重を前にかけていきます。こうすることで、モモの前にストレッチを感じます。

**3**

余裕があれば、うしろ側の足の足首をもっておしりに引きつければ、さらに強いストレッチを感じることができます。

**Point!**

骨盤が寝た状態では、前に体重をかけてもあまりモモの前は伸びません。しっかりと骨盤を起こして行なうことがポイントです。

COOL DOWN
アキレス腱を伸ばす

# ふくらはぎのストレッチ

背中が丸まってしまわないように呼吸しながら行ないます。

## 1

腰に手を当てて立ち、片足を前に出してかかとをつきます。

## 2

1の状態から骨盤を曲げ、おじぎをするように上体を前に倒します。このとき、背中が丸まってしまわないように注意します。

## 3

さらに前に倒して、スネ、もしくは足首のあたりを触ります。このとき、呼吸を止めないように注意します。アキレス腱にしっかりとストレッチを感じればOKです。

### Point!

背中が丸まると、ふくらはぎやアキレス腱にストレッチを感じることはできません。背中をまっすぐにキープする意識が大切です。

COOL DOWN

首から肩を伸ばす

# 肩、腕のストレッチ

肩がすくんでしまわないように注意して行ないます。

## 1

まっすぐに立った状態からスタート。

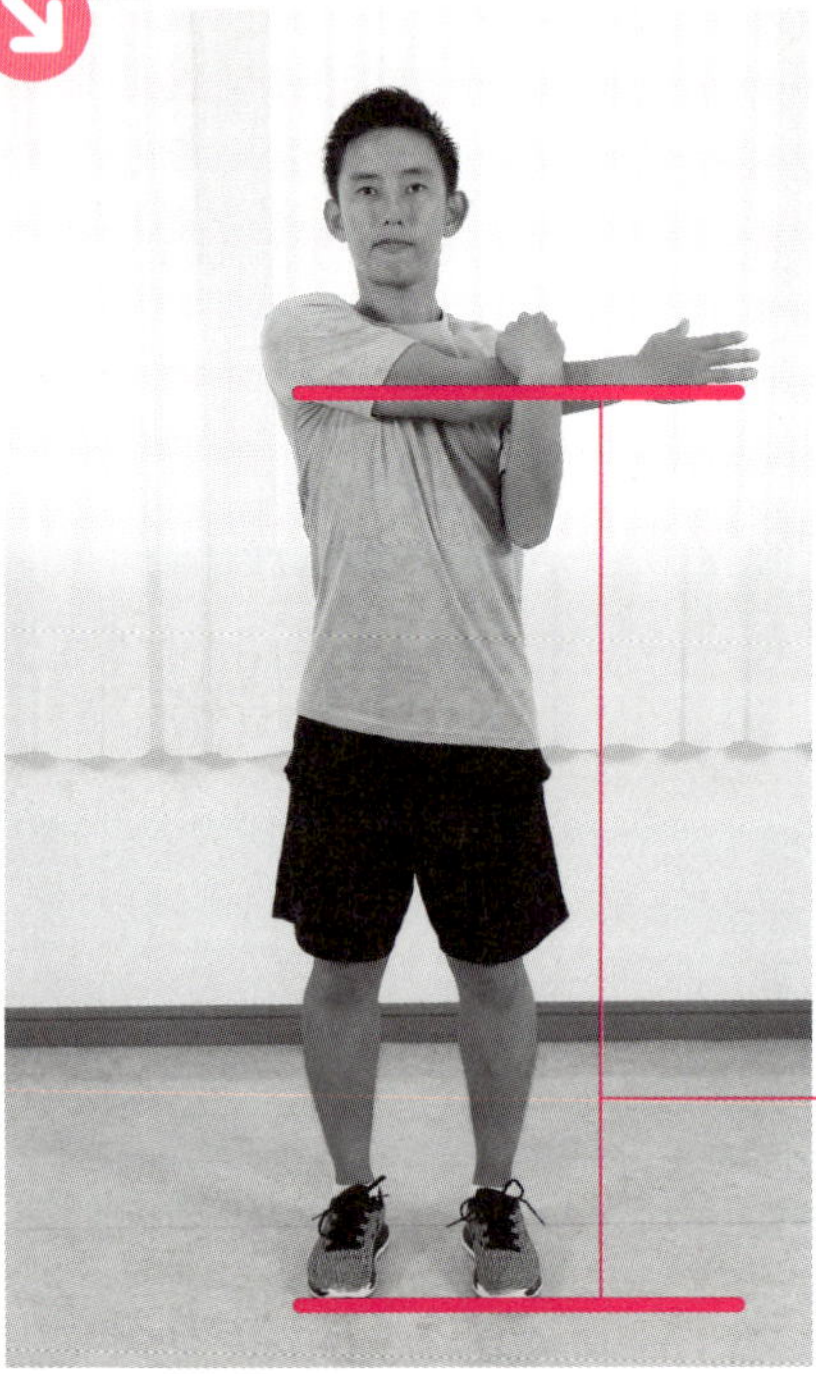

腕は床と平行

## 2

片方の腕を床と平行に保ち、反対側の手で腕を引き寄せるようにストレッチします。肩甲骨から三角筋にストレッチが感じられればOKです。

**Point!**

腕を引き寄せたとき、上体が回ってしまうと、違う部位のストレッチになってしまいます。身体はまっすぐ前を向けたまま、腕だけを引き寄せるようにすることがポイントです。

肩がすくんでしまうと、ストレッチを感じることはできません。

COOL DOWN

三頭筋を伸ばす

# 二の腕のストレッチ

**三頭筋に効く定番のストレッチです。**

**1** 片腕を上げて背中に回し、ヒジを曲げて肩甲骨と肩甲骨の間を手で触ります。

**2** 反対側の手でヒジをもちます。

**3** ヒジを内側に引き込むようにストレッチします。

**Point!**

身体をまっすぐにキープして、肩甲骨からヒジを動かすことがポイントです。

×

腕を引き寄せるとき、上体が傾いてしまうと脇腹のストレッチになってしまうので注意が必要です。

COOL DOWN

肩甲骨を背中から離す

# 肩まわりのストレッチ

**呼吸をしながら肩甲骨を伸ばしていきます。**

**1** あぐらをかいて座ります。

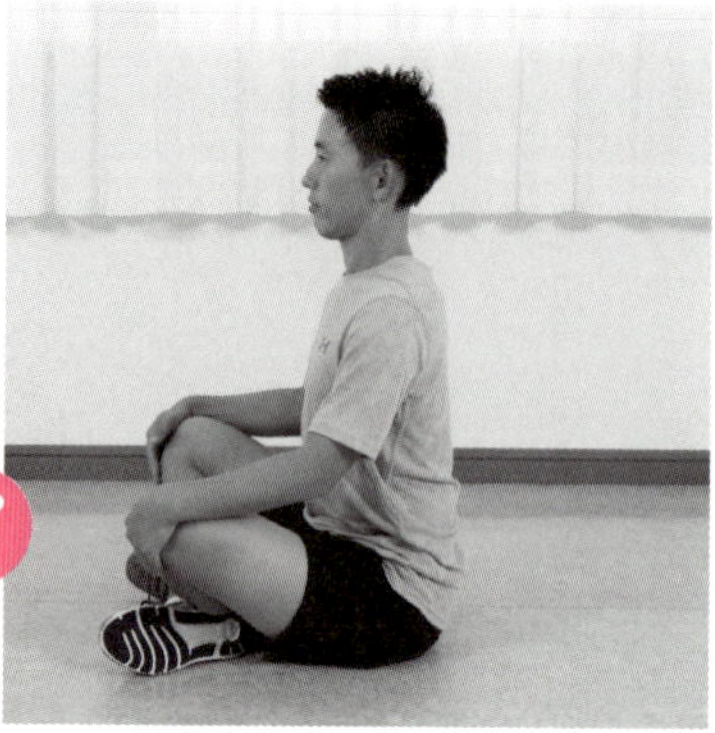

**2** 手を身体の前に組み、背筋を伸ばします。

**3**

**2**の状態からみぞおちをうしろに引き、骨盤を丸めるようにします。みぞおちからヒジを遠くに離すように伸ばし、ゆっくりと呼吸します。このとき、あまり吸うことを意識すると身体が開いてしまうので注意が必要です。

**4** 次に、上体のうしろで手を組んで、みぞおちから胸骨を開きます。

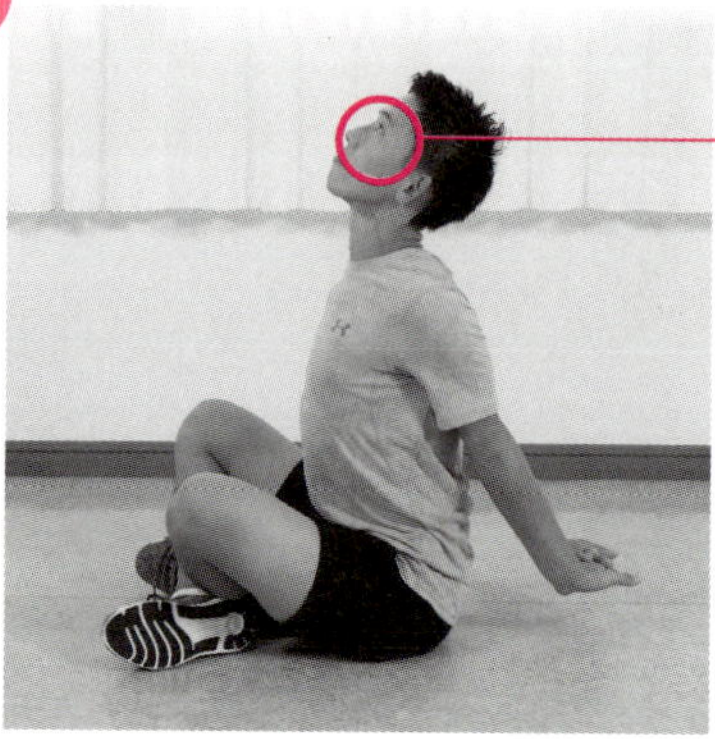


**5**

目線とアゴを上げて、鎖骨がすくまないように注意して行ないます。

**Point!**

すべてのストレッチにもいえることですが、呼吸を止めないで行なうことがポイントです。ゆっくり呼吸しながら、各部のストレッチを感じてください。

COOL DOWN
全身のストレッチ

# ヨガストレッチ

**最後に全身を伸ばす締めのストレッチです。**

## 1

四つん這いの姿勢からスタート。

## 2

1の状態からヒザを伸ばし、つま先立ちでおしりを高く持ちあげます。

## 3

腕から背中にかけて一直線になるように、さらにおしりを上に持ちあげます。モモ、ふくらはぎの裏側、肩、胸にストレッチが感じられればOKです。

## 4

かかとを床につけると、さらにストレッチ感は強くなります。

### Point!

おしりを高く持ちあげたとき、ヒザがつらい場合は、少しゆるめてもOKです。ただし、骨盤が落ちるとストレッチにならないので注意が必要です。

# おわりに

私はトレーナーとして活動を始めて、10年が経ちました。

姿勢の矯正と痛みの改善を目的としたパーソナルトレーニングスタジオから経歴をスタートさせ、その後テニスの世界に入りました。元々プレーヤーでしたから、人生の大半はテニスと関わっていることになります。

トレーナーに立場が変わってからは、さまざまな選手を見てきました。その中には、結果を出して成功する選手も、結果が出せずにテニスをやめてしまう選手もいました。

もちろん、その時その時でベストなものを選択し提供してきたつもりですが、失敗に終わったことも少なくありません。トライ&エラーを繰り返し、ずいぶん遠回りしたこともありました。本来トレーナーはクライアントを指導し、目的に導くのが役割だと思いますが、逆にいろいろと教えてもらったように思います。

本書には、そうした私の経験が詰まっています。選手として活動している方にも、テニスを始めて間もない方にも、そして年齢を問わずお子さんから年配の方まで、十分役立つ内容だと自負しています。

本書で紹介させていただいたエクササイズにトライしていただき、その効果を実感していただければ幸いです。皆さんのテニスライフが、より充実したものになるよう心より願っております。

最後になりましたが、本書の執筆の機会を与えていただいた実業之日本社の芦沢泰仁氏、編集を担当していただいた揚力株式会社の齋藤隆久氏に厚く御礼申し上げます。

監修　滝田英作

## 緑ヶ丘
## テニスガーデン

緑ヶ丘テニスガーデンは、東京都三鷹市にあるテニススクールおよびテニスクラブです。子供からお年寄りまで、気軽にテニスを楽しむことができます。

空調完備のインドアテニスコート2面をはじめ、アウトドアテニスコート、フィットネスジム、託児所、マッサージルーム、テニスショップ、カフェなど、設備も充実。

また、経験豊かなコーチが、丁寧に楽しく指導してくれます。テニスを始めてみたい、テニスがもっとうまくなりたいという人に、おすすめのテニスガーデンです。

建物外観

インドアテニスコート

屋上テニスコート

フィットネスジム

**【監修者プロフィール】**

## 緑ヶ丘テニスガーデン

東京都三鷹市にあるテニススクールおよびテニスクラブ。経験豊かで実績のあるコーチ陣の丁寧な指導に定評がある。インドアテニスコート2面をはじめ、アウトドアテニスコート5面、フィットネスジム、マッサージ、託児室、テニスショップ、カフェなど充実した設備を誇る。
www.midorigaoka.co.jp

## 滝田英作（たきた・えいさく）

1981年生まれ。茨城県守谷市出身。スポーツおよび日常生活の中での「正しい姿勢と効率的な動作」についての研究が専門。ピラティスやヨガなどのボディワーク、バイオメカニクスに基づいた指導などを得意とする。姿勢と動作の関係性、個人個人の身体に合ったトレーニングの重要性を、多くの人に伝えることをライフワークとしている。科学的根拠に基づいた指導方法が評価され、全日本テニス選手権・全日本ジュニアテニス選手権の上位選手など数多くのアスリートを指導、選手からの信頼も厚い。現在は「緑ヶ丘テニスガーデン」でコンディショニングコーチとして勤務。毎年、同クラブのコーチと共に、錦織圭選手が所属するIMGテニスアカデミー（アメリカ・フロリダ州）を訪問。最新のテニス技術とトレーニング方法を学んでいる。

パーフェクトレッスンブック
**超常識《ちょうじょうしき》！　プレーが変《か》わる体《からだ》の鍛《きた》え方《かた》**
# 自分《じぶん》でつくる　テニス筋力《きんりょく》

監　修　緑《みどり》ヶ《が》丘《おか》テニスガーデン
　　　　滝《たき》田《た》英作《えいさく》
発行者　岩野裕一
発行所　株式会社実業之日本社
〒107-0062
東京都港区南青山5-4-30 CoSTUME NATIONAL Aoyama Complex 2F
［編集部］03-6809-0452　［販売部］03-6809-0495
実業之日本社ホームページ　http://www.j-n.co.jp/

印刷・製本　大日本印刷株式会社

ISBN978-4-408-33832-3（第一スポーツ）



1811(01)